若
水
文
库

她说,说她
Her story, her voice.

开场

女性学者访谈

新京报书评周刊
———— 著

新星出版社　NEW STAR PRESS

写在前面的话

她们走过的路

文—青青子

2021年3月的一次选题会上，我和主编提出想做女性学者访谈系列。它起始于一个简单的问题：无论哪个学科领域，我们所知晓的女性学者实在太少了。知晓，说的是不仅要知道她的名字，还要了解她的研究、她的经历、她的看法。如果说有谁有义务去那么知晓一位学者，学术圈之外，那一定就是文化记者了。

大学的时候，我就读的是一个古怪的专业，人文科学，humanities，关于人的学科，说白了就是文史哲通读。通常来说，这样的学科被认为适合女生，一个班里的男女比例总是失衡，学生会还经常搞和理科院系联谊的荒诞活动。尽管我们班的男女比例迫近1:1——或许因为也要学历史的缘故，隔壁汉语言文学专业却只有三个男生。

老师的性别比例却是反过来的。如果我没记错，从大一到大四，无论是文学、历史、哲学，教过我们的女老师不超过五个。当然，在那几年，我并不了解这意味着什么。像大多数学生一样，我们浮光掠影地走完了文学史、哲学史、东西方历史，记住了正典中大多数男性的名字，和屈指可数的女性的名字。至于女性主义理论，与

i

其说是老师教的，不如说是自己撞上的。

进入媒体工作后，因为工作原因，会跑一些活动，见一些学者，和他们交谈。这些交谈通常都和选题有关，因为关注性别议题，碰到女性学者的机会很多。在一场活动开始前，偶然和其中一位学者聊起她的研究最近因为一篇报道"出圈"了。我下意识地问她，生活有因此发生改变吗？她讲起最近参加学术会议的经历，在一次和她的研究高度相关的学术会议上，她的发言仍然被要求排在那些并不研究该领域的男性学者之后。最后由于时间原因，她的发言还被取消了。看到我一脸震惊之后，她补充说，这样的事情算是平常。

回到家后，我在备忘录里记下了这个选题。

———

那次选题会，女性学者访谈系列很快通过了。后来的几轮讨论，我也曾犹豫过用"性别"来划分学者的问题，比如是否存在将女性学者特殊化，差异化，甚至本质化的风险。但老实说，我当时的执念更多是呈现她们的历程，我想知道，无论是那些走进大众视野的名学者，还是那些仍旧在聚光灯之外的"青椒"学者，她们如何走到今天，背后有哪些曲折，在男性中心的学术体制内，她们如何涉水前行，她们如何找到参照。同时，她们做学问的视点是什么，为什么不同代际的女性学者，都会在人生的某一阶段拒绝性别标签，甚至与性别身份相关的研究主题……

回头来看，在最初的构想里，我的确出于直觉，或许也有这份工作的惯性，想要将更多的目光投向她们所受到的"限制"，以及带来不公的结构性原因。事实上，作为社科线记者，又关注性别议题，很难对于各类权力结构在学者个体身上的实践，说一句 peace & love，我们只谈谈你的研究——毕竟,研究不是一个人关上门,坐在书桌前就可以完成的。

第一位受访学者是北京大学文学院教授贺桂梅。我们在她的办公室见面。我大概表达了这个系列的想法,并强调不是给各位学者贴上女性的标签。我们聊了将近五个小时,一起吃了没有饭的鳗鱼饭。我鲜有真正走近一位学者的感受,那是一回。

我至今仍然记得,从办公室走出来,内心感受到的欢欣,久违的快乐。可能因为我们聊的不仅关于学术,还关于我们自己。也是这次采访,让我对这个系列有了一些底。后来证明,参与这个系列的许多同事也经历了类似的"惊诧"。每次采完回到报社,我们滔滔不绝,怎么也停不下来,聊访问,聊那些因为真诚、有收获的交流所带来的快乐。

负责采写黄盈盈的徐悦东曾在本科时期错失她的课,借着这个系列圆了梦。在未刊发的版本里,他这样写道:

> 在我读本科的时候,懵懂的新生会就选什么课向学长学姐们咨询。在推荐完 系列课程后,一位学姐给我"悄悄"推荐了黄盈盈的"性与性社会学","这门课很劲爆"——这个"劲爆"除了指人气,更是指内容。不过很遗憾,由于各种原因我没有选上黄盈盈的课,这也吊足了我的胃口。毕业多年后,一位曾经上过这门课的学生跟我说,黄盈盈帮她完成了某种性观念上的启蒙,也颠覆了她对小姐的刻板印象。课上的许多细节她早已忘记,但她对一个细节记忆犹深:黄盈盈提到,有位小姐表示,其实自己做这行挺享受的,但她之前不好意思说出来。这句话让当时的她颇为惊愕。

我在黄盈盈的作品中还看到了许多颇有冲击力的看法（或许有些人一时间接受不了），有些看法甚至会挑战当下流行的"政治正确"。比如，黄盈盈特别反感高高在上的救赎者姿态，她曾在会议上骂哭过一些自称为女性赋权的女性主义者，因为她们觉得小姐在出卖女性尊严；在性议题上，面对更为窄化、政治化和更为西化的论述，她反对身份政治的绑架和窄化，呼吁保持更为丰富的性想象；对于近年来流行的性侵叙事，黄盈盈表示存疑，在大家呼唤立法防范性侵时，她希望大家先停下来思考法律介入可能会给我们带来的问题……

另一位记者肖舒妍在咖啡馆采访的包慧怡，她们边喝酒边做访问，一喝就是四个小时。由于聊得太过尽兴，她们忘了环境的嘈杂，费了一番功夫才完成后续的录音整理。文章发出后，舒妍在朋友圈里写道：

去年五月的访谈，恍若隔世。当时还能骑着车在国定路飞奔，在 Commune 和慧怡老师聊上四个小时，从咖啡喝到酒，把采访聊成吐槽大会。

一年后的今天，我回到上海隔离，慧怡老师却受邀在北大访学；而她访问的北大人文社会科学院，担任院长的邓小南老师同样是去年接受我们采访的女性学者。

今年清明，慧怡老师为封控中的上海写了一首诗，一周之后，北京疫情扩散，她在北京的住所被征用，她也面临搬家。生活啊，有这么多的意想不到，又有这么多冥冥中注定的巧合。

类似的故事还有很多。

做记者的人都有过这样的体验,很多时候,采访最精彩的部分总是在文字之外。除了有考量之后的取舍,也因循某种不成文的戒规,采访者自身的主体性不能太强。但无论如何,同一个学者的采访之所以会不同,除了采写者的知识视野、选题角度,也和采写者所思考、所关心的内容息息相关。

阅读一篇采访,我们同时阅读到的是两个人。

同样重要的是,对于采写者来说,一次好的采访,就像偶然掉落进一个人的生活,你们谈论观点,交换看法,所思所想次第展开,生命因此得到延长。我想起杨德昌在电影《一一》里说的那句经典台词:电影发明后,人类生命至少延长了三倍。

这当然是不足为外人道的部分,却是我认为采访最为动人的部分。

——

2021年7月,我们在新媒体发布了该系列的开篇文章。打头的是这样一段话:

> 无论是高校教席,还是学术成果发表,越往象牙塔的顶端走,女性的数量就越少。事实上,当一个女性决定从事学术事业,她所面临的限制无处不在:"女博士是第三种人类……""历史证明学术界不是女性的地盘……""读书有什么用,女孩子总归要嫁人的……"在高等教育阶段,诸如此类的声音试图阻止女性踏入科研大门。而当她们进入高校系统,生育、家务劳动等"天职",则将她们挤出更多的机会之外……
>
> 然而,即便不断遭遇贬抑与打压,我们依旧看到,越来越

多女性投身学术志业，汇流进学术共同体。对她们来说，学术研究不仅是事业、爱好，更是体认自身，寻找与世界相处的方式。

于是，我们有了一个朴素的想法：让更多女性学者被看见。

当女性决定投身学术事业，她们需要克服多少阻碍？是否存在属于女性的学术传统？在"重男轻女"的学术体制中，涉水前行的女性学者如何找到自我的参照？她们的同行者又是谁？

回头来看，这段话尽管真诚，却只讲出了故事的一半。这一半是基于我们对于选题的认识和有限的经验。而更重要的另一半，则是这些学者回馈给这个选题的：当她们投身学术，她们亦收获了前所未有的自由。

在贺桂梅的办公室，我还问过她另一个问题："当你在青年时期接触了这些女性主义理论，再回过头看生活中女性的处境时，会感到愤怒吗？"她对我说："当时肯定是有的，但我现在都差不多忘记了。其实我们之所以感到愤怒，是因为无法对这样一种感性的、具身性的不平等体验做出解释，我最有感触的是学术真好，因为它可以给我们解释，将这些感性的生命体验化为一种前行的力量，而且不仅仅局限在性别问题之中，它也让我们能对更广泛的社会处境有同情、共情与关切。"

类似的表述几乎出现在每个学者的采访中。相比于她们所经历的限制、歧视与不平等，真正给予她们力量的，的确是在学术中收获的自由。而自由，像福柯说的那样，不是说不受任何限制，而是在承认既有的历史条件的前提下，去改变那些偶然的、可以重新打开的地方。哪怕是裂开一个小口。

那么，不如让我们重新改写最初的发问：

当女性决定投身学术事业，她们获得了怎样的自由？她们用什么样的声音、语言描述这个世界？身为女性的身份和经验，如何与她们的研究、她们的生命相关联？她们又如何试图改变男性所开启的学术规范与标准？

写到这里，还需要交代一点。这一系列之所以是学者访谈，在于它主要聚焦的是她们的学思历程和她们所做的研究。人物经历当然重要，但就像波伏瓦始终坚持的说法，"对于我来说，最重要的就是我的思想"。

完成采写和编辑工作后，每次阅读这些采访，我的收获不尽相同。最早编订的时候，我曾感慨过"姜还是老的辣"，也惊叹于年轻学者所拥有的更丰富的知识结构与多元的视野，但一次次重返她们的历程之后，我意识到，更多时候，一个人的学术，正如一个人的写作，完全可能兼具优点和不足。

这本书也并不是为了"吹捧"她们，而是意在诚实地呈现这些学者不同的思想阶段，这些想法和她们生命之间的交织关系，她们和前辈之间的爱恨纠葛，无论你我是否认同她们的言论、她们的立场。

——

接下来，你将读到的十一篇采访文章出自《新京报·书评周刊》策划的年度选题——女性学者访谈系列。这些采访大部分完成于2021年，小部分则成稿于2022年。尽管每篇文章的结构不同，但大体上，你将读到三个部分：她们的研究、她们的历程与她们的观点。除了前文提到的初衷，我们还希望能借由这些具体的、个人的，同时也是共同体一部分的经验与思考，对当下的性别问题、学术圈女性的状况做一个脉络性的梳理与历史性的回顾。

我们邀请了来自社会学、历史学、新闻传播学、文学等不同领域、不同国别的女性学者，有些是大众所熟知的，有些则在聚光灯之外。她们的经历很相似，也很不同。她们代表了不同代际的女性知识分子，对知识怀有热情，也曾经历困惑与挫折。她们的故事讲述了大部分现代女性的不满与困惑，野心与梦想。

受制于时间、语言以及突发状况，最终接受我们采访的学者包括（按代际与首字母排序）：

40后：
阿莉·拉塞尔·霍克希尔德（美国加州大学伯克利分校社会学系荣休教授）
上野千鹤子（日本东京大学名誉教授）
50后：
戴锦华（北京大学人文特聘教授）
邓小南（北京大学中国古代史研究中心教授）
60后：
陆晔（复旦大学新闻学院教授）
70后：
贺桂梅（北京大学中文系教授）
黄盈盈（中国人民大学社会与人口学院教授）
梁鸿（中国人民大学文学院教授）
毛尖（华东师范大学教授）
张莉（北京师范大学文学院教授）
80后：

包慧怡（复旦大学英文系副教授）

最后，在和出版社编辑共同校订这本书的过程中，我们曾不断反问自己：阅读这本书的你，将会获得什么？

正如上野千鹤子在提及对她影响至深的女性学者时所说："她们用不同于男性的语言表达女性的经历。正是因为有这样宝贵的女性话语在我们面前，它们才会成为我们的血与肉。语言不是自己一个人就可以发明的，你必须从某个地方借用到它。当你从前人手中接过它以后，才能逐渐将它变成你自己的血与肉。"

希望这本书带给你的，正如它所带给我的那样：我们回望她们走过的路，不仅因为那亦是我们的来路，也因为没有人可以从自身中发明自己，我们始终走在她们走过的路上。

希望有一天，我们不必在"学者"前面加上"女性"二字。

目 录

霍克希尔德：社会学的"局外人" / 1
 PART 1 学思历程、性别身份与学术写作 / 9
 PART 2 未完成的革命：情感社会学、女性主义
     与政治极化 / 16

上野千鹤子：成为，上野千鹤子 / 27
 PART 1 女性主义、性别研究与#MeToo遗留问题 / 34
 PART 2 照护研究、"守山"时代与女性贫困 / 51
 PART 3 性别身份、学术影响与未来期许 / 65

戴锦华：仍然在路上 / 73
 PART 1 学思历程：危机与应对 / 79
 PART 2 现实追问：清理债务与反思批判 / 91
 PART 3 性别议题：女性主义与文化困境 / 104
 尾声：对生命的敬畏 / 117

邓小南：选择宋史，选择以教师为天职 / 119
    PART 1   学思历程：做学问与当老师 / 124
    PART 2   性别身份、女性研究与代际传承 / 137

陆晔："可见"，是社会身份建构的第一步 / 147
    PART 1   新闻学：理论与反思 / 152
    PART 2   性别身份、女性境况与未来期许 / 162

贺桂梅：重启人文学的想象力 / 169
    PART 1   性别身份、性别研究与理论失忆 / 176
    PART 2   新启蒙、现代化理论与人文学的想象力 / 188
    PART 3   女性榜样、治学生活与学术抱负 / 199

黄盈盈：一位研究"性"的社会学家 / 205
    PART 1   学思历程、理论与方法 / 209
    PART 2   性别身份、性与社会议题 / 225

梁鸿：写作是一种"自我搏斗" / 239
    PART 1   学术之路：从女性文学到梁庄书写 / 245
    PART 2   非虚构写作：布满叙述"陷阱"的历险 / 252
    PART 3   故乡：难以摆脱的情感结构 / 258
    PART 4   "打工文学"与"小镇做题家"：警惕公共话语
              对群体的特殊化 / 262

毛尖：我们都是这个时代的 App / 265
  PART 1　学思历程、理论与方法 / 270
  PART 2　影视剧研究 / 279
  PART 3　专栏写作、性别身份与社会议题 / 288

张莉：回到女性写作的发生现场 / 297
  PART 1　学术历程、现代女性文学与历史现场 / 302
  PART 2　性别观调查与当代女性文学的创作分野 / 308
  PART 3　新生代作家、新女性写作与非虚构传统 / 318

包慧怡：生活在中世纪的缮写室 / 325
  PART 1　学术与制度 / 331
  PART 2　语言与写作 / 340
  PART 3　文学与公共 / 353

参考文献 / 359

索　引 / 369

霍克希尔德：社会学的『局外人』

采写—李永博

阿莉·拉塞尔·霍克希尔德（Arlie Russell Hochschild, 1940— ），美国加州大学伯克利分校社会学系荣休教授，当代美国知名社会学家，在性别研究和家庭社会学界享有盛誉，同时也是美国社会学界情感社会学的重要奠基人之一。霍克希尔德于2000年获得美国社会学学会授予的公共社会学终身成就奖，并于2015年获得都柏林大学授予的尤利西斯奖章。著有《心灵的整饰：人类情感的商业化》《职场妈妈不下班：第二轮班与未完成的家庭革命》《故土的陌生人：美国保守派的愤怒与哀痛》等多部经典著作。*

---

* 本书中凡有副标题的书名，首次出现时均保留完整版本，后文若再次提及，便只保留正标题部分。全书同。后不再一一标注。——编者注

在网络上搜索霍克希尔德，随处可见关于职场妈妈的经典论述，它们被制作成各种形式的"段子"或语录，像模因一样在国外网络社区中传播和分享。而随着去年《职场妈妈不下班》被翻译引进至中国，越来越多的中国读者在阅读中获得了强烈的共鸣，开始了解和走近这位年逾八十的美国社会学家。

《职场妈妈不下班》写作于二十世纪八十年代，研究的对象是大洋彼岸的美国双职工家庭。就是这样一本外国学者的"陈年旧作"，却在译介之后引起了国内学术圈外的普通读者的广泛关注，这本身就是一个值得探讨的有趣现象。

在中国第二次人口转型的节点上，性别议题在社交媒体日益凸显，"丧偶式育儿""爸爸去哪儿了"等话题引发持续热议，女性在职场与家庭中面临的结构性不平等越发受到公众的关注。霍克希尔德这本译作的适时出版，恰好观照了当前城市育龄女性普遍面对的性别困境，说出了大批职场妈妈积蓄已久的心声。

基于这样的背景，霍克希尔德的采访得以成行。尽管最初的话题围绕着家庭中的照料危机展开，家庭社会学却远远无法囊括这位受访者的研究旨趣。在美国学术界，霍克希尔德更广为人知的身份是情感社会学的奠基人，而这部分得益于她特殊的早年成长经历。

1940 年，阿莉·拉塞尔·霍克希尔德出生于美国波士顿的一个外交官家庭，这意味着相比于同龄孩子，她需要更频繁地面对陌生的外界环境。在和新京报记者对话的过程中，今年八十二岁的霍克希尔德仍然能够清晰地回忆起儿时陌生人的异样目光给自己带来的童年创伤。她说，自己经常是外人眼中的"怪胎"，与周遭环境格格不入。庆幸的是，这样的"局外人"经历也不是完全没有好处：她开始习惯用超然的"第三只眼"观察周遭的人与事，短暂地抛弃自我意识，设身处地地感受他人的喜怒哀乐。

1962年，霍克希尔德进入大学之时，正值美国的反文化运动如火如荼，空气中到处弥漫着兴奋和躁动。霍克希尔德所在的美国西海岸的加州大学伯克利分校，正是这场运动的核心地带。在入学的第一个月，霍克希尔德就见证了校园里学生就古巴导弹危机所进行的激烈辩论。她激动地意识到自己"在正确的时间来到了正确的地点"。在二十世纪六十年代，霍克希尔德不仅参与了黑人民权运动和自由言论运动，更是在校园中积极投身于女权运动，这在后来被称为"第二波美国女权主义浪潮"。

读博期间，她组织社会学系的学生召开讨论女性议题的会议，寻找社会学核心概念中那些缺失的关于女性的部分。为什么"工作"的定义不包含家务劳动？为什么作为研究对象的女性都集中在一些特定的工作岗位上，而男性则在另外一些领域？如果女性被称为更"情绪化"的性别，那么情感又是什么呢？这些问题不仅困扰着学生时期的霍克希尔德，也引领她最终走上了学术的道路。

拿到博士学位之后，霍克希尔德先在其他学校工作了两年，接着受邀回到母校，成为自1913年以来加州大学伯克利分校社会学专业的第一位女性助理教授。她去那儿之后第一个瞩目的学术成果便是把情感纳入社会脉络。

情感，从前通常被视为心理学的研究范畴，或者在哲学中与"理性"所对立。霍克希尔德的创见在于，她把情感放到社会脉络之下加以理解，个体的情绪与感受不只是私人领域的事情，它也会受到社会因素的影响和规制。

她最初的观察对象是同自己的外交官父母打交道的各国宾客。当十二岁的霍克希尔德为客人递送花生碟子时，她发现从下面仰视跟平视，外交官的微笑迥然不同。她逐渐意识到，外交官通过神情和姿态表达的情感"不仅传递了人与人之间的讯息，也传递了从索非亚到华盛顿、从北京到巴黎、从巴黎到华盛顿的讯息"。霍克希尔德意识到，这种人际交流中常见的"情感规则"（feeling rules）深深地根植于文化之中，它要求人们根据不同的情境恰当地唤起或抑制情感。

在1983年的成名作《心灵的整饰》中，霍克希尔德借鉴C.赖特·米尔斯和欧文·戈夫曼的理论，把这一类需要在工作中整饰自己情感的工作称为"情感劳动"，以美国航空业的乘务员和收账员为例，展示了商业化如何影响和操纵情感劳动的从业者的真实情感表达。由此，霍克希尔德开拓了一块全新的社会学研究领域。

工作与家庭中的情感和冲突是霍克希尔德的另一个关注方向。二十世纪八十年代的美国社会正在经历变迁，大量女性开始离开家庭，涌入经济生产。然而，大多数工作场所并不考虑员工的家庭需求，家庭中的大多数男性也尚未真正地做出调整，去适应女性角色的变化。作为一名女性学者兼年轻的母亲，霍克希尔德自身也面临这样的两难处境：照料孩子的家庭职责与完成教学研究的工作，如何才能两肩挑？用她自己的话来说，双薪家庭承受着工作和家庭生活的加速运转带来的巨大压力，而职场母亲是首当其冲的受害者。为此，霍克希尔德花了八年时间，对美国的双职工家庭展开追踪，作为研究成果的《职场妈妈不下班》揭示了职场母亲被遮蔽的"第二轮班"。

而在另一本著作《时间困境：家庭工作一锅粥》（*The Time Bind: When Work Becomes Home and Home Becomes Work*）中，霍克希尔德调研了在世界五百强企业工作的职工家庭。她发现在这些员工中，家庭和工作的界线越来越模糊，家变成了工作，而工作场所被赋予了家庭生活的感觉和基调。在对话中霍克希尔德表示，近几十年来美国互联网公司在这方面有愈演愈烈的趋势，员工几乎所有的生活和业余活动都依附于公司，同事成为邻居，而一旦工作发生变更，个人生活也会面临大动荡甚至崩溃的风险。

要么成为一个彻底的工作狂，要么只能接受"第二轮班"的负担，难道工作与家庭的失衡没有解决办法了吗？在霍克希尔德看来，男性需要更主动地参与家务劳作，工作场所也需要调整出勤制度，更重要的是提升照料家庭的社会价值。人们只有自己参与照料工作，而不是依赖外包，才能体认家庭生活的意义，建立起长久的情感纽带。

2008年金融危机之后，美国茶党逐渐崛起，成为影响美国政治的重要力量。身处于美国自由派前哨的加州大学伯克利分校，霍克希尔德突然意识到，自己并不真正认识任何保守的共和党人，对于美国广阔地区的生活或政治态度更知之甚少，她便决定尝试倾听政治舞台另一边的声音。政治对霍克希尔德来说是全新的领域，但情感社会学的研究经验仍然作为她内在的观察视角贯穿其中。

霍克希尔德选择离开自己的舒适区，来到路易斯安那州的茶党阵营，旨在弄清参与这场政治运动的人的真实想法。这里是美国污染最严重的地区之一,居民们痛惜年轻时的原始河口已经消逝,他们最爱的钓鱼和狩猎场地也不见踪影。令霍克希尔德惊讶的是,尽管如此,居民仍然对环境保护署和环境法规怀有深深的敌意。这是为什么呢?

霍克希尔德用了五年时间做了数百次访谈,倾听这些自感被美国联邦政府抛弃的白人工薪阶层的"深层故事"(deep story)。等到2016年"特朗普现象"出现之时,霍克希尔德已经不再感到惊讶,而由此写成的《故土的陌生人》也被各家媒体评选为解释特朗普上台现象的重要参考书目。

纵观近半个世纪的学术生涯,霍克希尔德似乎总能把握住美国社会的脉动。在她极为宽阔丰厚的学术视野之下,那些看似毫不相干的事物、情感和人似乎都可以纳入研究框架之中,超脱的"局外人"视角也带给她细致入微的体察和共情式的理解。

实际上,面向大众的写作本身就是搭建"同理心之桥"的过程。霍克希尔德用写作引领读者和她一起"关掉警报、抛却自我",共情地理解"另一边"的感受,就像这些作品最直接面向的受众,似乎都不是研究对象本身,而是研究对象的"另一边":"情感劳动"不仅是写给乘务员的,更是写给飞机上的乘客的;"第二轮班"不仅仅旨在说出职场母亲的共鸣,更在于提醒未尽家庭职责的男性;"深层故事"的真正倾听者应是政治光谱另一端的美国自由派选民。

但与此同时,尽管研究对象随着美国社会变迁而不断变化,某种"一以贯之"的精神内核仍然在霍克希尔德的对话中时隐时现,这既包括了她看待和思考问题的方式,也关乎她一直以来所珍视的价值。

作为一名女性学者，霍克希尔德见证了女权运动在美国不断发展、融入美国文化的过程。三十年前，她在书中做出判断，美国社会正在经历一场未完成的性别革命。三十年后，当我询问她，女性的处境是否变得更好了的时候，她的回答没有改变：真正的变革还没有完成。赋权不是女性主义的全部意义和终点，实现一个重视和共同分担照料责任的社会，我们还有很长的路要走。

以下是新京报记者对霍克希尔德的专访。

PART 1

学思历程、性别身份与学术写作

从生活的"局外人"到社会学的"局外人"

新京报：在上世纪六十年代，社会科学领域内的女性学者还是寥寥无几。作为一名女性，是什么样的想法和早年经历影响了你，并最终走上这条学术道路的？

霍克希尔德：年少时，我就希望拥有自己的事业，力所能及地让社会变得更好。现在回想，这种观念来自母亲对我的影响。我的母亲是一位家庭主妇，但她一直相信，女性应该和男性一样，拥有属于自己的独立的工作和事业。某种意义上，我正在实现母亲的梦想。

而我最终会成为一名社会学者，与我早年的生活环境有关。我的父亲在外交部门工作，曾担任美国驻以色列、加纳、新西兰等国的外交官。因为这份工作的关系，我的家庭不时变更居住地，我的童年就流转在异国社会之中。

作为一个孩子，如果你感到不适应于周遭环境，生活就会变得困难。十二岁时，我们搬到一个新的国家，语言完全不通，也没有朋友，我的个子又高，穿着一双看起来很滑稽的牛津鞋——我在那里格格不入。身边的人不跟我说话，他们总是以一种奇怪的眼神打量着我这位异乡人，这样的经历很难不成为我童年中的痛苦回忆。

对于那么小的我来说，我的不适应是难以想象的，但随着慢慢长大，我发现了这种身份的隐藏优势：观察社会的"第三只眼"。得益于这种特殊的早年经历，我得以逐渐将它们转化为一种"局外人"的观察视角。我意识到这个世界真的很大，而我自己仅仅来自一个小村庄。作为一个局外人，当我不再因为自己的身份而受伤时，我就找到了一种几乎从外部视角观察自我的方式，这种视角最终帮助我成了一名社会学者。所以，如果你感到"不适应"，不要马上就放弃。

新京报：上世纪六十年代，你刚进入大学。当时，美国社会正在经历一场与社会主流背道而驰的反文化运动。现在津津乐道的"嬉皮士运动""垮掉的一代"都诞生和活跃于那个时期。当时美国西海岸的校园文化是什么样的？这场叛逆的、反主流的社会运动对你产生了怎样的影响？

霍克希尔德：二十世纪六十年代，美国引发了一系列的社会抗争运动。这场运动最初是由城市学生发起，伴随着新观念的不断涌现，这一运动的余波在美国文化中持续了二十年。1962年，我初来加州大学伯克利分校时，周围弥漫着令人兴奋的空气。这是因为加州伯克利是当时社会抗争运动的核心地带，包括民权运动、言论自由运动、女权运动、反越战运动以及之后的同性恋权利运动，这里都是重镇。对一些人而言，这里也是嬉皮士和"重返大地"运动

（Back-to-the-land Movements）的核心地带。我参与了三场社会抗争运动：黑人民权运动、言论自由运动和女权运动。

我记得在我刚到校园的第一个月——1962年10月，一千名学生聚集在加州伯克利一个名叫史普罗广场（Sproul Hall）的大型公共空间。当时美国和苏联正处于紧张的对峙僵局，那场对峙一直持续了十三天。华盛顿与莫斯科的争论焦点是，能否允许在离美国海岸九十英里（的古巴）安置苏联核导弹。在听完演讲者的发言后，听众分散成了二十几个围在一起的圈子，都在讨论美国下一步应该怎么做。学识渊博、思路谨严，他们每个人都积极地参与到这场讨论之中。我意识到，我在正确的时间来到了正确的地点。

1964年，我前往美国密西西比州参加"自由之夏"运动（Freedom Summer）。这个活动旨在帮助美国南部的黑人获得更多的投票权和更好的教育，当时有近一千名来自北部和西部的白人学生前往支援。我曾担任"自由学校教师"（Freedom School Teacher），后来又在北卡罗来纳州塞达利亚的一所黑人学校任教。等我回到伯克利时，桌上放着如何帮助美国南部黑人的小册子。大学明令禁止校内进行这类"政治"活动，学生们则以"言论自由"为由反对，二十世纪六十年代的言论自由运动就此诞生了。

六十年代的美国社会氛围总体上是开放的、探索性的，这只是其中的一个小插曲。在二十世纪六十年代初期，美国大学的女权主义运动与其他反文化社会运动正在同步兴起和发展，这当中还有嬉皮士运动，但我们并未参与其中。

深入当时的学院女权运动：
每一个社会学概念都值得重新探索

新京报：我们知道，自 1963 年开始，美国女权运动逐渐形成规模。如今回顾历史，很多人把这场运动称为美国女权主义的第二股浪潮。在这场女权运动中，你做了哪些事情，看到了怎样的变化？过去的大半个世纪，哪些回忆仍然给你留下了深刻的印象？

霍克希尔德：我从五岁开始就自认为是一位女权主义者，在二十世纪六十年代的社会思潮中，我也积极地投身于女权运动。

当时我在攻读硕博学位，同时担任教导员。我注意到，很多女性硕博研究生在第一学年或第二学年之后就辍学了。我与十几个社会学硕博研究生朋友组织了一个"加州伯克利女性核心小组"（Berkeley Women's Caucus），定期在我住所附近的公寓举办讨论会。每个礼拜，我们都会围成一圈，喝着咖啡，吃着蛋糕，互相交流问题。

会议刚开始的时候，我们询问在座的各位：大家有没有遇到困难？每位成员都很礼貌，"没，没有什么大问题"。一个半小时以后，我结束了会议，并且以为大多数人对这类话题没有多大兴趣。然而，没有人离开。她们两三人一组聚集在一起，对话一下子就打开了，她们说出了那些她们在大群体中不能说的话。讨论着讨论着，我们发现了一个共同的疑惑：为什么我们中的这么多人会（在求学过程中）感到沮丧？

随着时间的推移，我们这些社会学系的学生开始探索社会学中的每一个核心概念。在定义"社会流动性"这个概念的时候，我们会比较父亲和儿子的薪资差距。但是，叙述中的女性在哪里？在工作社会学中，我们发问，什么才是"工作"？是否只有能让我们赚钱的才算是工作？家务劳动算不算？对有偿工作而言，为什么被追踪调查的女性都在这些领域，而男性都在另外一些领域？在宗教社会学中，天主教和新教教会的相关等级制问题又在哪里？女性能否以传达"圣洁"的方式执行"圣礼"？种族如何影响不同性别的人群？现实中，我们同学当中的有色人种又在哪里？在社会心理学中，女性被认为是更"情绪化"的性别，针对与女性关联更紧密的"情感"的研究在哪里？这成了我后来的研究重点——情感劳动，这是一项在高速发展、女性从业人员占多数的服务业中的工作。（这种思路引导我在《心灵的整饰》这本书的写作中采访了大量空乘人员和收账员。）

新京报：就你当时的观察，类似的现象是否还发生在别的学科里？

霍克希尔德：我们发现，不仅我们社会学系的女生每周开会讨论这些议题，人类学系和历史系的女生也在做这件事，这不仅发生在加州大学伯克利分校，而且同时发生在美国全国各地的其他大学。于是，我们开始举行全国性会议，以便不同小组之间可以交流经验。

1969年，我在Transaction杂志上编辑了一份关于女性议题的特刊，其中包括了对于女性角色方方面面的讨论文章，这是我们小组热烈讨论后的成果。作为年轻的加州大学伯克利分校社会学系研究生，我们非常激动，因为这是这家杂志首次刊登讨论这类议题的相关文章。但是当杂志寄过来时，我们发现封面竟是一张女性的大图：她跪着、裸体、沉思中、非常脆弱，（没有暴露私处），低着头。我们非常愤怒。我打电话给杂志编辑表示抗议，我们小组的其他成员和他们的朋友也加入了，总共有几十个人。一周之后，疲惫不堪的出版方打电话给我，要求我"道歉并停止乱咬人"（to apologize and "call off your dogs"),这句话我永远不会忘记。后来,在下一期的杂志上,出版方刊登了一份致歉声明。

我是 1913 年以来社会学系聘用的第一位女性

新京报:女性核心小组后来怎么样了?离开校园之后,你是如何成为一名社会学者的?

霍克希尔德:在杂志致歉事件之后,从研究生课程中退学的女性开始减少了,一位做量化研究的小组成员追踪了这项数据。尽管如此,从 1962 年到 1971 年,美国仍然没有给女性学者提供相应的职业晋升阶梯(比如助理教授、副教授、正教授以及终身教席)。我在其他学校教了两年书之后,受邀成为自 1913 年以来,加州大学伯克利分校社会学专业的第一位女性助理教授。当时校报《每日加州》(*The Daily California*)还发表了一篇文章,题目是"社会学系聘用了女性学者"。

新京报:这种女性身份是否给你带来了额外的困扰?能不能和读者分享你在职场中遇到过的"看不见的阻力"?

霍克希尔德:作为一名女性,想要拥有属于自己的事业容易吗?我想说,这一点都不容易。当我来到加州大学伯克利分校的社会学系,并获得了博士学位之时,整个系所完全是由男性主导的。而正如我刚才所说,留校任教之时,我是 1913 年以来社会学系聘用的第一位女性。

当时我向学校提出要求,希望获得额外的时间,既可以从事严肃的学术讨论，也能有足够的闲余时间抚养孩子，陪伴家人。一开始，学校的回复是这样行不通。之后他们说，我们可以单独为你提供这项"特权"，因为你是女性，从事学术研究的女性非常少，这种情况以后也不会改变。我告诉他们，这种做法是不对的，因为"特权"应当同样适用于男性同事。我的意思是，照料家庭的工作不应由女性独自承担，职场中的男性也需要为家庭投入更多的照料时间，这才是工作制度改革的方向。我们可以注意到，这种变化在二十世纪六十年代已经初露端倪，并在潜移默化地影响着周围人的观念。

就这样，我在这所学校得到了一份工作，并且非常幸运地在努力争取之后获得了应有的权利。接下来，我的工作就是为此继续努力，帮助社会上更多的女性可以和我一样享受到这份"特权"，实际上这是我们应得的。为了实现这一步，正如我之前所说，我们仍然需要一场性别革命。

PART 2
未完成的革命：情感社会学、女性主义与政治极化

影响学术生涯的三个思想来源

新京报：在女性学者系列访谈中，我们采访了不少中国的女性学者。不少受访者反馈，在上世纪八九十年代，一些重要的女性主义著作，比如波伏娃的《第二性》，成为她们重新思考性别平等的指路人，甚至由此走上了性别研究的道路。你有过类似的经历吗？哪些学者的研究对你的学术生涯产生了重要的影响？

霍克希尔德：没有人逼迫我研究女性的生活，我就是想研究和评估这些问题，并在需要时改变用于理解女性生活的概念。当然，西蒙·德·波伏娃强调性别的中心地位，她的学说影响了我。除此之外，我也借用了 C. 赖特·米尔斯对资本主义、社会阶级、种族和性别的全面论述，以及欧文·戈夫曼另类、大胆地看待世界的方式。他们是影响我学术研究的三个主要思想来源。

西蒙·德·波伏娃，我钦佩她大胆地主张"性别至上"。后来，我开始发现她对人类理想的观点过于以男性为导向。在我看来，她想让女性"达到"男性的标准。这让我感到困惑,如果女性的理想是达到男性的标准,照料的文化重要性如何在这样的框架中显现?

欧文·戈夫曼,我钦佩他的敏锐观察力和勇于冒险的精神——尤其体现在《日常生活中的自我表现》《精神病院:论精神病患与其他被收容者的社会处境》《污名:受损身份管理札记》这几本书中。后来我开始想更多地关注情感,以及作为呈现纯粹感情的基础的情感管理。

其他(影响我的)人还包括夏洛特·珀金斯·吉尔曼(Charlotte Perkins Gilman),还有南希·乔多罗(Nancy Chodorow)、巴瑞·索恩(Barrie Thorne)的研究,她们后来成了我的同事。在此之后,女权主义的后续发展也影响了我,包括马克思主义的女权主义("阶级至上"的女权主义)与激进女权主义("性别至上"的女权主义)的争论,生态女权主义,黑人女权主义,等等,肯定还有更多!

新京报:从1973年发表首部著作以来,你研究的话题非常丰富,但似乎总是跟随着时代的韵律,试图回答时代更迭中不断涌现的新困惑。在如此漫长的学术生涯中,是否有一条贯穿你所有研究的主线?

霍克希尔德:我的研究总体上有两条主线。一条是关于共情和理解,尝试从另一个人的头脑和内心想象这个世界的样子。另一条是观察一个特定的家庭、工作社区或地域现在的样子,同时想象在理想情况下它可能会是怎样的。有些人认为我的这种研究本质上是一条"理想主义者"的研究道路,但实际上它只是用这样的视角看问题:如果世界可以变得更好,那它可能会是怎样的?

新京报：很多读者读你的文字，都会产生相似的感受：尽管你采用了严谨的社会学研究方法，但你完成的作品却没有很重的"学究气"。相反，你讲述的很多故事不仅有趣，往往还很打动人心。在写作技巧上，你是怎么做到这一点的？如何平衡学术写作和面向大众的写作？

霍克希尔德：我的确有两种不同的写作方式。有时让我感到难过的是，学者们只是为彼此而写作，他们只生活在自己的圈子里。学术圈里很多聪明的人，但有时为了某些绝妙观点和想法，他们会迷失方向。而对我来说，最重要的是把自己的研究成果分享给公众。

面向大众的写作，意味着把复杂的问题用清晰的方式呈现出来。对我来说，社会学意味着关闭你内心的"警报系统"，暂停自我意识。你的工作就是，即使你在很多事情上并不认同他人，但仍然需要去理解和共情另一个人的感受和内心想法，因为是周遭的环境塑造了他们，正如他们塑造了环境一样。

我不断提醒自己，我在做的不是记录自己学到的东西，而是以这样一种特定的方式写作，以便将我所学转化为普通公众可以理解的语言。在《故土的陌生人》中，我试图向公众传达保守派群体的愤怒、失望和耻辱感，在我看来他们是被抛弃的精英，美国的蓝领阶层和底部中产阶层正在减少，全球化进程对他们并不友好，他们感到自己是失败者，同时这些失败者的精英固执己见，成为特朗普的追随者。我想了解这个群体，但我必须将我发现的东西转化成对方可以理解的语言。

从家庭到工作：职场妈妈的双重负担

新京报：我们接下来聊一聊你在中国最新出版，并引起大量关注的著作《职场妈妈不下班》。这本书首次出版于1989年，是你学术生涯早期的代表作。你在这本书中对上世纪八十年代的美国双职工家庭展开了历时八年的追踪研究。有趣的是，尽管有着时间和空间上的双重距离，《职场妈妈不下班》2021年被译介到中国后，仍然激起了很多中国读者的关注和共鸣。你当初开始研究并写作这本书的动力来自哪里呢？

霍克希尔德：写作《职场妈妈不下班》最直接的原因来自我的亲身经历。当时我在加州大学伯克利分校任教，同时也是一名年轻的母亲。我非常希望，自己的工作和孩子的幸福成长这两件事可以顺利地并进。但在当时，我还不清楚怎么可以做到这一点。

此外，当时是二十世纪八十年代，整个美国社会都在发生着变化，并且一直持续到现在。我认为，美国社会正在经历一场"停滞不前的革命"（a stalled revolution）。在今天，仍有三分之二的美国女性在外工作，大多数孩子成长在父母都要在外工作的家庭之中，而市场上几乎一半的劳动力由女性构成。男性工资正在下降，服务行业正在不断扩张，大量的女性涌入劳动力市场来弥补这些空缺。

社会的经济走向推动女性进入劳动力市场，社会的文化走向也鼓励她们这么做。但与此同时，社会观念还没有发生改变，很少男性会认为，能够做到发自内心地关心孩子、了解孩子的需求、营造温馨的家庭氛围，才是一个有男子气概的好男人。因此，女性在外的工作环境、返家后的家庭环境都没有改善，工作安排上没有灵活性，没有探亲假，也没有形成提供托儿服务的普遍文化。这些制度还没有适应女性不断变化的社会角色。我非常想要探究其中究竟发生了什么，以便我们能够解决正在不断产生的社会和家庭冲突。

通过写作《职场妈妈不下班》这本书，我试图说明，一个人如何理解男性和女性，真的会影响你的方方面面：你的生活是否幸福，如何表达心中的爱，因何事而感恩，以及作为个体如何走出职场妈妈的困境。我还想说的是，我们所生活的社会，它的性别认知以及工作场所的结构也需要随着女性身份的转变而转变。我们探索了这么久，至今还没有找到解决问题的答案。

新京报：写作《职场妈妈不下班》之后，你没有就此止步，并且进一步深入探索家庭-工作的二元危机。在1997年出版的《时间困境》中，你提出过一个值得注意的现象：家庭和工作的角色已经被颠倒了过来，很多人回家后仍然在工作，又在工作场所完成家庭生活中的任务。二十多年后，你描述的这种现象有发生变化吗？

霍克希尔德：在过去的二十五年里，劳动力越来越多地被劈成两半。"家成了工作场所，工作变成了家庭生活"描述了最上层的20%或30%群体的生活状态。在某些情况下，这样的现象变得越来越极端。

我住在美国的计算机中心——硅谷海湾的另一边。这里聚集了谷歌、Facebook、苹果等大公司的总部。许多员工在公司吃早餐和午餐，然后将预先准备好的晚餐装在饭盒中带回家。他们在公司里锻炼身体。在某些工作场所，员工还可以将需要干洗的衣物带到公司，下班后再将其取走。有些人会在每天上班时喂养寄放在公司的热带鱼。你所有的同事成了你的"邻居"，他们每天都在做同样的事情——"邻居"都去上班了。

这种减少"第二轮班"的生活看上去很有吸引力,唯独忽略一件事:孩子们去哪里了?老人去哪里了?当你的同事们开始寻找新工作时,你所生活的社区也开始变得不稳定。如果一名员工被解雇了,这位失业员工生活中的其他方方面面也会像纸牌效应一样彻底坍塌。

故事的另一面则是,对于底层三分之二的劳动力来说,工作职位变得越来越不稳定。处于"零工经济"中的劳动力不能确定自己每个月都能拿到全额薪水,所以他们更愿意把更多的时间留在家里,在"第二轮班"中建立以家庭为基础的社群并在这样的社群中分享生活和感受。劳动力的上层面临着工作-家庭的严重失衡,而劳动力的下层则对实现这种平衡所付出的代价感到焦虑。

新京报:对于工作的种类给个人情感带来的不同影响,你还做过细化研究。在1983年出版的《心灵的整饰》中,你首次提出了"情感劳动"(emotional labor),这个概念时至今日仍然被很多研究人士引用和借鉴。哪些类型的工作属于情感劳动?为什么说这类工作的特殊价值还没有得到应有的回报和尊重?

霍克希尔德:当你外出工作时,你的行为通常被理解成一种经济行为,即你通过劳动获得报酬。这是一种经济视角,但实际上,社会中还有很多工作,尤其是不断发展的服务业,即我所称的"情感劳动"。

情感劳动需要工作者整饰私人的情感,包括唤起正确的情感,以及抑制不恰当的情感。这类工作包括了教师、记者、医生、护士、日托、老人护理、工人、律师和法官,等等。比如,你是一名幼童保育员,当小孩子对你厌烦生气、撒泼打滚的时候,你必须非常善于整饰自己的情感，理解孩子的反应因何产生，并用合适的方式安抚孩子。如果你是一位航空公司的乘务员，当乘客因为找不见行李而向你大发雷霆的时候，你依然需要保持友好的职业态度，向乘客表达歉意："非常抱歉，先生，我们这就寻找您的行李。"做好这些事情并不容易，情感劳动就是一类在接受他人愤怒甚至不受欢迎的关注之时进行的工作。

我在《心灵的整饰》中特意区分了这类工作与其他工作的区别，并期待情感劳动得到公众更多的关注和赞赏。为此，我采访了资本主义社会中不同类型的情感劳动者。有一些类型的工作会激发顾客对优质服务的需求，你通过提供某种商品或服务，让顾客得到他们想要的。从事这类情感劳动时，你需要表现得比平时更加友善，顾客才愿意接受你的服务；与之相对还有另外一种类型的情感劳动，比如收账员，他们的工作是让你为刚刚买下的东西或服务买单。为了达成这类工作的目标，有时你不得不表现得比平时更加吝啬刻薄。除此之外，还有大量的工作介于这两种极端类型之间，它们都需要你在从事工作时唤起正确的情感。这些都是情感劳动的成本，公众需要敏感地意识到这类工作的特殊性，并给予适当的鼓励和褒奖，因为我们这个社会既依赖情感劳动，又不能滥用它。

女性主义真正的硬仗还在后头

新京报：回首过去的三十多年，社会上女性的声音似乎越来越多了，最近几年的女权运动也在世界各地激起回响。为了实现性别平等，你觉得我们还需要做些什么呢？

霍克希尔德：这场性别革命在我看来还没有结束。美国的女权运动有两种声音。第一种声音认为，在塑造社会的过程中，女性应该拥有平等的声音和权利。我们还远未实现这个目标；但还有另外一件事：传统上，女性被赋予养育家庭和社群、照料他人的角色。女性主义的第二种声音认为我们要向前推进，这些事不能仅仅由女性去做，也应该让男性共同承担。工作并不是全部，生活不仅仅与经济和金钱有关。照料家庭、维系社群不仅仅是女性的事，也应该是男人的事。

我所在的资本主义社会更多听到的是第一种声音，即女性需有平等的权利。但要我来说的话，我们其实还在一些传统观念上挣扎，我们应该推进第二种价值观，这也是女性主义最原本的含义。

新京报：你指出的这两种女性主义价值观，它们之间是怎样的关系？推进第二种价值观会促进第一种价值观的实现吗？

霍克希尔德：对我来说，女权主义的两个目标——平等和照料伦理之间没有矛盾。我们需要问的是："在什么方面上的平等？面向谁的平等？"在一个尊重"斗士"（warrior）的社会中，性别平等的理念赋予了女性作为平等的斗士的角色。也就是说，在一个地球面临污染的社会中，平等意味着女性和男性在同样地污染地球。因此，我们需要同时考虑平等和照料伦理。我们需要用两只眼睛来看，用两只耳朵来听，我们可以同时顾及平等理念和社会理想。

我想分享我的一篇演讲《男性职业的运作机制》(Inside the Clockwork of Male Careers) 的最后一段，这篇演讲论文于 2003 年重印，但它仍代表了我现在的观点：

回顾过去二十五年以来的整体（美国）文化，我们可以看到，女性主义运动在某些方面已经通过赫伯特·马尔库塞（Herbert Marcuse）所描述的"通过融合进行抵抗"的过程，进入了美国生活的主流。美国文化融合了女性主义运动中资本主义和个人主义的部分，但它抵制了女性主义其余的内容，它融合了女性主义强调的同工同酬和多元化理念，但没有对女性想要参与的制度性优先事项提出过任何挑战。在我看来，真正的硬仗还在后头。

听见美国社会撕裂的"深层故事"

新京报：2016年的《故土的陌生人》是你最新的著作，很多中国读者是由此认识你的，这本书也入选了2020新京报年度阅读推荐。《故土的陌生人》写于2016年特朗普上台执政时期，这本相较之前关注家庭和工作的著作，在话题上存在比较大的差异，你为何会选择美国政治的研究？研究政治情感和家庭-工作情感有什么相似的地方吗？

霍克希尔德：选择政治话题对我来说是全新的尝试。关注个人生活、冲突和情感，这延续了我一贯的学术研究方法。不同的是，就《故土的陌生人》而言，"深层故事"和"同理心之桥"（empathy bridge）对我来说是全新且重要的思考。

2020年，《故土的陌生人》被评选为"新京报年度阅读推荐"，我在答谢词中曾讲述了《故土的陌生人》的写作初衷：

我和许多公民一样对政治有着强烈的兴趣。在2008年金融危机之后，我读到了一些关于美国极右翼茶党崛起的书籍。那时，我突然察觉到，一场令人不安的政治运动要开始了。这场政治运动可能会威胁到我所珍视的许多价值观和我毕生奋斗的目标——消除气候变化的威胁、消除贫困、致力于种族和性别公正、致力于建立一个对家庭友好的工作环境。我意识到，我远距离地了解这场政治运动是不够深入的。首先，我得先了解参与这场政治运动的人是怎么想的。只有这样，我才能真正理解这场政治运动。

所以，在我的调研过程中，我把我在情感社会学里的研究经验作为观察的内在视角。在问题意识上，情感社会学的研究视角深深启发了我。到调研地后，我会去思考，我所结交的新朋友们对这个社会有什么样的看法？我怎么样才能知道他们真正的看法？在我与他们深度访谈的过程中，他们内心深处的感受是否可以用所谓"深层故事"的形式来表达？他们对他们日渐挣扎的生活有什么样的直观感受？像美国的经济系统对某些工作所形成的需求一样，美国的政治系统本身是否同样创造出了一种我称之为"情感劳动"（emotional labor）的需求？在我与新朋友们交谈完，整理采访记录时，这些问题就从我脑袋里蹦了出来。这里面的一些问题在我脑海中孕育成熟后，就被我写进了书里。

新京报：《故土的陌生人》从特朗普支持者的深层情感出发，解释了这几年美国社会严重撕裂的原因。自拜登当选总统之后，有些评论人士说，美国似乎进入了一个新的阶段。就你的观察，美国社会的冲突和撕裂有缓和的趋势吗？阅读《故土的陌生人》，对美国以外的普通读者有什么样的意义呢？

霍克希尔德：美国政治依然让我感到沮丧。"故土的陌生人"与他们所生活的这片土地正在撕裂，我仍然对此感到担忧。在社会阶层、生活地域、肤色种族等各个方面，"同理心之桥"越来越少了。我们需要跨越这些差异搭建它，但此时此刻我并不觉得事态在往好的方向前进。在我个人看来，拜登总统正在提出许多可以帮助到所有人的举措，并且他认为政府是一个应该帮助所有人的机构。然而，我不认为另一边的群体听到了这些声音。

正如我在《故土的陌生人》答谢词中所说的，通过这本书，我想告诉普通读者：

> 如果我们面对不同意见的人时，能够放下羞辱和指责之心，我们也许能找到与他们的共同点。在找到共同点之后，我们才能更好地理解彼此之间的分歧点。全人类都是一样的：一个人只要失去了什么——无论是失去了自己熟悉的生活方式、失去了健康的身体，还是失去了良好的生态环境或气候环境——那个人就会有许多痛苦。面对痛苦，人们总希望能得到他人的理解。我在写这本书的时候，我希望能启发全人类，不管我们在什么地方，遇到什么样的人，我们都能拥有同理心，去试图探索和理解他人内心深处的"深层故事"。

上野千鹤子：
成为，上野千鹤子

采写—青青子
译者—陆薇薇（东南大学日语系主任）

上野千鹤子，1948 年生于富山县。为日本著名社会学家、日本女性学 / 性别研究代表人物。现任东京大学名誉教授，NPO 组织"女性行动网络"（Women's Action Network）理事长。

著有《父权制与资本主义》《民族主义与社会性别》（ナショナリズムとジェンダー）、《厌女：日本的女性嫌恶》《不惑的女性主义》（不惑のフェミニズム）、《女性的思想》《一个人最后的旅程》等。2011 年荣获朝日奖，2020 年当选为美国艺术与科学院院士。

在过去几年，当人们提到女性主义或是讨论性别议题时，上野千鹤子都是绕不过去的名字。如果说上世纪七十年代，波伏娃将西方女性的生命处境抽丝剥茧，一册《第二性》流转西东，为女性找到了生活的症结，或者说，一种命名，半个世纪之后，上野千鹤子便是那个手持利刃，为东亚社会的父权结构剔骨的人。

即便你没读过《厌女》《父权制与资本主义》，也一定看过她在2019年东京大学新生开学典礼上的演讲视频，比如在社交媒体上广为流传的这一句——"女性主义绝不是弱者试图变为强者的思想，女性主义是追求弱者也能得到尊重的思想。"

而我更想知道的是，对于这位一直行动、抗争在一线的女性主义学者来说，女性主义究竟是一种怎样的存在？更确切地说，我想知道的是，上野千鹤子如何成为今天的她自己？——这位曾经想象过当冷清酒馆老板娘的女性，这位成长于对于女性而言哪怕读研出来也没有工作可做的年代、觉得大学里教的社会学一点意思也没有的女性，是如何与女性学相遇、惊诧，又如何开创了日本女性学这门学科？

我也曾将这个问题抛给学者们，在贺桂梅那里，女性主义是一种纾解，让她意识到我们遇到的问题不是私人问题，而是某种社会结构在个体身上的实践。在戴锦华那里，女性主义是生命中一次可贵的相遇，对于如何做女人的深刻困惑与窘境，她在女性主义理论里找到了一个有意义的名字。

而在上野千鹤子那里，女性主义拯救了她。

自青春期以来的十多年里，我一直无法接受自己是个女人。所以我不擅长同女人打交道，觉得和男人在一起要容易得多，我表现得像一个"名誉男性"，也就是"假小子"。我花了很长的时间来接受我是一个女人的事实，而当我遇到女性主义时，它拯救了我。因为，女性主义是一种基于女性爱自己身为女性这一事实的思想。

于是，让我们再次回到这个问题的开端，女性为何，又何以会成为一种"主义"。作为"主义"，她们，或者说我们如何描画女性在众多"主义"中的经纬。在上野千鹤子的另一本书《女性的思想》中，她书写了对她影响最大的女性。其中有一位森崎和江，她"出生于日本女性解放运动之前，在朝鲜半岛出生，后来回到日本，是一个生于日本的殖民地、视日本如异国的日本人。日本战败后，许多日本人试图抹去历史教科书中的军国主义内容，森崎那时便宣称自己今后不再相信男性话语了，而要只身一人思考一切问题"。

她还提及另一位学者井上辉子。在日本女性主义的建构过程中，正是她翻译了"女性学"，并给了它一个定义："女性的（of women）、由女性开展的（by women）、为女性进行的（for women）学术研究。"尽管准确来说，井上辉子的翻译是创造性误译，这一定义还遭到男性学者对于这门学科不够中立的批驳，但井上并未就此屈服，而是进一步指出，"由女性开展的"，意味着女性从研究的客体转变为研究的主体；而"为女性进行的"，意味着女性学要为妇女解放做出贡献。

所以，何为女性主义？

在与铃木凉美的通信集《始于极限》中，上野千鹤子这样说道：

　　……女性主义是一个自我申报的概念。自称女性主义者的人就是女性主义者，女性主义不存在正确或错误之分。女性主义是一种没有政党中央、没有教堂和牧师，也没有中心的运动，所以没有异端审判，也没有除名。女性主义也不是什么智能的机器，只要把问题塞进去，它就会把答案吐出来……我一直这么想。

而在这次采访中，上野千鹤子给出了另一个并不直接的回答：

　　她们用不同于男性的语言表达女性的经历。正是因为有这样宝贵的女性话语在我们面前，它们才会成为我们的血与肉。语言不是自己一个人就可以发明的，你必须从某个地方借用到它。当你从前人手中接过它以后，才能逐渐将它变成你自己的血与肉。

换句话说，女性主义，正是这样一种存在，是许多个我们，接过了许多个她们手中的血与肉，进而将我们的，也是她们的生命困惑，诉诸经验与话语，思想与行动。

与之相关的另一个问题是，作为当今日本最有影响力的社会学者之一，上野千鹤子只关注女性问题吗？如果我们追索上野千鹤子的来路，她从女性主义出发，构建"家庭—市场""生产方式—再生产方式""父权制—资本制"的理论体系。作为日本学生运动的参与者，上世纪九十年代，上野千鹤子着手进行"慰安妇"与民族主义、历史认识等问题的研究，就此与吉见义明等学者展开过几轮激辩。2015

年，由北京大学出版社翻译引进的《战争留下了什么：战后一代的鹤见俊辅访谈》收录了她与鹤见俊辅、小熊英二两位学者有关战后日本政治思想发展的深度访谈。世纪之交，年过五十岁的上野千鹤子开始研究照护问题，出版《照护的社会学》《一个人最后的旅程》等。尽管研究课题一再变化、拓展，但她最根本的问题意识始终如一："我一直在思考女性的'无酬劳动'问题。"

有趣的是，作为社会学家，上野千鹤子一直坚持"两手抓"，既出通俗读物，也出学术专著。她将这两种书称为"硬派与软派""A面与B面""上半身与下半身"。在人生的一些时刻里，这些通俗读物让她在应聘面试时扣分，但她仍旧坚持着研究和写作的不羁。

与此同时，在以男人为主导的出版界，上野千鹤子的研究话题曾被多次"消费"为各类吸睛的"荤段子"。《性感女孩大研究》（セクシィ・ギャルの大研究—女の読み方・読まれ方・読ませ方）被视作"年轻女人写的荤段子书"；另一本研究日本社会性文明史的著作被取名为《裙子底下的剧场》，她更是因此成了"社会学界的黑木香"。尽管预见到了这样的情况，上野千鹤子仍旧认为，"比起误解与误读，我遇到的更多是优秀的读者"。在《始于极限》中，她写道："女性学的先锋一代应该可以抬头挺胸地说，我们在没有读者的地方创造了读者，和读者共同成长，还走出了一批出色的作家……"

2021年圣诞节前夕，我们借由女性学者访谈系列，视频采访了上野千鹤子。尽管语言不通，但在我们特别邀请的译者陆薇薇的帮助下，采访持续了近四个小时。如果算上之后的修订与追问，我们的采访持续了近半年。视频中的上野千鹤子依旧是一头红发，活泼、可亲、爱笑，时不时向我们发问，询问中国的情况。我们的话题从女性学开始，聊到她一路走来的滴滴点点，聊到她的学术思考、转向与坚持。当然，我们还聊到红发和愤怒的象征（笑）。最后，谈及对于有志于学术事业的女性有哪些期许时，上野千鹤子沉思了一会儿，说：

女孩总是容易当优等生，当老师的宠物。毕竟，不辜负周围人的期望，也是女性的"美德"之一。而优等生会有这样的习惯，习惯察言观色，尽量满足老师和父母的期待。有一些女性学者也是如此。

但我认为，比起不辜负周围人的期待，女孩们更应该坚持自己的问题意识，即使它不能为你带来什么。对于研究者来说，原创性是极为关键的，模仿别人毫无意义。所以首先要做自己真正想做的事情，不管是得是失，我都希望她们能够坚持下去。此外，女性的人生中有许多曲折，即使因恋爱、结婚、搬家、生子、育儿而暂停了学术研究，学问也还是会等待着你的。因此，我希望女孩们即使一时中断了研究，也能再次出发，继续下去，因为并没有必要给自己设定年龄界限，学问会一直等待着你的。很棒吧？做研究是很有趣的。

PART 1

女性主义、性别研究与#MeToo 遗留问题

女性学，就是将女性经验诉诸语言与理论的学问

新京报：你最早接触女性学的契机是什么？

上野千鹤子：在我年幼的时候，日本还没有女性学，直到二十多岁，我才接触到它。对我来说，女性学为我打开了一个新的世界，让我可以将自己作为研究的对象。

大学时我主修的是社会学，但始终找不到立足之地。直到开始从事女性学研究，我才有了积极性，迫切地想去做些什么。女性学，就是将女性经验诉诸语言与理论的学问。对我来说，身为女人这件事本身便是一个巨大的谜，所以很自然地想在这方面下功夫。

不过，在那个时候，女性学还没有被公认为是一门学科，所以我丝毫没有想到自己之后能靠它谋生。

新京报：你是日本女性学的开创者，影响了女性学/性别研究（gender studies）在日本的学科建构过程。在你与李小江老师的对谈

文章《"主义"与性别》中，你提及"日本的女性主义并不是在西方的影响下出现的。我们日本妇女独创了自己的女性主义，有充分的理由，也有充分的必要。日本是资本主义国家，是父权制的，和西方欧美社会一样，似乎不存在独创的基础"。想请你具体展开讲讲日本女性学的构建过程。它的本土性主要体现在哪些方面？

上野千鹤子：日本的女性学诞生于大学之外，之后才逐渐进入大学。就研究团体而言，上世纪七十年代后半期，日本成立了四个女性研究团体，一个是女性学研究会，另一个是我参加的日本女性学研究会，另外还有国际女性学会和日本女性学会。这些团体主要由一群从事社会科学研究的女权主义者创立。但正如我在和李小江老师的对谈中提到的，虽然日本的女性学研究或多或少受到美国女性学的影响，但绝非对它的照搬。

首先，日本女性学的诞生与战后的女性解放运动有关。我们都知道，美国第二波女性主义运动的领军人物是贝蒂·弗里丹。她在1963年写了《女性的奥秘》，将美国郊区中产家庭妇女的抑郁问题称作"无名问题"（unnamed problem）。而日本的女性解放运动（women's liberation）直到1970年才出现。当时，日本结束了经济高速增长期，形成了"作为工薪族的男性与作为家庭主妇的女性"这一战后家庭模式。成为家庭主妇被视作那一代女性的人生目标，家庭主妇的生活被认为是标准化的女性生活。但对于很多女性来说，仅仅过上这样的生活，是无法忍受的。这也是为什么，从某种程度上来说，日本女性的"苦恼"是现代化和城市化的产物。

日本女性解放运动诞生的另一个背景是上世纪六十年代末席卷全球的学生运动。今天回望，学生运动中的男性背叛了女性，他们将女性作为家政妇和慰安妇加以利用。在全球女性解放运动浪潮的早期女性解放先锋中，不乏对男性同志感到失望的女性革命家，我也是她们中的一员。更早之前，包括法国革命、俄国革命在内的所有革命都存在对妇女的背叛问题，所以我们可以说，即便阶级问题解决了，女性问题也无法解决，而许多女性解放运动恰恰诞生于学生运动。当时，很多国家的女性都深切感受到了这一问题，并纷纷发出了自己的声音。在日本，也有女性发声质疑这种情况。

与此同时，尽管美国有女性学，日本女性也开始了自己的研究。当时，日本女性学的主要课题是家庭主妇研究。而在女性学研究诞生之前，有一门研究女性的学问叫作"妇女问题论"，顾名思义，它认为"妇女"存在很多问题。然而，女性学的研究带来了范式转换，即指出有问题的不是妇女，而是社会。受到女性解放运动影响的女性学者，开始陆续参与女性学的相关研究。

新京报：女性学、女性主义与性别研究之间的关系是什么样的？

上野千鹤子：把 women's studies 这个词翻译成"女性学"的，是井上辉子。但 women's studies 的本义，是跨学科的女性研究。而"女性学"的译法使它看起来是一门学科。因此，准确地说，这应该是一个误译。但我将其称为创造性的误译，因为它更容易被生长于汉字文化圈的人们所理解。

井上辉子还对女性学下了一个定义——"女性的（of women）、由女性开展的（by women）、为女性进行的（for women）学术研究"。这一定义引发了巨大的争议。在一些人看来，关于女性的研究（studies on women）是没有问题的，但"由女性开展的""为女性进行的"部分则颇为不妥。不少男性学者抗议说，如果说这是由女性开展的学问，那么男性是不是不能从事女性学研究？同时，他们认为，为女性进行的学问，使这门学科服务于某个特定的社会群体，不够中立，只能将其称作一种意识形态，不能称作学科。

但井上辉子完全没有屈服。她指出，"由女性开展的"，意味着女性从研究的客体转变为研究的主体；而"为女性进行的"，意味着女性学要为妇女解放做出贡献。井上的宣言表明，女性主义运动和女性学如同车的两个轮子，是不可分割的，女性主义是女性解放的思想与实践，女性学则是女性主义的理论武器。

我认为，这一宣言的意义非常重大。它揭示出之前的学问都是"属于男性的（of men）、由男性开展的（by men）、为男性进行的（for men）学术研究"。所以，我们回应那些男性学者说，男性即使不从事女性学研究也无妨，你们可以研究自己的"自画像"。

但井上辉子的定义也带来一个问题：女性学是以女性为对象的研究，也就是说，我们只是在研究体系中添加了一个关于女性的新的研究领域，只有女性对它感兴趣，男性几乎完全提不起兴趣。在他们看来，你们女性从事女性学的研究就好，和我们没关系。因此，主流学术界根本没有受到任何影响。

有鉴于此，对这点十分不满的女性学研究者开始改变女性学的研究范式，使其不再仅仅以女性为研究对象，而是聚焦将女性与男性分隔开来的不平等的权力关系——gender。到了上世纪八十年代，日本学界诞生了"性别研究"（gender studies）一词。没错，女性学研究一直在有女性显影的地方研究女性，但也有女性缺席的领域，例如政治、经济、军事等，这些公共领域的研究，无论是由男性研究者还是女性研究者开展，都会被认为是具有普遍性的研究。如果从性别研究的角度出发，我们就可以剖析为什么这些行业没有女性参与其中。如此，公共领域如何被男性化的问题就成为性别研究的课题。

事实上,当你使用"社会性别"(gender)这个概念时,就会发现,在人类构建的社会里,没有不涉及性别的领域,所有领域都能成为性别研究的对象,没有什么领域是性别研究囊括不了的。而且,"社会性别"是一个非日常的学术术语,一经确立,性别研究这一学科也逐渐在世界范围得到认可。现在,没有人会认为性别研究不是一门学科。

在此,我还想补充一点,过去有些人会说,我不是女性解放运动者[①],但我是女性主义者。之后,又有人说,我不是女性主义者,但我是性别研究学者,因为性别研究让人觉得更学术。然而正如我前面所说,女性主义和女性学是不可分割的,性别研究也同样如此。性别研究是从女性学中诞生的,所以我将自己的研究领域列为"女性学/性别研究"。

如果日常不能得到解放,非日常的革命更不可能成功

新京报:你在《从零开始的女性主义》一书中也回应了社会学家小熊英二对你参与的二十世纪六十年代学生运动的评价。具体来讲,你认为你和小熊英二的分歧主要来自哪里?这场运动如何影响了你的学习经历和生活?

上野千鹤子:小熊将上世纪六十年代的学生运动矮化为学生的身份认同问题,忽视了日本的学生运动有更加宏大的社会史背景。

[①]那个时代有不少女性主义者试图和日本1970年出现的较为激烈的女性解放运动划清界限。——译者注

当时日本学生运动中有一个非常重要的关键词——反战。在日本战后的社会运动中，存在着一以贯之的反战和平思想，学生运动也不例外，人们反思日本的重创、反省日本的战争罪行。此外，学生运动发生在越南战争时期。美国轰炸机是从日本基地飞去越南的，日本成了加害者的同谋，也是加害国。学生的矛头正是指向这里，他们深刻地反省自己和自己的国家，坚决不愿意成为美国的帮凶。

我也希望中国人民能了解，在战后的日本，反战和平观念一直深入人心，日本不仅有受到战争重创的被害人意识，日本给亚洲人民造成巨大伤害的加害人意识也非常强烈，而越南战争更是刺激并强化了人们的加害人意识。

尽管有这样的世界性和历史性的背景，小熊却将它矮化了，他将学生运动归结为学生们在找寻自我的身份认同，我认为这是有问题的。

新京报：你和小熊的区别是不是亲历者和未亲历者之间的区别？

上野千鹤子：历史书写本就是后来人（非亲历者）的特权。未亲历者声称历史是什么什么样的，这是对历史的暴力扭曲，虽然他们施加暴力的方式各不相同。我对小熊研究的不满之处，在于他的方法论。学生运动发生在半个世纪前，还没有成为历史，还有很多亲历者活着，但他却没有采访其中的任何一位。如果所有相关人士都离世了，那就只能依靠书面记载，但现在还有很多人活着，他却采用了所谓历史学家的方法论，我认为这是完全错误的。

在小熊的书中，几乎只有男性出现，仅在最后一章提到了日本女性解放运动的先驱田中美津，但是他却从没采访过她。他对女性解放运动的解读非常浅显。女性解放运动到底是什么，他几乎不明白。所以田中美津提出了强烈抗议。她当然要生气。

从时间顺序来看,是先有学生运动,再有女性解放运动。全世界几乎都是这样。就像我们刚才提到的,最初的女性解放运动领袖,大多是被男性学生运动家背叛的新左翼女性运动家。当时,那些男性同志的目标是革命,而革命是遥不可及的非日常世界,为了那个世界,要牺牲当下的日常,牺牲自己,为革命献身,可谓一种男性运动的英雄主义。女性对此提出了批判。自己每天要吃喝吧?有了孩子,还要抚养,育儿时片刻不能离开,这就是日常。所以牺牲日常不是实现非日常的一种手段,如果日常不能得到解放,那么遥不可及的非日常的革命更不可能成功。于是,日常成为战斗的中心,女性解放运动者们要求男性将战场从非日常转向日常,比如"谁在替孩子换尿布?"的论争。而这,便是女性解放运动的口号——"个人即政治"的实践。

女性还对此前的日本反体制运动提出了批判。日本的革命运动大多采用绝对服从的军事组织形式。以革命为目标的人,是革命士兵。士兵要做到绝对服从。日本女性解放运动对这个组织体系也进行了质疑。比如认为不应该在组织中设置唯一领导人,组织结构不应该是金字塔式的,等等。而这样重要的背景,小熊却全然不知,也不去问,不去写,他没有理解女性解放运动是如何从学生运动中诞生的,其必然性又是什么。

新京报:近年来,右翼保守势力的崛起几乎是发达国家面临的共同现实。日本的情况怎么样?

上野千鹤子:日本的政治确实在右倾化,正如你们看到的那样。而且,相较民众的舆论来说,执政党更加右倾。目前,国会各类势力分布图中的数据与民众舆论之间存在一定的差距。现在的执政党是自由民主党也就是自民党,比起非自民党执政时期来说,日本政治上更加右倾。右翼分子常靠煽动民族主义的情绪来凝聚民心,而煽动民族主义情绪最简单的方法就是制造"假想敌",这就是日本国民厌中、厌韩的由来。如今大谈"中国威胁论",说大陆要攻打台湾地区,日本要做好准备并煽风点火的,是保守派的一群人。这样,日本的厌中、厌韩的排外情绪就会越来越强烈。有些女性也加入了保守阵营,比如"大和抚子运动"等,不少女性也有排外倾向。

那么,为什么执政党比民众舆论更加右倾?因为日本民众选举投票的参与率很低,有选举投票权的人中,半数不会去投票。所以手持"组织票"①的地方就有话语权。右翼分子手握组织票,就算他们的团体不多,他们也很容易掌握权力。这是一个很难解决的问题。

还有一点加速了日本的右倾化。那就是在新自由主义经济的潮流中,人们的不安全感加剧。过去,在日本经济高速增长期时,红利自然而然地出现,大家都能享受到,如今,日本已进入"格差社会""阶级社会",过去的特权阶级,已经无法保证继续拥有特权,他们由此产生了很强的不安感与危机感,这一背景加速了他们的右倾。这些人把目标对准了中国、韩国,真是令人愤慨。中国、韩国、日本都属于东亚,一衣带水,文化相亲,可有人却想让三国心生嫌隙从而从中获利。

有趣的是,也是在此背景下,二十一世纪以来,马克思主义在日本复苏了,《人类世的"资本论"》(人新世の「資本論」)成为最畅销书籍,作者斋藤幸平是一位年轻的马克思主义者。还有一本

---

①组织票,指在选举中,某个团体集中投给某个特定政党或候选人的票。——译者注

《新型日本阶级社会》也很畅销,它的作者是一位社会学家。

新京报:《新型日本阶级社会》已经被翻译成中文了。

上野千鹤子:真的吗?托马斯·皮凯蒂的《21世纪资本论》在日本也很受欢迎。

过分强调研究者的学历,
扩大了实践运动与学术研究的距离

新京报:目前,日本的性别研究处于怎样的发展状态?相较于当时,有哪些变化?所处的研究环境又如何?

上野千鹤子:性别研究现在已经完全确立了自己的学科地位,从事这项研究的人可以在大学里任职并获得研究经费。我们这一代是开拓的一代,我们培养出来的后生力量现已成为性别研究的中坚,研究人员的数量也在不断增加。

在我们的年代,主要开展的是宏观研究,关注性别研究中的普遍理论(general theory)、宏大理论(grand theory),而下一代的研究人员则开始关注更为细分的领域,如性别法学、性别经济学等。而且,她们强调实证研究,积累了丰富的研究成果。如此,性别研究的对象越来越复杂,正如我过去所写,一方面,仅通过性别这个变量已经不能分析所有问题了;另一方面,除却性别,也不可能分析任何事情。我们已经来到了这样的时代。

在学术领域,女性学的学科建制取得了进展,性别研究也确立了自己的地位,这既有积极意义也有消极意义。一方面,由于性别研究的对象已经多元化，研究领域不断细分，由此成立了许多学术团体，如性别法学会、历史学与性别学会、女性主义经济学会，等等。但另一方面，由于研究出现了分散化的趋势，加强性别研究者之间的联结变得更加有必要。

还有一点，在我们的时代，女性运动家和女性学者非常接近，有人从运动家成为学者，也有很多人既是运动家又是学者。但随着性别研究的制度化，运动家和学者之间出现了鸿沟。你必须有学历才能在大学任教，如果没有名牌大学的博士学位就无法成为一名学者。日中韩都是学历社会，大家注重海外，特别是在欧美留学的经历。要想在本国的大学教书，就必须在国外获得学位。那些拥有留学经历并取得学位的人，比始终在日本国内学习的人更有优势。这样一来，那些对日本本土情况不甚了解，但在国外学习过的学术精英反而可以在日本获得教席。中国是不是也有这种倾向？

新京报：是的，当然。也有一些高校教师是从中国的名校毕业的。

上野千鹤子：韩国最顶尖的学府是国立首尔大学。但据说即使你从那里毕业，你也不可能成为这所大学的老师。

日本在语言上是一个闭关锁国的国家，相较中国、韩国来说，这种倾向并不明显。只是，如果你不是名牌大学毕业的，你就当不了大学老师，只有就读名校的女生精英才能成为下一代的性别研究者。我并不是说这些人没有能力，她们在做很伟大的研究，但我认为，这样会扩大运动实践和学术研究之间的距离。

还要补充一点，我们的 WAN（Women's Action Network）网站里，有一个"女性学/性别研究博士论文数据库"（https://wan.or.jp/

general/category/女性学ジェンダー研究博士論文データベース），从中我们可以看出女性学和性别研究已有多少积累与增加，研究主题和领域发生了怎样的变化。总体来讲，如今研究者的层次和水平都在提高。

女性的变化令人惊喜，
男性的变化却朝着令人担心的方向发展

新京报：你在《厌女》这本书中深入剖析了弥散于日本社会中的厌女症，同时，你也在书中提到，厌女症不只是男人才有，女人也会染上。自《厌女》在中国翻译出版以来，它已经成为人们解析当下文化现象的"圣经"。厌女症的确无处不在。我很好奇，就你这几年的观察来看，日本社会的厌女症有哪些新的变体与表现？

上野千鹤子：这是个很有趣的问题。时代变了，针对厌女症的各种现象，出现了大量的揭发、抗议、签名等运动，参与者大部分是二三十岁的女性。同时，这些运动大多以线上形式展开，降低了参与门槛。无论是名人，还是籍籍无名的普通人，都可以随机发起网上签名，取得成果的也有不少。

我认为，这是一个非常好的趋势，年青一代的女性对各类厌女现象不再容忍，也不再忍耐。一个典型的例子是东京奥运会和残奥会组委会前任会长、日本前首相森喜朗的辞职事件。[①] 他当时说了一句歧视女性的话，结果被迫辞职了。这说明，即使是世界上最有

---

① 上野千鹤子曾就此发表评论文章，参见 https://wan.or.jp/article/show/9429。——译者注

权势的人，如果他发表歧视女性的言论，也有可能踩上地雷把自己"炸死"。

关于森喜朗被迫辞职，有些人说是因为外部（海外）的压力，但比起外部，日本国内女性的抗议更为激烈，他这才不得不辞职。这是一个日本女性取得成功的故事。

另一方面，男性的变化正朝着令人担心的方向发展。他们开始明白，自己已无法轻易享有曾经的既得利益，因此，部分男性的受害者意识愈发强烈，他们开始对女性进行攻击。如今，日本的互联网上充斥着各类男性针对女性主义的恶意评论，日语里称它们为"狗屎回复"（kuso-reply），在中文里叫什么呢？

新京报：中文里比较笼统的讲法可能是"键盘侠"，但也不太准确，更贴切的说法，可能是"男权"言论。

上野千鹤子：这种男性的攻击性不仅出现在互联网上，还以暴力的形式出现在现实生活中。最近发生的小田急捅杀女性案，就是一种厌女谋杀。杀人的是一名年轻男子，杀害理由竟然是他无法原谅那些表情看起来幸福的女人。男性的这种变化很可怕。当然，也有一些男性有一些积极的变化。

新京报：随着 #MeToo 运动的展开，全球范围内的女性主义运动迎来了新的阶段（或者说新的思潮）。能分享一下你对日本 #MeToo 的观察吗？它与之前几次的本土女性主义运动相比，有哪些变化？又暴露了哪些问题？

上野千鹤子：在 #MeToo 运动的这几年里，我接受过许多记者的采访，有日本的也有外国的，他们都问了我同一个问题：在其他国家，#MeToo如火如荼，但日本却悄无声息，这背后的原因是什么？我告诉他们，"这完全是罔顾事实"。事实上，#MeToo运动在日本各地广泛开展，很多人都发出了自己的声音，只是报纸没有报道。所以认为不存在#MeToo，是你们的原因，是你们既没有来采访，也没有进行报道。

一般认为，#MeToo运动是从美国开始的，但在#MeToo运动之前，日本有一个很重要的"黑箱事件"，这个事件大大推动了性暴力的受害者站出来揭发性暴力的恶行。"黑箱事件"的主角、同时也是以此为题材撰写的《黑箱：日本之耻》一书的作者伊藤诗织，她现在在全世界都很有名，她说性暴力是一种犯罪，是一种只要受害者保持沉默，就会被当作没有发生过的犯罪行为。为此，伊藤女士，一个勇敢的女人，将自己的名字和面孔公布于众，揭露这一恶行。

新京报：《黑箱》也在中国出版了，引发了很大的反响。

上野千鹤子：其实在#MeToo运动之前，她已经在做这件事了，支持伊藤女士的女性人数不断增加，运动不断扩大。

这个时候，还发生了"财务省福田次官事件"，一名女记者遭到政府高官（财务省事务次官福田淳一）的性骚扰；虽然这名受害者一直没有透露姓名，但女性对这一事件极为愤慨。此后，东京医科大学入学考试中的性别歧视问题被曝光，女性再次被激怒。再后来，就是"冈崎判决书事件"，法官竟然判决一名强奸女儿的禽兽无罪！女儿从十三岁起就一直被亲生父亲强奸……十九岁的时候女儿告发了他，而法院竟然判父亲无罪。日本刑法规定，只有受害人处于"无法反抗的状态"，比如被刀具威胁的极端状况下，强制猥亵罪才成立。如果受害人能够抵抗却没有抵抗，那么加害人的罪名就不成立。所以法官声称,无法认定该女孩处于无法抵抗的状态,"都十九岁了,如果不愿意,可以逃走啊"。简直骇人听闻。这次判决又一次激起人们的怒火。此后,抗议性暴力的静默示威活动开始在日本各地蔓延开。

不仅是东京这样的大都市,在其他地方,草根女性主义者同样很积极,她们常常手持鲜花安静地站着抗议。有的人开始将之前自己从未宣之于口的受害经历讲述出来。现在这类"鲜花示威运动"依然在全国各地进行着。就这样,频发的性暴力事件之下,女性们的愤怒被不断挑起,运动不断扩散,此后还与要求政府修改刑法的运动联结在一起。

另一个运动也值得关注——#KuToo 运动①,同样由女性匿名在线发起,这次运动很快得到了很多人的签名支持。在她们的努力抗争下,一些公司决定不再强迫妇女穿高跟鞋。她们成功了。就这样,不同的运动一点点蔓延开来。这些运动一起构成了日本的 #Metoo 运动。

总之,虽然 #Metoo 是一个世界范围内的运动,它在世界各地同时爆发,但日本有自己的运动轨迹,所以,日本的 #Metoo 运动并不是外来的,它在日本本土扩散得很广。#Metoo 运动之所以能在日本扩散开来,一方面是因为主力军是年青一代,另一方面是因为线上运动降低了参与的门槛。当然,网络也有负面作用,比如伊藤诗织遭到了网上的许多恶毒攻击,说伊藤是骗子,是她主动引诱男人的,等等。但不可否认的是,网络作为新手段收获了前所未有的效果,且熟练操作网络的新一代女性已经登场,这是日本女性主义运动的

---

① #KuToo 借鉴自 #MeToo,自带一种女权抗争的意味。同时,KuToo 和日语读音的"鞋子"(靴/くつ)很像,又与"苦痛"(くつう)读音相近,是一个将高跟鞋和痛苦联系起来的双关语。——译者注

最新变化。

新京报：这真的是来自邻国的共振。在中国，越来越多的女性开始站在一起，在社交媒体上说出自己的经历，抗议性暴力，积极推动相关的法律建设。当然，过程中也会面对不少恶毒的攻击与不完美受害者的指控，但就女性群体内部而言，大家对于不存在完美受害者这点有了明确的共识，也积极地实践着姐妹互助的情谊。

从上世纪九十年代末到二十一世纪，
日本女性主义出现了巨大的倒退

新京报：你提到日本女性主义运动的进展，我想起在《从零开始的女性主义》中，你说上世纪七十年代的日本女性主义运动成果并没有延续到更年轻的一代。在你看来，断裂／未能传承下来的原因是什么？我们应该如何传承这些抗争的遗产？

上野千鹤子：当我问现在的年轻人，你是从哪里得知女性主义的？他们回答我说，是通过艾玛·沃特森在联合国的演讲，还有人说是从韩国学到的。也就是说，有很多年轻女性是从外国学到女性主义的。我当时很失望，我说日本也有女性主义。

之所以未能延续，我想是因为传承人的断层。上世纪七十年代，已经结婚和生育的女性作为地方上的草根女性主义者，成为各地女性活动中心的积极分子。但是，当时的日本妇女没有机会外出工作，她们或是专职的家庭主妇，或是做做兼职的主妇。她们只能在下午五点钟之前待在外面，之后要回家做家务，所以我们称她们为"五点钟之前的女人";而年轻的职场女性只有五点钟之后才能下班,所以我们称她们为"五点钟之后的女人"。这两类女性群体错身而过,没有时间上的交集,也无法在某个地点相遇,她们完全是轮流地出现在社会空间中。

上世纪八十年代到九十年代,日本各地的女性活动中心都非常活跃,各地都在热火朝天地设立女性活动中心,因为当时经济很景气,而且如果地方建造了一座宏伟的女性活动中心,会成为当地政府的政绩,说明负责人为公共设施的建设做出了卓越贡献。于是,地方政府与地方草根女性主义者迎来了蜜月期。

蜜月期的顶点是1995年在北京召开的世界妇女大会。那年在北京郊外举办了非政府人士参加的NGO论坛,来自世界各地的四万名妇女参加了该论坛,其中六千人是日本女性,因为日本与中国一衣带水,大家去中国很方便,又对中国很感兴趣。我是自费去的,但这六千人中很多是地方政府出的资。不过那是最后的高峰,在那之后,就出现了倒退。

当时这些去北京参会的女性大多是家庭主妇。而在同时期,日本职业女性的比例已经大幅增加,但这些年轻的职场女性与家庭主妇之间没有交集,导致前一代的实践经验无法传递给年青一代(比如与我对谈的田房女士)。而上世纪八十年代到九十年代又是电视时代,作为男权媒体的电视在综艺节目中经常嘲弄取笑女性主义者,试图告诉女性,如果她们坚持自己的观点,就会被欺负,就会遭到可怕的对待。正是这种对于若与男人为敌就会吃亏的恐惧,使她们放弃了抵抗。我认为,当时对于女性主义者的负面认知也影响了女性解放运动之后的一代人。

到了上世纪九十年代后期,因为"慰安妇"问题,日本对于女性运动的支持开始出现巨大倒退。1995年，日本政府带着女性亚洲和平基金（又称国民基金）去北京参加了妇女大会，该基金源于一个模糊官民立场的构想：由民间募集资金赔偿给受害的原"慰安妇"，其间产生的事务费用均由政府承担。可是没想到，第二年，一个名为"新历史教科书编纂会"的团体诞生了，他们开始篡改历史，要将"慰安妇"从历史教科书中删除。同时，日本经济越来越不景气，地方财政收入也在减少，再也负担不起女性运动的经费。二十一世纪初，倒退进一步加剧，女性主义者被指责为破坏家庭、破坏文化传统，遭到无数攻击。

近年的女性主义者大多是二三十岁的年轻人，她们是全新的一代，她们不知道之前的女性主义者遭受过怎样的抨击。与此同时，另一个大的变化是出生率的下降，也就是"少子化"现象，一个家庭一般只有一到两个孩子。每个孩子，不管是男孩还是女孩，都被精心抚养长大。因此，受到宠爱、在男女混合学校长大的女孩，觉得自己不应当遭到不公的待遇，所以她们决定不再忍耐。我认为这里也有代际变化的影响。

PART 2

照护研究、『守山』时代与女性贫困

照护，女性主义研究的另一个关键词

新京报：除了性别研究，老龄化是你关注的另一大研究领域。当时为什么会从性别研究逐渐转向老龄化研究？在你的治学经历中，还经历过哪些重要的学术转向？

上野千鹤子：首先，我已经老了，这是最大的原因。另一个原因是，2000年起，日本开始施行《长期照护保险法》。这是一个历史性变革。根据该法，四十岁以上的国民都会被强制加入照护保险，实质上就是一种增税，而日本国民都认可了这一点。这种制度上的巨大变化，几十年才会发生一次。我有一种使命感，觉得自己不能错过这个重大事件，所以决心对照护保险实施后的变化进行追踪。

在这之前，我的研究方向也曾有过一些调整。例如，在上世纪九十年代，我研究了民族主义问题。最重要的原因是，我在德国待过一年。德国与日本都是第二次世界大战的战败国，但在战后反省方面，德国与日本有非常非常大的不同。从日中关系来看，日本在战后并没有为中国提供战争赔偿,伟大的周恩来先生代表中国放弃了赔款。我相信有很多中国人对此不满。不仅如此,对于其他曾经被侵略的国家,德国和日本的战后反省态度也有天壤之别,我内心受到了巨大的冲击。在这样的背景下,上世纪九十年代,我开展了"慰安妇"与民族主义问题、历史认识等问题的研究。这对当时的我而言是一个崭新的课题。

然后快到五十岁的时候,我开始研究照护保险等照护方面的问题。我的研究课题会根据时代的变迁有所变化和拓展,但我最根本的问题意识是一以贯之的——我一直在思考女性的"无酬劳动"问题,不论是在《父权制与资本主义》还是在《照护的社会学》中,我一直都在讨论相关问题。

新京报:在《父权制与资本主义》一书中,你深入分析了父权制与资本主义的辩证关系以及它们对女性的双重压迫机制。这本书也被认为是马克思主义女性主义的代表著作。今天回望这项研究,你会如何评价它在你诸多研究中的位置?对于这本书中提出的观点,会做出哪些补充?

上野千鹤子:我很高兴这本书能在中国受到关注,我也很高兴你们将其称为我的代表作。长期以来,我一直在做再生产成本的分配正义问题(distribution justice of reproduction cost)的研究,这是我研究的核心课题。

再生产包含了人们从出生、成长到死亡的过程。在成长的过程中存在育儿劳动,而迈向死亡的过程中也有照护(care)劳动。一直以来,育儿和照护都是我们看不见的劳动。将这种看不见的劳动概念化称作"无酬劳动",是马克思女性主义的功劳。从这个意义上说,我觉得新冠疫情带来了一些变化。由于疫情,儿童和成人都不得不待在家里,育儿的劳动变得可视化。

一直以来是谁在从事照护劳动?照护劳动可不应该是免费的!但是,直到近来,照护才在社会科学领域受到重视。很长一段时间里,照护都是看不见的劳动,由家庭中的女性来承担。而将照护推给家庭,是现代自由主义公私分离的原则造成的。现代社会的法律、经济等都基于这种自由主义原则,其前提是假设社会是能够自己做决定的"个体"的集合,不能自己做决定的个人不在自由主义考虑的范围内。于是,社会遗忘了很多事情,忘记了有些人不能自己做决定,有些人不得不依赖别人生活,有些人正在被他人照顾着……我们假装忘记了每个人在长大成人之前要依赖别人,在死之前也只能依赖别人。政治思想史的研究者冈野八代将这种现象称为"忘却的政治",这是一个极为贴切的说法。我们忘却了什么?忘记了我们曾依赖于他人生存的事实。因此,现代自由主义原则下诞生的政治和经济,都是在忘记我们具有依赖性这一事实的基础上创造出来的虚构和谎言。

目前,基于对自由主义的批判,世界各国的性别研究学者都纷纷开始关注照护这一课题,而我并不是在他们的影响之下转向的。我开始照护研究最主要的原因,是正在走向老龄化的日本制定了照护保险制度。我一直就在研究再生产成本分配的正义问题,也就是做所谓 care works 的研究,如今,它已经成为一个全球趋势,照护也成为女性主义研究的关键词之一。因此,我认为,我是这一趋势的一部分,或者说,我是这一趋势的创造者之一。

照护不是一种道德，而是一种劳动、制度和实践

新京报：刚才，我们提到照护。"照护"不仅是一个医学上的概念，也是人文学的概念。近年来，医患矛盾问题和医疗机构的官僚化成为全球性的问题。诸如人类学家凯博文等学者也认为，照护的精神正在失落——"照护的精神"这一概念正来自他。他在《照护：哈佛医师和阿尔茨海默病妻子的十年》一书中说道："照护，其实是人世间所有关系的本质和核心——照顾好他人，并得到他人的照顾，这就好像是某种交换人生礼物的过程。"而照护的精神则是指，无论面对怎样的疾病，照护者与被照护者之间形成真正的共情，给予彼此坚定地相互陪伴的承诺。你如何理解"照护"以及"照护的精神"？

上野千鹤子：听到这类问题我会很兴奋。照护不是精神，而是一种劳动。我们不该将照护看作一种道德，而应该将其视为一种制度和实践。我经常说，你们的说教我听够了（笑）。在你们说它是一种精神之前，请你们先好好地做一做照护吧。而说过这类话的不仅有凯博文，还有比如梅洛夫（Milton Mayeroff），他写出了世界闻名的《关怀的力量》(On Caring)一书。此外，诺丁斯[①]也提倡 caring society，我倒是想问问他们，书你们是写了，育儿劳动好好参与了吗？

我非常疑惑的是，学者们大谈医生和护士所做的照护是一种精神交流，是一种赠予，那么如果没有等价的回报，他们还会工作吗？他们所做的是劳动，而不是赠予。所谓"专业人士"就是依靠自己

[①] 奈尔·诺丁斯（Nel Noddings），女性主义教育学家，斯坦福大学荣誉退休教授，美国教育哲学协会和杜威研究协会前主席。著有《关心：伦理和道德教育的女性观点》《女性与罪恶》《学会关心：教育的另一种模式》《培养智慧的信仰和反叛》《教育哲学》《始于家庭：关怀与社会政策》《培养道德的人：以关怀伦理替代人格教育》等。哈佛大学杰出妇女教育贡献奖与美国教育研究协会终身成就奖的获得者。——编者注

的专业劳动养活自己的人，是照护保险制度造就了这些护理专业人士。我认为，把照护工作视为劳动是理所当然的，而且既然它是劳动，自然就应该有相应的报酬。只要让这些专业人士认真工作就好，没必要空谈什么"照护的精神"。

"无家庭社会"："一个人"的形象不一定是悲惨的

新京报：在东亚，日本是最先迈入老龄化社会的。这些年来，日本政府与社会在应对老龄化问题时，有哪些值得借鉴和反思的地方？在老龄化的相关问题中，还有哪些是经常被媒体、政府遮蔽的？

上野千鹤子：我觉得日本做得最好的一点是，上世纪九十年代，政府花了十年的时间，建立了照护保险制度。保险是一个互助系统，人们通过支付保险费来相互支持，这个系统的建立离不开国民的团结。就照护保险而言，德国常常被视为典范；而在美国，照护保险是绝对不可能实现的，他们国民相互之间的差距太大，国家甚至无法推行全民健康保险。而对于日本而言，九十年代是建立照护保险制度体系最后的机会。

照护保险已经实施了二十年，在此期间，我一直在照护的现场做调查。我认为，照护保险最大的好处是，它培养了一批专业人士，他们的经验不断累积，技术越发娴熟，很多过去无法实现的事情就会变得可能。比如，一个人的居家临终。过去，居家临终必须有家人陪伴，但照护保险使一个人居家临终成为可能。

上述现象有这样一个社会背景：从人口学的角度看，不管承认与否，独居的比例增加了。樋口惠子发明了"无家庭社会"这个词，也就是说，没有家庭的人在不断增加。对应到超老龄化社会中，便是"一个人"比例的增加。但与此同时，支持这部分群体的社会结构及专业人士也在不断完善进步。而且"一个人"的形象也已经从负面变为正面，我也为这种趋势的转变贡献了一份力量。（笑）

新京报：是的。即使在中国，人们也认为独居的老人是很悲惨的。

上野千鹤子：在将家庭放在首位的社会，可能都是一样的状况。问题是，如果家庭如此重要，那大家至少应该生五个孩子。当然，日本的照护保险也存在一些问题。例如日本护理人员的工作条件和待遇太差，所以没有什么人愿意去做。

你提到的"遮蔽"是一个很好的问题。照护保险已经施行了，但有很多保守派的大叔后悔了，觉得不应该建立照护保险制度，然而制度既已存在是不可能废止的，所以政府现在正在采取行动，尽可能地使其失去效用。也就是说，他们试图打着"保险制度可持续发展"的口号，增加照护保险使用的难度，从而控制社会保险费用的支出，"遮蔽"即掩盖真相就是在这一过程中发生的。令人惊讶的是，实际上，照护保险并不存在财务上的亏损，它是"黑字"，不是"赤字"。因为有很多人并没有去使用照护保险，他们不能或不想支付哪怕是10%的保险费用。换言之，即使人们有权利使用它，也有很多人并没有这么做。所以，照护保险处于财政盈余状态，但这一点被遮蔽了。

与欧洲先进的福利国家相比，日本用于照料老人的预算规模较小，相关人才的数量较少，但日本照护现场的照护质量很高，完全不输欧洲的任何一个国家，这是日本的优势所在。

还有一个非常重要的课题，以后高龄认知症①患者会越来越多，我自己可能也会得认知症。随着认知症患者不断增加，一个不断增长的市场也在慢慢成形。如果把患者比作客户，有一些行业则正在等待这些客户，其中便包括日本的精神医疗业和制药产业。此类药物一旦开始服用就不能间断，直到死亡，所以认知症药物市场潜力巨大。然而，当下的认知症药物只能起到延缓的作用，并没有治疗的功效。如果谁发明了治疗认知症的药物，定会得到诺贝尔奖，制药公司也会赚到很多钱。然而我们目前对认知症的治疗方式，仍是限制患者的行动自由，或对其使用延缓类药物。

此外，等待着高龄认知症患者的，还有精神病病房。如今，世界各地正试图将精神病人送去社区，而不是将他们留在医院。日本是世界上平均精神病病房数量最多的国家，我们本来是有能力让患者长期住院的。病人都回到了社区，这些空出来的病房怎么办呢？他们正试图让认知症患者去住病房，让老人们把这些病房利用起来。这样一来，有可能我们将来会被拘禁在精神病院，服用药物，直到我们死去。这非常可怕。

新京报：2020年2月，日本增设了"孤独与孤立对策应对办公室"，拨款60亿日元，专门负责应对孤立无援者的困境。也有网友调侃这是英国在前两年设立的"孤独大臣"的翻版。在英国，"孤独大臣"也受到不少来自学界与公众的批评。你如何评价日本政府的这一举措？

上野千鹤子：有些事情是政治可以解决的，有些则是政治解决

---

①由于"痴呆症"一词后来被污名化，日本改用认知症来称呼。——译者注

不了的。我认为政治不应该介入自己无法解决的事情。但是，从各种实证研究中可以看出，一个人一旦陷入贫困，很容易被社会所孤立。也就是说，社会孤立往往源于经济贫困。造成社会孤立的另一个重要因素，是新自由主义的思维模式，也就是所谓"责任自负论"的盛行。这使得人们即使深陷困境，也往往不会或不愿意寻求帮助，有些人甚至会因此自杀。然而，推广责任自负理念的正是政府。日本执政党指出，家庭应首先考虑"自助"，自家管好自家。但家庭在逐渐减少、瓦解，变得脆弱。一旦家庭破裂或变脆弱，这个家庭至上、依赖家庭的社会便一无所有。因此，要想解决孤独和社会孤立问题，首先要解决贫困问题，同时抛开责任自负论（"自助"），告诉大家也有"公助"的资源，可以寻求国家的帮助。

除了"自助""公助"之外，还有"共助"（互助）。近年致力于解决自杀问题的人所致力的便是共助事业。然而悖论在于，虽然倡导共助的人们开设了挽救生命的救助热线，他们可以对要自杀的人说："且慢，你再想想……"却没办法从根本上解决他们的贫困问题。现在被逼入困境却不主动寻求帮助的人很多，这是日本社会的现实。中国也有这种情况吗？

新京报：中国的情况有所不同，但这也是因人而异的。

上野千鹤子：日本有生活保障制度，虽然现在有许多人因为新冠疫情而生活困苦，他们却不去申请生活保障。中国有生活保障制度吗？

新京报：有类似的制度。

上野千鹤子：疫情之下，日本生活保障的申请率并没有想象中那么高。虽然有一些人的生活很艰苦,但他们并不会尝试与政府联系。另一方面,政府对生活保障的追加投入很低,似乎是试图让有资格领取保障金的人也领不到。目前,生活保障制度已被污名化。自助和公助都无法达成,共助便成为必要。很多人都在努力创造共助的场所,如社区咖啡馆,但也有些人并不愿意去这种地方。

超老龄化社会是人人都随时会成为残障人士的社会

新京报:在《一个人最后的旅程》一书中,你这样写道:"大家最终都是一个人。""女性之间互助的经验对于建立一个互助且尊重弱者的社会来讲,是一种宝贵的经验。"能谈一谈你对死亡的看法吗?老龄化研究是否也改变了你对老年生活、临终关怀以及死亡的看法?

上野千鹤子:在现代社会,每个人都是孤独地出生,孤独地死亡,但过去并非如此。在前现代,每个人都生于家中,死于家中。由于平均寿命较短,所以有的家庭中最小的孩子尚未长大成人,父母便离世了。进入超老龄化社会后,家庭越来越少,回过神来人们发现自己已是孤身一人。这是一种无法阻止的变化。

长寿只有在文明社会才能实现。高营养水平、高卫生水平、高医疗水平以及高照护水平,缺少这四个条件中的任何一个,长寿社会都无法实现。在前现代,人们会因为病毒感染等原因早早离世。长寿社会的概念是人们进入文明社会后长期希冀和自身努力创造出来的。这本是件好事,但人生巅峰之后紧跟的是人生下坡路,下坡路也十分漫长。——你们觉得人生巅峰是什么时候?

新京报：就社会时钟而言，三四十岁吧，可能男女还不太一样（叹气）。

上野千鹤子：中国这么早啊？日本人大多会认为五十岁才是巅峰。如果死在高峰期那便罢了，但我们通常不会在那个时候就死掉，之后的路还很长，甚至下坡路可能比上坡路更长，或者说上坡路和下坡路是差不多的，若说人生百年，那它们便各占五十年。人有时很难死，这就是现实。昨天做不到的事，今天做到了，这是上坡路，可谓一个成长的过程；昨天能做得到的事，今天做不到了，则是下坡路，是一个衰老的过程。

我认为，现在的超老龄化社会是一个人人都随时会成为残障人士的社会。所谓残疾，是指全部或部分的身体残疾、智力残疾、精神残疾。随着年龄的增长，谁都有可能出现身体、智力或心理的障碍。这是一个无论怎样，强者都终将变成弱者的社会。这才是超老龄化社会的价值，因为老去这件事对于每个人来说都是公平的。之所以男性歧视女性，健全人士歧视残障人士，是因为他们觉得自己不会变成女性，不会变成残障人士。但歧视老人是不一样的，因为自己不久也会变成老人，所以这种歧视终将返还到自己的身上。这就是为什么我认为超老龄化社会是一件好事，因为每个人都会有成为弱者的那一天。

日本建立了照护保险制度，照护水平不断提升，由此，一个人的老后生活不再凄惨，一个人也可以放心在家里死去，而不用去没有老人想去的养老机构。现在老人们可以选择居家临终，我自己也不用去养老机构或临终关怀医院了。

在亚洲社会，家庭有很大的权力。家人的决定通常优先于老人本人的意愿。因此,老人往往会遵从家人的意愿,前往养老机构或是临终关怀医院。幸运的是,我没有家人,就没有人会让我从家里搬出去。

新京报:在《一个人最后的旅程》中,你还提到高龄女性的相对贫困问题,并提醒到,现实中年轻女性的贫困人数也正不断增加。女性贫困问题的加剧,事实上也说明了今天女性生活在一个表面平等的社会。一方面女性从家庭中"解放"出来,其实却承担了更多责任和风险;与此同时,同工同酬依旧遥遥无期,相应的社会保障也没有跟上。可以分享一下你对日本社会中"女性贫困",尤其是老年女性贫困现象的观察与思考吗?

上野千鹤子:有三个原因导致了这些老年女性的贫穷。第一,由于长期得不到正式工作的机会,她们没有养老金。虽然1986年开始,家庭主妇即使不缴纳保险金,也可以有获得养老金的权利,但那是基础养老金,数额很低。第二,这代人中有很多自力更生者/个体户,尤其是农民。日本在上世纪五十年代之前是农业社会。农民领的是国民养老金,而自营业者的"国民养老金"和雇员的"厚生养老金"在金额上差距很大,所以这一代有许多女性没有或只有很少的养老金。这是日本养老金制度的问题。第三,即使这些女性一直在工作,她们中的大多数也不过是非正式或非全职员工。她们类似于家庭主妇,接受丈夫的供养,丈夫也可以减免纳税金额,但她们本人并没有缴纳保险金。也就是说,虽然她们长期工作,但因为没有缴纳保险金,所以晚年生活受到了影响。因此,她们一辈子都很贫穷,而并非是年老后才突然贫穷的。

最主要的问题是,日本女性基本都被丈夫和社会"禁止"工作,这意味着女性无法正常就业。被禁止的原因是，日本社会没有提供一个能让女性在抚养孩子的同时还可以继续工作的环境。长期以来，丈夫们将自己不参与育儿、不做家务、让妻子离职回归家庭视作理所当然，而妻子想再次工作时必须征得丈夫的同意。这样的结果就是，女性没有自己的养老金或养老金很低，这是老年女性贫困的重要原因。

时代发生变化，年轻人已处于"守山"期

新京报：老龄化问题日益严重的背后，也有人们对婚恋、生育观念的改变，比如越来越多的年轻人选择不婚、不育等。日本学者大前研一曾用"低欲望社会"概括包括人口减少、超高龄化、失去上进心和欲望的年轻人越来越多等现象。你如何理解"低欲望社会"这一概念？"低欲望"可以完全用来解释日本年轻人在今天面临的状况吗？在你看来，日本年青一代的低欲望成因是什么？

上野千鹤子：如今，所有发达国家的经济体都不再是增长型经济体，而被称为成熟型经济体，也就是停滞型经济体的别名。过去，曾有过年轻人数量迅速增加的时期，即人口红利期，而现在时过境迁，我们已经来到另一个时期，即人口负担期。中国也一样吧？这两种时期，社会的精神面貌完全不同。如果你乘上了经济高速增长的快车，即使是没有什么能力的人也能成为成功者。我总是说，我们这一代人比我们父母那一代人学历高，就说明我们比父母一代更加聪明吗？完全不是这样，只不过因为我们生在了好时代，高等教育机构增多，所以大家普遍取得了高学历。可见，这不是我们自身

的原因，而是时代的恩惠。那么，下一代年轻人能实现与他们的父母一样的社会经济成就吗？已经没法这么保证了。在这种情况下，人们的心态往往会发生转变，不像之前的人们那样想着奋斗、向前冲，而是会觉得差不多就行了，进入守住既有成果的状态，这也是没有办法的事情。于是，在日本，出现了新一代人，他们一般不叫"低欲望"的一代，而被称为"漠不关心、事不关己"的一代。

有一本书很好地阐释了日本年青一代的情况，它是古市宪寿的《绝望国度里的幸福青年》。看一下日本年轻人的幸福指数调查就会发现，他们的幸福指数虽然比其他国家低，但比日本老一辈高。为什么呢？因为他们觉得目前的一切正是最佳状态，之后的每一天都在走下坡路。例如，现在的日本儿童有带空调的私人房间，这是常态，但在我们那个时候，儿童并没有这么好的条件。但另一方面，我们年幼时，正处于日本经济高速增长期，所以我们莫名地坚信未来会比现在更好，这样的代际认知差异是确确实实存在的。

我很好奇，中国的情况是什么样的，现在年轻人是怎样一种状态。

新京报：过去这一年，有两个流行词汇"出圈"了，也很好地描绘了年轻人的状态。一个是"内卷"，一个是"躺平"。前一个词汇主要来自经济学家黄宗智引进的术语，原本的意思是"没有发展的增长"，今天被衍生为形容工作或考试中非理性的内部竞争、内部消耗或停滞不前；只要是没有产生发展或创造等质变，却在形式上疯狂扩张的、人员投入上越来越密集的，似乎都可以纳入内卷的范畴之中。后一个词算是一部分年轻人对于"内卷"状态的反抗。简单来说，就是不要那么卷，可以适当歇一歇，既有点休息的意思，也有点反抗的意味。当然，可能与日本相比，还没有那么严重。

上野千鹤子：啊，中国的年轻人也到了这个阶段。变化真快啊。

新京报：所以，你在东京大学开学典礼致辞中的那句"等待你们的，将是无论怎样努力也无法得到回报的社会"，在中国也引发了很多共鸣。

上野千鹤子：啊，原来如此。

PART 3

性别身份、学术影响与未来期许

即使父亲疼爱我，那也是一种对待宠物式的爱

新京报：就你个人而言，你是什么时候对自己的女性身份产生觉知的？一个可能冒犯的问题是，你是否曾为自己的性别身份感到过困扰？或者你是什么时候感受到内心的"厌女症"的？又是如何与它持续做斗争的？

上野千鹤子：这是一个非常好的问题。我小时候就意识到了，我的父母让我有了切身的体会。我的父亲是典型的大男子主义者，母亲则是位任劳任怨的专职家庭主妇，夫妻关系并不和睦。作为长媳，我的母亲和婆婆一起生活，那时候我以为，孩子们长大后，都会像他们的父母一样，因此，当我想到自己长大后会过和母亲一样的生活时，觉得这太糟糕了，我受不了。这样一来，不仅我妈成了反面教材，而且我开始厌恶自己身为女性这件事。另外，我有兄弟，所以我还感受到了来自父亲的明显的女性歧视。我的兄弟们受到了严厉的管教，走上了人生的正轨，他们都成了医学专家。而我，没

有被期望做任何事情。因为是女儿,所以我可以做任何我想做的事,即使是像社会学这样的"无用"工作。

从小时候开始,我就清楚地感受到了不同,所以虽然我也得到了宠溺,那我也是女儿。我的父亲很疼爱我,但现在看来,那是一种对待宠物式的爱。我在家里的每一天都能感受到这一点,所以我变得讨厌自己的女人身份,也就是所谓"厌女"。

自青春期以来的十多年里,我一直无法接受自己是个女人。所以我不擅长同女人打交道,觉得和男人在一起要容易得多,我表现得像一个"名誉男性",也就是"假小子"。我花了很长的时间来接受我是一个女人的事实,而当我遇到女性主义时,它拯救了我。因为,女性主义是一种基于女性爱自己身为女性这一事实的思想。

我经常被问:上野女士你厌女吧?我会回答说:Yes。如果不厌女的话,我便没有理由成为女性主义者。我认为女性主义者是那些与厌女症作斗争的人。现在,随着年岁渐老,我可以接受我的女性身份了,并且爱上了它。或者更进一步说,我变得不想成为一个男人。

相比愤怒管理,学习如何愤怒才更加重要

新京报:近年来,你在公开场合露面时,一直以一头红发示人。红色对你来说有什么特殊的含义吗?我有一个猜想,红色代表着愤怒,而在之前的采访中,你也提到过,愤怒是你持续行动的动力。如果这样的理解是对的,你如何理解"愤怒"对于女性的力量?

上野千鹤子:这有点过度解读了(笑)。我之所以选择红色,是因为我的头发慢慢白了,我想把它染上颜色。但我不想要金黄色,

因为我不想自己看起来像个西方人。另外,我还考虑到,自己这个年纪要是有一头乌黑的秀发,那反而会是很恶心人的事。我想清楚地告诉别人这是染上的颜色。话说回来,绿色、蓝色、紫色可能也都是不错的选择。

关于愤怒这点,海尔布伦(Carolyn G. Heilburn)写了一本叫《女性的自传》(Writing A Woman's Life)的书,里面写道:"愤怒是女性最禁忌的情绪。"而女性被允许拥有的情绪,是羡慕、嫉妒、恨,因为这是弱者对绝对无法对抗的强者所抱有的感情。而愤怒则是,当自己的权利受到位置对等之人的侵犯时所产生的一种正当的情绪。我认为女性应该多表达愤怒之情。前些日子,有一个面向女性的讲座,是关于愤怒情绪管理的,教大家如何管理和控制自己的愤怒情绪。我反倒觉得比起管理愤怒,我们首先应该学习的是如何表露愤怒。

女性可以再愤怒一些。愤怒也有愤怒的方法,我们应该好好学习愤怒的方法。

正是有了这些宝贵的女性话语在前,它们才会成为我们的血与肉

新京报:在你的研究生涯与生命经验中,哪位女性学者/写作者/女性形象对你产生过重要的影响与启发,可以是学术意义上的,也可以是性别意识层面的?我通过陆薇薇老师得知,你写了一本叫作《女性的思想》的书,可以介绍一下吗?

上野千鹤子:这本书中提到的日本女性前辈们,对我产生了巨

大的影响。当我阅读她们的书籍时，会觉得女性写的书果然还是比男性的书更能让我产生共鸣。森崎和江是我这本书中介绍的女性前辈之一，她生于女性解放运动之前的朝鲜半岛，后来回到日本，是一个出生于日本的殖民地、视日本如异国的日本人。日本战败后，许多日本人试图抹去历史教科书中的军国主义内容，森崎那时便宣称自己今后不再相信男性话语，而要只身一人思考一切问题。

虽然出生在朝鲜半岛，森崎和江的身上仍深深烙印着日本的原罪。自己的祖国侵略了从小哺育她的朝鲜，她一直为此深感内疚。拥有她这样的前辈是我们的荣幸，我从中受益良多。

我们的女性前辈们艰苦奋斗，为我们创造出了许多经验与思想财富。例如田中美津，她被称为日本女性解放运动的旗手。还有富冈多惠子和石牟礼道子，她们用不同于男性的语言表达女性的经历。正是因为有这样宝贵的女性话语在我们面前，它们才会成为我们的血与肉。语言不是自己一个人就可以发明的，你必须从某个地方借用到它。当你从前人手中接过它以后，才能逐渐将它变成你自己的血与肉。她们有恩于我。

我不仅从日本女性那里学到了这些话语，还从国外学者那里借鉴了许多。她们当中有很多人自称女性主义者，她们努力思考、笔耕不辍、积极行动，我从她们那里获益匪浅。因此，不论女性主义者之名有多受争议，我也不会放弃自己女性主义者的身份。这是为了告诉那些前人，我不会忘记你们的恩情。

中国的女性们也一定有这样的女性前辈吧？我想，读了我的《女性的思想》后，你们一定会想写一本中国版的《女性的思想》。

新京报：小熊英二在接受"澎湃新闻"的采访中，提到"对幻想"论是你的思想原点所在,而这一概念源于吉本隆明的《共同幻想论》一书。你肯定了吉本隆明"对幻想"论中将性与权力并置的思考,并把这一概念用于女性学研究。请展开谈谈"对幻想"对你的影响。

上野千鹤子:从日本第一次女性主义浪潮中创办《青鞜》的女性开始,"自由恋爱"便成为女性主义的关键词。在此之前,女性没有结婚和恋爱的自由。自由恋爱之所以成为这么重要的关键词,是因为恋爱意味着在一个游戏的竞技场中,男女可以公平竞争。在恋爱中,女人可以是一个强者,可以是一个加害者,有时甚至可以牵着男人的鼻子走。我想有很多女性都期望,通过与男性一同在恋爱中赌上自己的人生,使自己和男性处于平等地位。我当时也有同样的期待。然而,后来我才深刻意识到,男人和女人在恋爱游戏中投入的成本差别很大。女人赌上了自己的一大部分甚至全部,而男人却只赌上了人生的一小部分。所以虽然女性期望这是一个公平的游戏,但事实上这个游戏并不公平。而且,我期待这种"对幻想"能够打破男人的"共同幻想",可事与愿违。于是我的梦醒了。因为那只是"幻想",所以我从幻想中醒来。这就是所谓未实现的梦想吧。从"对幻想"的梦中醒来,我又成了独身一人,这个故事的结局是不是也挺好呢?但爱情确实是一件美好的事情。我认为,恋爱不是一个男人和一个女人之间相互依赖的关系,而是一对男女,他们原本可以独处,却以共处为乐。有这样的关系比没有这样的关系要好得多。

比起不辜负周围人的期待，
女孩们更应该坚持自己的问题意识

新京报：作为性别研究学者，你曾受到过来自外界的刻板评价吗，比如在中国，性别研究经常被认为是只有女性才会做的研究，做性别研究的女性研究者也经常被认为只能做性别研究？你是否曾为此而烦恼？到目前为止，在学生生活、教学生活、研究和写作中，你是如何处理性别身份、研究内容与外界期待的？

上野千鹤子：这也是个有趣的提问。我被称作"日本最可怕的女人"。但这样的称呼并没有困扰到我。因为这样一来，就没有讨厌的男人靠近我了，我也很少遭遇性骚扰。他们更不会小看我，而是会承认我有比他们厉害的地方。这样很好。虽说认为女性主义者厌男是一种误解，但对我来说并没有什么大碍。

性别研究在学术界时常被边缘化，更有甚者，认为它是愚笨的女人从事的二流学问。而我之所以被称为日本最可怕的女人，是因为我在多次论战中取得了胜利，在他们眼中，我擅长理论、头脑聪明。我证明了，做性别研究的并不都是蠢笨的女性，他们的想法多么可笑。

人们对女性主义者往往有刻板印象，他们认为我们不受男人欢迎，是丑女，不打扮，而这些我也能一一击破。我个人就很喜欢时尚。我这样打扮也是用行动告诉他们，为什么女性主义者就不能很时尚？虽然我现在是短发，但三十多岁时，我是打扮得很女性化的，比如特意留长发、穿有褶皱花边的衣服。所以，当有人说："什么？女性主义者也会打扮？"我便告诉他们，打扮会让人心情愉悦！他们还会阴阳怪气地说："你是不是不甘心呀？"但我认为，"不甘心你也打扮就是了"。

新京报：对于有志于学术事业的青年女学者/女学生，你有哪些期许和建议？

上野千鹤子：女孩总是容易当优等生，当老师的宠物。毕竟，不辜负周围人的期望，也是女性的"美德"之一。而优等生会有这样的习惯，习惯察言观色，尽量满足老师和父母的期待。有一些女性学者也是如此。

但我认为，比起不辜负周围人的期待，女孩们更应该坚持自己的问题意识，即使它不能为你带来什么。对于研究者来说，原创性是极为关键的，模仿别人毫无意义。所以首先要做自己真正想做的事情，不管是得是失，我都希望她们能够坚持下去。此外，女性的人生中有许多曲折，即使因恋爱、结婚、搬家、生子、育儿而暂停了学术研究，学问也还是会等着你的。因此，我希望女孩们即使一时中断了研究，也能再次出发，继续下去，因为并没有必要给自己设定年龄界限，学问会一直等待着你。很棒吧？做研究是很有趣的。

新京报：在学术研究之外，你日常都喜欢做哪些事情，比如追剧、综艺？你最近正在关注什么话题/事件？

上野千鹤子：我几乎不看电视，也不看电视剧或综艺节目。虽然也有人会给我寄来电影的DVD，但我自己并不去电影院。不过，我挺喜欢戏剧的；会去看戏。我也喜欢去看传统的表演艺术，如能剧、歌舞伎和文乐，还会去听音乐会。最喜欢的运动是滑雪。我以前是一个户外型的人，爬过很多山，现在不爬山了，但还会去滑雪。

最近，因为疫情，我刚有了奈飞账户，看了《鱿鱼游戏》，也看了《爱的迫降》。但比起电影和录像，我更喜欢看书。我有很多书要读，所以没有时间看动漫。当然，我也没有时间看漫画，不过我也不太喜欢漫画。虽说喜欢看书，但看书好像在工作，这么一来就变成我喜欢工作了呢。当然，我也喜欢和朋友聚在一起享用美食，能有这种机会自然很好，没有也无妨。

新京报：你今后的研究计划是什么呢？

上野千鹤子：我最近的主要研究课题是，独居认知症老年患者的居家临终问题。现在我们已经知道，独自一个人的居家临终是能够实现的。但如果这个人患有认知症呢？这便是接下来的难题。有人会说，要是患有认知症，独自居家临终就不可行了，我的研究课题就是要弄清楚如何才能可行。这也是为了我自己。因为我不想被扔进精神病院，不想被拘禁和灌药；即使得了认知症，我也想继续待在自己的家里。所以，我说，我做研究也有一部分是出于私心。

新京报：感谢上野老师接受采访。希望你再来中国。

上野千鹤子：一定。我很期待再去品尝美味的中国菜。

戴锦华：仍然在路上

采写—青青子

戴锦华，1959 年生。1978 年考入北京大学中文系。1982 年起任教于北京电影学院文学系，1993 年起任教于北京大学比较文学与比较文化研究所。现为北京大学人文特聘教授，北京大学电影与文化研究中心主任。主要从事电影、大众传媒与性别研究，是中国大陆最早从事女性主义理论、中国电影史论、文化研究的学者。

中文专著有《浮出历史地表：现代妇女文学研究》（合著）、《隐形书写：90 年代中国文化研究》、《电影批评》、《雾中风景：中国电影文化 1978—1998》、《性别中国》、《涉渡之舟：新时期中国女性写作与女性文化》、《昨日之岛：戴锦华电影文章自选集》等十余部；英文专著有 *Cinema and Desire: Feminist Marxism and Cultural Politics in the Work of Dai Jinhua* (1999)，*After The Post-Cold War: The Future of Chinese History* (2018)。专著与论文被译为韩文、日文、德文、法文等十余种文字出版。曾在亚洲、欧洲、北美、南美、非洲、大洋洲等数十个国家和地区讲学和访问。

如果不是因为新冠肺炎疫情，戴锦华此刻应该正在探访第三世界，或是在前往国际学术活动的路上。2020年，新冠肺炎疫情的暴发与全球传播阻断了她曾经首选的这两种介入方式。与此相应地，我们在B站、豆瓣等线上平台频繁看到她的身影。2021年年中，她在B站上开设账号"戴锦华讲电影"。如今，这一账号已收获了近五十万粉丝，累计播放次数一千多万次。在《性别与凝视：戴锦华大师电影课》的系列视频中，她每期解读一部全球经典影片，也会定期回答读者问题，依旧习惯性地长难句高频输出，依旧严肃而活泼。

戴锦华，现为北京大学电影与文化研究中心主任。1978年，她以理科生的身份考入北京大学中文系。据她称，这是一次毫不犹豫的选择，正如后来她坚定地选择教书这条路一样。毕业后，她被分配到北京电影学院教书。1993年，在乐黛云老师连续三年的邀请下，戴锦华回到北京大学任教。1995年，从美国访学回来后，戴锦华第一次在中国开设了"文化研究的理论与实践"课程，并在比较文学研究所之下创立了文化研究工作坊。自此，她开启了文化研究在中国的学科建制工作，虽然她一直强调这是一种反身命名的结果。

有趣的是，在大众的认知里，戴锦华一直从事的是电影研究、性别研究和文化研究三个领域的学术研究。但她曾提到一位美国朋友替她回应了这种说法："谁告诉你们这是三个领域？这不过是用文化研究的方法，以女性主义的立场去做电影研究。或者反过来，是用电影研究当中获得的方法去做文化研究，女性主义则是其内在的立场。"

某种意义上，学术场域中的戴锦华一直难以被准确归类与言说。这种难，一方面来自她拒绝被绑在"学科战车"上，拒绝学术上的复制再生产。虽然她无疑是电影研究、性别研究和文化研究在中国的学科开拓者，但她从不认为自己是为学术生产而生产。"我这一生从开始时的不自觉，到后来高度自觉的状态是，我的学术必须与我的真实生命、我的社会生存与我的社会关注紧密相关。这种相关度以及我用个人生命去面对与体验它的真诚度，对我来说是首位的，而学术评价系统反而要次要得多，我甚至不能或者说不想勉强自己去调整这种状态。"

另一方面，则来自她拒绝遵从由男性所开启的学术规范。"在我一生当中，两种评价一直伴随着我。一种是说我过度女性化。比如认为我的文字太过情感性或情绪化，比如认为我的文字修辞性过强，不够学术，不够严谨。另一种批评完全相反，说我不够女性化，因为过度严密、过度逻辑、过度理论化，以至于它缺乏女性气质。"两种评价之间，戴锦华认为自己此生最大的任性，便是坚持自己的游戏、坚持自己对游戏规则的制定权。当然，"有代价，甚至惨痛，但我让自己'输得起'"。

也是在这样的任性与拒绝之中，戴锦华曾主动从学术生产的"流水线"上消失了十年。世纪之交，社会的急遽变化让她人生中头一次对自己的身份与工作方式产生了怀疑。对此，她的回应是投身于后革命时期的历史研究，投身于大量关于全球六十年代的研究著作的阅读中，并在偶然中与一批人文社科的朋友共同开启了"广大第三世界"的访问考察和中国乡村调查。回头来看,戴锦华坦言自己确实因此漏掉了这十年间登临影坛的一代导演,但这十年也为她打开了新的思维方式,开拓了新的工作场域。

回来后,戴锦华频繁出现在大众文化的战场。无论是媒体采访、公开演讲,还是文化活动,戴锦华始终保持着对于社会与文化动态的高度关注。她研究流行文化,虽然很多时候是本着敬业的精神,但她真切地希望从中理解年轻人的精神世界,体会这一代人的爱与怕。她在课堂上与学生分享那些无解的问题,分享二十世纪的逻辑,青春的逻辑,革命的逻辑,虽然很多时候她收到的反馈是"老师,你别……"的提醒,和一种被她称为无法化约的"代沟"。

与此同时,二十一世纪以来全球经历的新一轮变迁,让戴锦华不得不重新审视与修订此前逐渐沉淀形成的问题系。当然,其中也有一些不曾变过的问题,譬如,"我们是否需要以及是否能够召唤新的历史主体?"她认为,左翼思想者的工作始终围绕于此,也受困于此。

2021年10月,我们和戴锦华做了两次访谈,聊了将近六个小时。第一次访谈,我们从她的学思历程聊起,聊到她生命中的困惑,聊到她对于当下现实的诸多追问,贯穿其中的,仍是许多无解却重要的问题。譬如,当我们提及她如何理解新冠疫情所带来的断裂,她坦言:"我们需要坦荡地承认,我们此前既有的知识和思考近乎完全失效,我们对于这个被疫情所改变的世界和疫情之后(如果有)的世界,很可能一无所知。"

我们也聊到女性主义的过去与未来,聊到我们各自与女性主义的连接。"事实上,我与某种内在的极度自卑,或者说是自我否定和自我厌恶感搏斗了几十年。我毕生都在学习一件事:接受自己和背负起自己。"听到戴锦华在我面前平静地说出这句话时,我有点不知所措。

第二次访谈很短,我问她:"你对这个世界的原点式相信是什么?"她沉默了一阵子,忽然看向我说:"很早以前,我和一些朋友有过一次比较动感情的讨论,聊到对我们来说,什么是最具神圣感的所在?我记得我当时的回答,现在依然如此,就是对生命的尊重和敬畏。"

以下是新京报记者对戴锦华教授的专访。

PART 1

学思历程：危机与应对

我的学术自觉：它必须与我的真实生命紧密相关

新京报：在过往的采访与文章中，你曾提及自己在不同时期的困惑总会造成某种学术或思想的转型，而这些困惑又往往跟中国社会的转折有关。我们不如先从这几次困惑及转型开始说起吧。今天回望过去四十年的学思历程，你如何定位这几次转型？

戴锦华：回答你这个问题的时候，我会有一点迟疑，原因可能在于"学术转型"这个词。直到今天，我从开始时的不自觉，到后来高度自觉的状态是，我的学术必须与我的真实生命、我的社会生存与我的社会关注紧密相关。这种相关度以及我用个人生命去面对与体验它的真诚度，对我来说是首位的，而学术评价系统反而要次要得多，我甚至不能或者说不想勉强自己去调整这种状态。所以你也可以说，我的学术不是为了生产而生产，而是我不处理它，我会不安，甚至夸张一点来说，我不处理它就难以让自己的生活继续推进。

在这样的前提之下，我经历的就不是单纯意义上的学术转型，而是和社会激变同时出现的一种个人思想和生命的困顿,以及我对这种困顿的回应和突围。每一次的社会激变,我首先要回答的就是我要如何自处的问题。我需要重新定位自己,同时也要回应在社会重组过程当中,我自己曾经归属的社群的变化。说得朴素一点,每一次激变,最让我痛的是失去朋友——变化之巨,会在突然之间,令大家曾经的共识不仅不再共享,甚至彼此冲突。

最早的一次大约是在上世纪九十年代,中国社会急剧变化,商业化带来的,一方面是大规模的体制转轨,另一方面是社会整体价值体系的崩解、颠覆与混乱。我当时非常真切的感觉就是身边的一切都快速流逝,我置身于流沙之上,无以立足。所以我就必须要去重新定位个人的生活、价值体系和学术工作。也是从那个时候,我开始确立自己的文化研究、领域、范畴以及工作方法。

当然,坦率地说,这也关乎我的学术位置。那时候,我在电影研究中的位置已经初步建立了。可是突然间我无法回避的是,自己此前所形成的研究思路、研究方法已经不能有效阐释当时中国电影与世界电影会合的事实。这应该是我第一次经历的困顿或是危机。

当时我对此的回应是我接受了乐黛云老师持续三年的邀请,离开北京电影学院,来到北京大学,同步朴素地开启了我尚不自觉的文化研究的工作。其实最早我只是直觉地想把自己的电影研究坐落在一个更大的参数和更宽的场域中去,我开始关注与研究文化市场,关注文化的生产过程。直到后来,我才知道我这个领域名曰 culture studies。我总说一个故事,我第一次到北美访问,被那里的学者介绍为中国的 scholar of culture studies。我只能悄悄地问朋友:What do you mean by culture studies? 我做的明明是 film studies。现在想起来也觉得挺有意思,我此生确实没有追赶过任何学术潮流,的确就是直觉的选择或不经意的遭逢，我因此幸运地开启了新领域的研究。

也就是在上世纪九十年代中期，我开始自觉地开启和推进文化研究领域的工作，当然是仿效西方，例如伯明翰学派的文化研究脉络，建立课程，组织研究团队，写作相关学术文章。这大约就是我的第一次学术转型。

新京报：面对那样一个激变的社会境况，除了学术上的回应，思想层面有发生变化吗？

戴锦华：和那次转型同时发生的就是所谓"向左转"。但类似描述并不真切或准确。在上世纪八十年代，我高度分享中国知识界的自由主义共识，也积极行动，参与推进这样一种自由主义共识之下的文化政治实践。但或许是出于幸运或者偶然，我进入了电影研究，而在欧美的历史与学科史中，电影研究被建构为一个基于评判理论，或曰带有左翼色彩的前沿学科。因此，当我将其作为单纯的理论去学习和接受的时候，我事实上就获得了左翼理论资源和思想资源的储备。经历了上世纪九十年代中期的思想危机，实际上也使得之前获取的左翼理论资源被激活，在这以后，我更自觉地追索新左派和批判理论在欧美的历史线索，从中寻找自己的理论资源。

当时，我一度以为我已经度过了危机，但没有想到的是，到了世纪之交，思想与精神的危机再一次强烈地显影出来。究其原因，一方面是中国社会变化的急遽，最为直接的是急剧的贫富分化和阶级社会的合法化；也因为这样一个现实结构，令巨大的社会政治经济的变化过程（合法化的过程），经由文化生产而获得凸显。对我来说，我必须给出直接的应对。也是在应对这一变化的过程之中，我开始形成对于此前拥抱和笃信的西方思想资源的怀疑。当然，类似思想资源的批判力足够强大。可是在那个时候，我强烈地意识到仅有批判是不够的。

更进一步的怀疑是，当整个世界开始在后冷战格局当中发生如此大的激变时，批判的可能性是不是也在被削弱？大概从那时候直到现在，我仍然不断地感觉到很多我们以为可能的工作形态、可能的思想资源、可能的工作方式，事实上都是冷战结构内部形构而成的。随着冷战结构的消失，曾经实存的社会空间被不断压缩与封闭，即使那个时候我对此还没有足够清晰的认识，但某种内在的怀疑已然浮现。

这双重的疑虑，让我平生第一次对自己的身份以及工作方式产生了巨大的怀疑。前一次危机显露出来的时候，我自己多少陷于悲情，而世纪之交，我则陷入巨大的自我怀疑与自我追问——我在做什么？我做的这些东西有意义吗？我还可能做一些有意义的事情吗？如果不可能了的话，我未来的生活方式将是什么？

彼时，我认真地考虑过放弃学院和学者的身份，去成为各种意义上的有机知识分子，加入到建构的过程当中去。我记得那个时候，我曾与乐黛云老师交流了我的焦虑。乐老师说，我支持你做的任何选择。依照世俗逻辑，乐老师此前花费了巨大的精力将我这样一个本科毕业生调进北大，而且给我那么多的倾斜和支持，此刻她的支持在多重意义上何其珍贵。然而，当我真正考虑自己或许应该成为一个行动者、一个建构者，而不只是批判者的时候，新的问题出现了，这个问题到今天也没有解决：我知道我不要什么，但我不知道我要什么，我不能够完整有效地去形构、想象我渴望的世界样态。

也是在那个时候，我开始意识到，作为一个行动者，我相信我的动员力。但动员同时意味着责任。当我动员了人们，某种意义上，我必然承担起责任。问题是，我无法回答我们要到哪里去这一基本问题。所以直到今天，我对自己的动员力仍谨慎，我不想成为一个动员者。所以，每一堂课，甚至每一场公共演讲，我都会非常刻意地让自己不要进入到一个动员者的状态中。

当这个层面的问题浮现出来的时候，我真切地陷于一种极度焦虑的状态。

十年"出走"：对历史的体认式发现

新京报：也是从那个时候开始，你几乎从学术场域中"消失"了。

戴锦华：是的。确切地说，我从学术生产的流水线上消失了。对身陷的焦灼状态，我的回应是三条思想或行动线路。这三条线索贯穿了我此后生命的十年。其一，我尝试重新以自己的方式进入十九世纪到二十世纪前期的历史，延伸了对所谓短暂的二十世纪或者漫长的二十世纪的考察和关注。我可谓认真地重新研究了自法国大革命后的低迷到马克思主义在欧洲勃兴这一历史段落。

新京报：为什么是这个阶段？

戴锦华：因为我想具体观察后革命时代。无须赘言，二十世纪是一个革命的世纪，二十世纪的中国历史也是绵延一百年的革命历史。

另一个线索或曰工作重点是二十世纪六十年代——全球六十年代研究。我当时采取的工作方法极不规范：在全球的旧书网站搜寻各种各样的关于六十年代的回忆录、访谈录，这段时期的史料和研究成果够多，但是我想从亲历者的角度，获得一些关于这段历史的个人讲述，我想从中去获得一种叩访和与那段历史再度相遇的切口，或者说是尝试将那段历史与自己的现实困惑和焦虑连接起来。与此相关的是，我尽可能全面地扫描和阅读世界前沿学者对后冷战世界的思想回应。除了我学术生涯的早期，我大概再没有过如此密集地读书了。

第三条线索重要而偶然。我和一批人文、社会科学领域的朋友共同开启了"广大第三世界"的访问考察和中国乡村调查，也参与了这两个场域相关的社会行动。我几乎出席了每一届世界社会论坛，和包括萨米尔·阿明、沃勒斯坦、乔姆斯基等在内的左翼思想者共同行动和讨论。这段时间中，我参与了全球千名妇女争评诺贝尔和平奖的行动，作为中国协调人参与了一个中国基层妇女的网络的建立，到今天我还跟他们保持联系，仍在试图运行这一共享、互助的网络。

与此相关的是新乡村建设运动。从运动开始构想和讨论到正式开启，我始终是参与者。我对自己的定位是志愿者，尽管我也参加组织工作，但我始终未能获得一种笃信或把握感，我仍然未能确认"我要什么"的问题。或者说我未能获得一个令自己确信的答案——二十世纪的历史债务对我说来，依旧沉重而巨大。当然，我相信这是一次重要的社会试验，是众多年轻人的宝贵的另类选择。所以我愿意跟他们在一起，愿意充当"工具人"。

直到最近，梳理世界电影现象时，我才发现自己确乎漏掉了这十年间登临影坛的一代导演，或者那十年我没有付出充分的时间和精力去追踪影坛的最新动向，我当然会看电影、读小说——那是我生活方式的一部分，但我的时间和热度则投注在上述三方面。

新京报：我记得在你和吴琦的访谈里，你将自己这十年的尝试归结为失败。为什么这么说？

戴锦华：就每一条线索的原初诉求来说，可以叫失败。但收获和意义却是在日后的岁月中逐渐显影的。在后革命与历史思考的层面上，收获是我不曾预期的。当我尝试以感受的方式重新叩访历史之时，我第一次获知或曰体认到了法国大革命胜利之后，法国和整个欧洲的民众和反抗力量经历的低迷、失望与愤怒。和我想象中的胜利之后不同，可以体认到的是激变之后的创伤，社会的凝滞状态。

最始料不及的收获，是对那些我的少年和青年时代的读物，尤其是西方文论著作的再认识。比如丹纳的《艺术哲学》，艾克曼的《歌德谈话录》，勃兰兑斯的《十九世纪文学主流》，等等——这些著作都是我们年轻时耳熟能详并且反复诵读的，而在此之前，我从来没有意识到它们和历史之间的关联。当我重新进入这段历史时，才第一次意识到它们事实上充当了法国大革命到国际共产主义运动兴起过程当中的某一种过渡或曰中间物。某种意义上，它们甚至可以说是马克思主义诞生的预备期。这一发现，第一次令我真切地理解为什么二十世纪的革命者经常经由文学走向革命。对我而言，这谈不上是对历史的发现，却是重要的历史体认。由此，历史对我展示出隐现中的线索。

对我来说，这构成了鼓舞和安慰（也许有阿Q之嫌？）。当我们茫然、感到无力和有限时，我们深知历史不取决于个人的愿望与意志，我们只能在历史的大潮中，坚持做自己能做并且渴望做的事情。至于这些工作在历史中的意义，只有历史才能回答。这给了我一种支撑，让我可以继续我感到疑虑的学术与思想工作。

而全球六十年代研究，是我最大的收获与失败。收获在于我清晰地意识到，我此前的六十年代关注只是对欧美故事的复制：我自己居然也是以1968年的巴黎，或者以美国格林威治村为重心来讨论六十年代，或将其简单定义为反文化运动。而全球六十年代的发生是由第三世界的启动，以第三世界为主舞台的。巴黎1968，只是其结果，甚至是一个尾声，是一场终场演出。我称其为失败，是相对于我最初的天真构想和诉求：我以为在第三世界崛起的六十年代，我可以在欧美之外发现别样的现实，获取不同的思想资源。这次的收获令我意识到"四海翻腾云水怒"的六十年代，在另一个视点中，也可以指认为现代性扩张的历史时段，一个狭义的全球化进程大幅推进的时段。

这一失败与收获，为我开启了新的思维方式和新的工作场域。也许有夸张之嫌吧，我把它称为"反转世界地图"。之所以这么叫，并非为了制造大词或大叙述，而是出自一次经验性的时刻：我第一次美国旅行，第一次看到美版的世界地图时，一时间竟辨认不出——因为我习惯了将中国置于中心位置的世界地图格式。看到这幅美版地图时，我瞬间意识到我曾不假思索地沿用的冷战的东方和西方，是以美国为中心形成的方位表述，明白了东欧为什么在冷战的历史当中位置特殊。当他们把美国放在地图中间的时候，我们可以直观地了解美国视角下的东西方格局以及文化政治上的"大陆桥"（我的称谓）。这对我形成了某种寓言时刻和启示，我第一次真切地思考，何谓"在中国（在第三世界）发现历史"的方法与意义。

所谓反转世界地图，意指我们对无处不在的欧洲中心主义或西方中心主义的自觉和反思、反转，意味着重新确定自己的主体位置和观察角度，相应地，我们看到与形绘的世界历史会展现出不同的样貌，我也因此获得了新的对二十世纪历史的理解和阐释角度。

我自己的六十年代研究，也包含了大量的美国政府解密档案的阅读。收获之一是对冷战终结（用左派的说法叫"大失败"）的历史偶然性的体认。美国或者说西方阵营内最为乐观的想象，也没有构想出冷战对峙会以东欧剧变、苏联解体的形态结束。我同时观察到，冷战终结（"大失败"）发生之际，真诚的左翼学者大都保持了相当时间的沉默或曰经历着失语，大家不知道如何回应。尽管全球左翼力量早已在不同时段、以不同方式批判或拒绝了苏联模式，但这场冷战的胜利者却认为置身全球资本主义之中，我们仍毫无疑问地置身在失败者一端。

左翼学者与批判理论在沉默和失语之后做出了回应，我也相当集中地阅读了他们的著作和工作成果。如果不惮自夸之嫌地说，阅读经验告诉我，尽管他们从不同的学科、不同的角度尝试对大失败做出回应，但事实上我们的业余思考阻断在相近的隘口处。用我自己的表达是：不论是否愿意承认，我们都阻断在二十世纪的历史债务面前，面对二十世纪，面对并非必然的大失败，我们欲勾勒新的未来愿景与构想新的理论和行动方案，就必须再次认识并启动二十世纪的历史遗产。而历史遗产的继承人势必是历史债务的承袭人和清算者。但无论是债务的清理还是遗产的认知与启动，显然都未及开始，遑论完成。

新京报：第三世界的调查是否也与此有关？

戴锦华：对。可以说类似认知成了我参与第三世界调查的动力。也可以说第三世界调查中的见闻构成了这类认知形成的经验性力量。当左翼知识分子还没有能力去回应"大失败"的时候，第三世界的行动者已率先回应。最突出的例子就是"萨帕塔运动"（Zapatistas Movement）。1994年，《北美自由贸易协定》的生效日，在墨西哥南部的恰帕斯州，两千多个原住民拿着极少量的武器，多数人拿着木头枪、镰刀和斧头出现在州首府街头。他们呼喊着"受够了就是受够了"和"北美自由贸易区是对印第安人的种族灭绝"。他们用自己的行动向得意扬扬的冷战胜利者宣告：一切还没完！

深入第三世界腹地、与反抗者和行动者同在的这些岁月对我的一生弥足珍贵。但就思想和学术的预期而言，我所说的失败也发生于此。因为整体预期中最重要的，一是在遭压迫最深重的人们那里找到新的行动的可能性，二是一个极为天真的设想——在未被欧美思想、理论玷污的第三世界获取别样的知识、思想与资源。类似的诉求在我们持续的、不断深入的对亚非拉诸国的乡村、腹地、运动现场的考察中，我的天真的预期遭遇了最大的失败。我常提到的例子是：在古巴哈瓦那切·格瓦拉研究中心，也是切·格瓦拉的故居，在他书房的书架上，我看到一部他反复阅读、边角都卷起了的书籍是法文版的《阿尔都塞文集》。我曾经以为我昔日的理论脉络，是包括阿尔都塞在内的法国理论，而第三世界人民的反抗则发生在它的平行线路之上。我自己不觉苦笑的是，我早已经知道阿尔都塞的学生、今天法国的有机知识分子德布雷是切·格瓦拉玻利维亚游击队的成员，但我仍天真地构想游击中心论/切·格瓦拉主义是那一格局之外的"洁净"的存在。

但比类似自我嘲弄更为深刻的感受是，殖民统治绝不仅仅是军事和政治的统治，也是文化的摧毁，曾经差异性的地方知识与文化被暴力毁灭，令第三世界经历着精神上的赤贫与效颦。序号第三原本接续着序号第一、第二而排列。资本主义的全球版图不断地消灭着外部与异类。所谓沃勒斯坦的"世界体系"、萨米尔·阿明的"依附理论"正因此而诞生。

这是我的失败，也是我的获知与获得。

自此，产生了我的学术成果："萨帕塔运动"研究。我是编纂与翻译，也是学习与理解。我们抵达恰帕斯，重返恰帕斯，与当地的行动者、学者、原住民共处，访谈，请教。我们也以同样的方式展开了对巴西无地农民运动的研究。

新京报：在方法论层面，除了刚才我们提到的文化研究在中国的开启，还有你曾经提到的经济政治学转型。你现在依旧认为那是一个失败的转型吗？

戴锦华：所谓政治经济转型，与其说是失败，不如说是放弃。放弃的原因不是跨学科，也不是学术的难度，而是我发现政治学、经济学、社会科学和我的构想间存在着落差。从某种意义上说，社会科学是建构性的功能性学科，服务于社会的主体结构。因此，相对于人文学科，后者似乎包含了更大的反思和批判的可能性空间。社会科学的不同领域，尤其是政治经济学给文化研究提供了重要的维度和助力，但我的选择是借助社会科学，在他们止步的地方继续前行。

这三条路径，或者说三个面向的追寻，相对其最初的预期，都可谓落空或失败了。但当我再度开启自己在人文学科领域内的工作时，这一歧路或弯路显现出始料未及的意义。

所谓政治经济学的思考如同昔日的女性主义一样成为我内在的视野或者说是观照角度。更重要的是，我的确满怀感激和自豪，当我再次将目光转向中国，在此投入电影研究与文化研究之时，我可以笃定地说，我拥有了世界性视野。自八十年代以来，我们一直在追求将我们的视野拓展向世界，但彼时我们所说的世界视野始终是欧美视野，进而是欧美视野加（与）中国视野。当我以自己的双脚走过如此多的第三世界国家，尤其抵达如此多基层与现场之后，我相信自己对于世界的整体与真实状况，对于现代世界的理解，对当代中国如何理解和进入西方思想史、如何放置主流理论和批判理论的相互位置，有了自己真切的、知识与经验的参数。

例如，我可以知道，当我们说在非洲思考、在亚洲思考、在拉丁美洲思考时，我们究竟在说什么。在这样一个曾经以欧洲为中心，此后是北美君临的世界格局当中，每个区域处于什么样的相对位置，其困境与可能何以形成。同时，在具体的问题上，比如某一波电影新浪潮的发生，某一个非西方导演的成名，我会有迹可循地去发现其与文本脉络相关的社会事实与国际互动逻辑。

当我重新恢复了频繁的国际学术旅行时，我也真切地感觉到，在世界各地，类似的生命经验不仅受到同行的重视，也多少享有人们的羡慕。因为我不仅经由学理，而且经由经验和视野，获取了对世界不同的理解和表述。

开始时我们提到的危机和应对，我说过，对我来说，这始终不是单纯的或有意识的学术转型，这也是个人的生命历程和对生命、社会与知识的诚实与坚持。

PART 2

现实追问：清理债务与反思批判

当问题的前提条件被改变，我们如何重新追问？

新京报：刚才你提到了一些困惑，比如批判的意义和可能性。到了今天，当时那些未能解答的困惑有没有在一定程度上获得解答？或者说，在这几年，你是否产生了一些新的追问？

戴锦华：不能说得到了解答。当年的所有困惑，逐渐沉淀形成了一些问题系。我明确提出了这些问题，努力寻找这些问题的答案。但我同时明确的是，多数问题大约无法以一己之力获取答案，也可以说真正能回答这些问题的，也许不是个人、思想或学术，而是历史。

另外一边，近年来全球的变迁，已经改变了形成这些问题的前提，或者说社会的基本生态已开始有别于我设定问题之时。这些改变使得我必须重新修订我的问题系、我的参数，甚至我必须要重新提出问题。

我始终坚持思考的一个问题是：我们是否需要以及是否能够召唤新的历史主体？这涉及两个层面。我以为所谓左翼思想者的工作始终围绕于此，也受困于此。当 working class 被全球资本主义的进程改变与解体之后，我们要如何去想象和命名历史的主体，如何直面并处理阶级论自身所造成、所携带的二十世纪历史债务，这是一个真问题。当然，人们做过许多努力，比如 multitude、Subaltern（庶民），多数，99%……人们尝试找到一个集合型的对多数的表达，一种包容差异性于其间的命名方式。但类似命名真的可以对抗资本主义全球化的整体性进程吗？

近年来我也经常使用"弃民"这个词。因为，在为全球化、新技术革命所改变的世界格局内，被急剧强化的，不仅是贫富分化。在富人与穷人、无产阶级与资产阶级之外，这场新技术革命正在将越来越多的人构造为结构性的剩余。我一直在追问的是，我们要如何去描述、去称谓、去召唤这个世界上被剥夺的大多数？同时，这个大多数有没有集聚的可能、有没有互认与认同的可能？他们能否拥有或代表未来？

我们都知道，在互联网时代，搁置弃民议题，结构内的人深陷在网络化的生存状态之中。问题是，网络生存的状态在何种意义上终结了人们相遇和集结的可能性？而相对于每一个个人，所谓虚拟性，即当我们每一个人不止拥有一个 ID，当我们的网络身份和我们的现实身份之间的分离不再成为好奇与追问的对象和议题，当我们在网上的诸多 ID 不再试图保持和追求内在的同一性的时候，曾经支撑现代主义的个人与主体事实上已然碎裂了。那么，作为主体的意义何在？主体是否可能、是否必要？这正是已然改变的社会、文化、心理前提之一。

对此，我的保留和怀疑是，类似问题的提出和描述是否已然陷入了一个以发达地区的中产阶级生存为模板的世界幻觉——这个世界上究竟存在着多少不曾被这一轮的技术革命所覆盖的人群？他们与今日世界、历史与未来究竟是否连接、怎样连接？

另一个重要的问题是：当我们批判资本主义的时候，我们在什么意义上必须批判和检省现代主义？现代主义与资本主义是不是绝对意义上的一体两面？现代主义的多重面庞是否仍可能成为我们的旗帜和资源？在这些范式之外，我们如何获取并创造新的资源？正是对二十世纪历史债务与遗产的思考，令我意识到，整个二十世纪的历史，包括马克思主义的兴起、国际共产主义运动、战后第三世界的崛起、风起云涌的社会运动，都在某种意义上坐落在现代性规划和现代主义逻辑内部。尤其是就各种社会反抗运动而言：诸如第三世界的民族民主运动，诸如民权、女权、青春反叛，其核心诉求与口号，似乎都可以化约为一句话：I want to be human/ 我欲为人。此处的 human 或人，无外乎昔日的欧洲白男人，说到底，我们要争取的权利无外乎是对昔日"白男人"特权的享有。

在历史的视域中，这无疑是社会进步的步伐和历程。但即使搁置这一议题内的进步与倒退，激进与保守，现代主义的承诺与谎言，类似的行动、诉求与愿景的共同前提，仍是现代文明的可持续，是现代主义规划的有效性，是发展主义依然成立。而我们现在面临的现实是，整个现代主义逻辑本身的危机已经在全球显露，能源、环境、气候危机步步升级。如果说我们终于遭遇了发展的"天花板"，那么，这也无疑是现代性规划的"透明穹顶"。这是现代主义的窘境，甚至是绝境。然而，现代主义批判同时要求别样的资源，别样的世界规划与价值。我们将由何处去获取创造与实践的可能性，又会走向何方？

新京报：今年是新冠肺炎暴发的第三年。伴随新冠疫情的暴发与全球传播，很多西方的左翼学者也做出了不少反思性的对话。身处其中，你如何理解或体认疫情所带来的断裂式改变？

戴锦华：一场瘟疫的蔓延，无疑是文明史上前所未有的灾难。但它并非绝对的意外。可以说，它早已被预警，早已是种种敌托邦书写中的"常规项"。只是它比人们预想的更早到来了。但仍然令人震惊的是，疫情的暴发，瞬间中断了世界逻辑与想象中不可能被中断、甚至不可能放缓的一切。而在这个过程中，它所暴露在我们眼前和身边的问题，几乎是令人绝望的。

疫情在揭示出不同国家的政治体制、医疗体制以及社会组织形态的问题时，也揭示出我们并没有应激预案或替代方案。比如我们一直认定美国是今日世界最富有的、最发达的国家，美国人的命更值钱。但疫情暴发之际，美国的死亡率却如此惊人，令人齿寒。疫情造成的危机状态似乎未能引发任何结构层面上的变化的可能性。迄今为止，这场灾难的后果基本是负面的。比如右翼民粹主义的再度高扬，排外、种族主义、歧视以更强烈、更丑陋的面目涌现。如果疫情最终能过去的话，整个世界格局将变得不同，却并非朝向任何我们曾期待的方向。

我们曾寄予希望的——冷战终结、新技术革命、网络互联会带来一个和平的时代，会给社会的民主实践提供硬件支持，我们曾期待社会平等会在尊重差异的意义上重提。然而，如同诸多旨在去中心化的技术，比如区块链等，实际是再中心化的概念；元宇宙野蛮吞噬，金融资本甚至无须人格化，无须借重资本家的形象而君临并掠夺全世界。于我，疫情期间的创伤感来自自身：你再一次看到，全球思想甚至不能提供一个哪怕是由现实反思而形成的新表述。除了批判，我们仍然无所作为，甚至批判自身也更像自我重复。

2020年年底，媒体记者要求我用一个词描述2020年的体认，直觉涌出来的词是"停滞"。当我说出停滞的时候，脑海里的画面，是我看到过的一组图片——全世界各大国际机场全部变成停机坪，密集地停满了飞机，而每一架飞机每天又必须启动，作为必需的养护。一个怪诞的，也许是寓言式的图画。全球性的巨大流动在疫情的狰狞面前瞬间停滞，但似乎只是间歇、暂停，随时会再度起飞，再度流动。然而疫情的全球性流动并非插曲。

"债务"与"遗产"：
我们仍然直面着二十世纪的"大失败"

新京报：停滞之外，疫情还改变或者推进了你对社会情势或自身工作的哪些理解？

戴锦华：如果说有什么新的认知，我要说：我们需要坦荡地承认，我们此前既有的知识和思考近乎完全失效，我们对于这个被疫情所改变的世界和疫情之后（如果有）的世界，很可能一无所知。我自己深刻的失望感之一来自：面对疫情，世界诸多著名的思想家、理论家和学者却在自我援引，类似的自我援引在现实情境下，愈发显得匪夷所思。我是真诚地感到，如果我们能将承认自己的无知作为我们思想与行动的起点，或许我们还能有所作为。

承认自己一无所知，我反而获得了某种坦然。但是，承认自己无知不是放弃。我不会就此躺平。人有躺平的权利，但那不是我的选择。我仍然不服，不甘，我会尽我所能去思考并行动。

新京报：刚才你也多次提到批判的意义和可能性的削弱。我也想进一步追问，你是在什么层面，或者什么意义上质疑批判的可能性？

戴锦华：这是我的一贯主张和观察，冷战时代两大阵营的政治、军事对峙，不期然间创造了很多第三元。比如说第三世界、新左派，再比如说中国，甚至是欧洲国际电影节与多数新浪潮和艺术电影运动，我们的位置和力量源自我们是冷战结构中的第三元。这是真实的政治空间与政治场域，它令政治实践不再仅仅是政治家的游戏和表演。因此，这也是全球民间社会运动潮汐起落的时代。我以为，此时批判的意义和力度正在于对抗两大阵营的霸权，同时撬动、打开对峙结构的诸多裂隙。事实上，此时全球的左翼与抵抗的政治力量尽管同时否定或拒绝美苏的权力模式，却无疑在结构意义上依托着东方阵营作为政治实体的存在。

而冷战终结，世界再度一极化。这不仅是欧美世界政治敌对阵营的解体，也是在其内部和外部诸多裂隙与批判和抗衡的空间的蒸发与封闭。所以，德国新电影的重要导演施隆道夫才会说：冷战终结，一如任何战争，产生了它的赢家和失败者。赢家是全球资本主义，失败者是全世界人民。我自己的一个讽刺性说法是：当冷战终结，资本主义即刻"返璞归真"了。

面对着赤裸的压迫、剥削、暴力、掠夺，面对着"承袭型资本主义"被数码技术加速推进，批判意味着什么，导向何方？

另一个重要而讽刺的事实是，经由美国为中介的法国理论的全球传播，令批判理论由学院而社会达成了某种资本主义，乃至现代性神话的大揭秘效果。类似批判与揭秘在某种意义上重构了公众认知——在民主、自由、博爱的旗帜背后，隐藏着权力、阶级、剥削、压迫、歧视和偏见的政治运作。

然而，与之共生，或者说后冷战的荒诞逻辑变奏之一，是我喜欢的一个网络上的学院新词：理论"逆练"。即，批判理论所揭示的潜藏的统治逻辑间或成为自觉的组织实践。换个说法，当真小人的隐藏逻辑大白于天下，昔日伪君子的策略甚至不再必需。至此，批判的揭示，可能收到"so what/ 又怎么样呢"的回应，因为获知不再意味着改变。一则后革命时代的特征之一，正是犬儒与倦怠——变革世界的热情与动力的耗竭。二则是反抗与另类政治空间的封闭，批判的揭露与真相的获知间或再度成为清醒的隐痛。

但是，对于我们，批判依旧是可能的，甚至是必需的，随着全球危机的加剧，这种批判仍然可以构成某种文化战场，但却不是充分有效的与足够的。满足于此，便可能再度成就一份学院游戏，满足某种道德自恋。

同时，一个持续而基本的问题：你们明确表达了你们拒绝的和反对的，那么你们所需要的、你们所向往和渴望的是什么？我们是否仍只能在现代主义的图示内往复、徘徊？这也伴随着我个人的持续焦虑——为什么当我们表达自己的需要和向往之时，会如此困难乃至失语？——因为我们仍然直接地背负着二十世纪的"大失败"。

也许有夸张之嫌，二十世纪的国际共产主义运动正是对三四百年以来的世界乌托邦想象和建构的实验与实践。而其失败也意味着乌托邦构想的失败。未来愿景、另类社会结构的构想，无疑是某种乌托邦书写；那么，今天我们仍可以言说乌托邦吗？可以说，在今天的世界语境中，乌托邦如果不是一个脏字，遭到深刻的污名化，至少也成了笑柄。然而，正面笃定地说出我们这所想所愿所欲的未来却是我们继续前行的必需。

重新言说我们的乌托邦构想,同时意味着对我们必然背负的二十世纪历史债务的直面和清理。相对可想可望的未来,二十世纪的历史进程无疑具有直接和巨大的遗产价值,但迄今为止历史遗产的继承和再启动却仍被沉重的历史债务所阻隔。德里达的《马克思的幽灵:债务国家、哀悼活动和新国际》以债务和遗产为开篇。我认同他的表述:每一个遗产继承者的第一责任就是债务清理。我以为这是左翼思想者必要和急迫的工作。为了启动历史的遗产,我们需要的不是历史的辩护,而是历史债务的清理。不然,我们会将二十世纪的历史拱手出让给那些赢家,听任它们借此来审判失败者,进而抹除、葬埋二十世纪丰富的精神与实践遗产。

我的幼稚和他们的成熟:当驯顺成为一种潜意识自觉

新京报:刚才也提到,这几年你频繁出现在文化战场。我印象特别深的,是你提到过,到了这个年纪,你是接受代沟的,因为代沟对你来说"不是一个年龄差所造成的知识的不同,而是在于不再分享同样的情理"。我很好奇,在过去这几年的研究、观察与教学互动中,你是如何理解年青一代的情感结构和情理的?

戴锦华:一则,我不可能权威而准确地描述他们的情感结构。如果我能做到,也就说明我仍然可以抵达和体认他们的内在。二则,我始终相信,没有人有权力代言并指认别一代人。我所能表述的是我自己的认知中,情感结构或者说感知结构中越来越大的难于共情、同理的落差。朴素地说,我体认中最大的落差直观地呈现为我的社会性的幼稚、天真和他们的成熟。近一二十年来，我从年轻人、从学生们那里得到的更多是提醒、告诫、劝慰：老师，你别……老师你不要……关于社会常识、常理。

我自己的，某种强烈，有时有痛感、有时令人倦怠的感觉是，相对于我，他们不怀疑，他们不好奇、不愤怒，他们有着对于主流逻辑、对秩序的内在尊重和认可。他们有自己的不满，但他们或则自我化解，继续追求卓越，或则消极以待，忧郁退避。听到优秀的年轻学人并非玩笑地计算退休前的工作年限，听他们对自己的未来回之以"混吃等死"时，我茫然。相形之下，我意识到我成长于以身为大时代儿女为荣的年代，革命与反抗的年代，冒犯常识、冒犯主流社会，对我（也许是我们）并非青春反抗的特权。也许，他们膜拜成功者，而我信仰失败的英雄。于是，我们在对多数事务的直觉反应、经验性表述和处理上，表现出无法化约的落差。我们不同。这是必然的。但问题不仅仅是不同。

在上世纪九十年代中期，我已经开始清晰体认到自己与学生间文化与社会心理意义上的代沟，但那更多的是知识、语词、经验层面的代际差别。——下面的话真多有自恋自夸之嫌了：我以为我曾经一次再次地跨越类似的代际之沟，我学习他们的知识和语言，进入他们的热爱与迷恋。当然，每一次都是我自以为跨过去了，我理解了他们，以及某些时候我以为他们也理解了我。但近年来，我感到我们双方，或者至少我这一方，已经没有了要跨越并且理解的愿望。因为他们的逻辑对我来说并不陌生，相反十分熟悉，甚至古老——关于成熟和社会化，他们所遵循的是一种秩序的逻辑、一种驯顺的逻辑。但我仍渴望与他们分享二十世纪的逻辑，青春的逻辑，虽然这对于他们而言，即使不是愚不可及，也是陌生而遥远的。

我有时候觉得他们对我很容忍，那种"我静静地看你激动"。当然，我的确拥有很多年轻人的热爱，他们真诚地使用类似表述："老师你很纯粹。""你是这么诚恳，你充满激情。"但是，我的疑问是，我们真的能分享这一切吗？

一点都不伪善地说，我深深地赞叹于我身边的年青一代的聪明才智，他们的学术训练和准备，他们的多才多艺，他们的丰富、系统的知识面。我也每天体认着他们身受的生存压力、困窘与现实艰辛。他们无须我去告知，在某种我称之为"潜意识自觉"的状态之下，他们对世界、现实有着也许比我更深刻的认知。但与此同时，他们也在持续地自我催眠和自我说服，他们在不断地告诉自己也告诉别人，变化是不可能的，反抗是没有意义的。

新京报：然后就真的只剩下"搞钱"了。

戴锦华：事实上，在历史的多数时段中，社会给予的价值系统当然是主流系统。今天，我们面临的世界的问题之一，是就个人生活、价值取向、生活方式而言，大家不仅趋同，而且似乎除了主流所褒扬的价值与方式便别无选择。但我认为最大的悲哀不在于世界被牢固地结构为地上的花园洋房，半地下房的阴暗逼仄，封闭的、非人的地下室生存，而在于除了仰望、仰慕更上层，我们没有也不可能有别的"计划"，别样的价值。我始终警惕落入好为人师的窘态中，我也不认为启蒙是今日世界的解决之道，但我必须直面问题的存在，我选择接受代沟的存在，因为它不仅关乎代际，也关乎未来的维度。

对，我始终关注变幻多端的流行文化，并不是为了追随时尚、贴近青年，而是我的确对新的文化形态与构成有好奇，有兴趣。流行文化对我始终是最便捷的文化现场之一。你从中可以体会到,今日世界的主体人群的心理结构、精神状态、情感结构,他们的爱与怕。对我来说,流行文化是一个非常有趣,也能给我提供快乐的工作领域。似乎是再一次证明,跨越知识、趣味以及生活方式层面的代沟是容易的,但是要跨越情感结构以及基本情理落差,才是艰难的,也许是不可能的。

新京报:我自己的一个感受是,我们这一代的年轻人,也包括我在内,会把很多问题都归结为结构性的问题。而事实上,个体很多的遭遇也的确被结构性的问题所笼罩。这时候,大家其实是陷于一种我能怎么办的无奈心态。

戴锦华:但是我更好奇的是,当你观察到这是结构性问题的时候,为什么不能设想一下改变这个结构?我们的确是为某种改造世界的文化喂养成长的,我们也在自己的生命中经历和遭遇了多重挫败,但我仍然拒绝向无力和无为感屈服。难道不能至少去尝试一些改变吗?

新京报:这其实让我想起去年火爆全球的一部奈飞网剧《鱿鱼游戏》。

戴锦华:我昨天还跟学生谈起,"大逃杀"作为一个想象和生存的范式的意味。《鱿鱼游戏》的明敏和震撼正在于它沿用了主流网游的大逃杀逻辑,只是"真人杀戮秀"的元素令其中的你死我活、你死我成功、你的生命将计数为我的财富的"真相"变得赤裸而狰狞。那甚至就是藏身在个人主义魔盒底部的恶鬼。对我,最震撼的是剧情伊始几集中的设定,当剧中人逃离了监禁、杀戮现场,才悚然意识到他们重返的现实才是逃无可逃的"地狱",于是他们自主选择重返杀戮现场。因为他们正是今日世界中激增的弃民,他们是大富翁、主宰者们的杀戮游戏不可能缺席的"志愿者"。考虑到这部热播剧令奈飞股价急升,似乎再次印证了我所说的社会心理之怪现象:"潜意识自觉"。奈飞剧的观众应该并非剧中走投无路的弃民们,但它显然作为对今日"成功学"、种种版本的"美国梦"、励志或疗愈故事的"逆练",戳中了今日中产阶层秘而不宣的隐痛和隐忧。

这也是今天我会自我警醒、质询批判的原因之一:无须好为人师,因为"你无法唤醒装睡的人"。因为人们有足够的信息,有充分的智慧。他们不是不知道,只是不想知道。

新京报:除了我们提到的流行文化对于人的状态的显现,这种社会与人的变化如何体现在年青一代的文学、电影等艺术创作的发生和成果上?前段时间,你也参加了几个电影节的评选工作,有没有让你觉得比较惊喜的作品?

戴锦华:很难一言以蔽之。每一个电影节影展都会给我惊喜。一方面,是新人、新作、新的自我言说与对现实世界的再现。但同时,则是在青年导演们迷人的处女作中显现的特征:独白,而非倾诉;个体生命经历,而非社会公共议题。这种徘徊迷惘的基调,我将其称为:未曾安置的历史与不是归处的故乡。

换个角度,我清晰地感到:一场关于电影、关于影像、关于视听文化的无声革命正在发生。尽管我对是否使用"革命"这两个字颇感迟疑。电影数码转型的完成,令电影确乎处在一场无声的激变当中,新设备、新技术的应用,新语言的创造,对电影叙事陈规的打破与原创持续发生。但在美学的意义上,在社会思想的意义上,电影究竟贡献了什么？昔日，电影正是以美学与思想的贡献参与形构了二十世纪风云激荡的世界。这场悄然的激变与其中的缺失，也显影在好莱坞电影帝国的核心舞台——奥斯卡之上。诸如墨西哥四杰。我会说"四杰"，是因为我在三位引人瞩目的墨西哥籍导演旁加上了天才墨西哥摄影师艾曼努尔·卢贝兹基。他们与近年来入主奥斯卡主舞台的外籍女导演们一起，凭借作品再度将异质与批判的锋芒渗入了好莱坞制造，但那也同时令美国梦、美国往事再度得以讲述，再度赢得倾听。它令我们不得不正视：美国梦不仅关乎美国，它正是全球化时代现代性逻辑的流行版本。如果我们没有新故事，没有限定视野之外的别样视野，电影的衰亡，其公共性的丧失便难以挽救。

PART 3
性别议题：女性主义与文化困境

我仍然与我的自卑做着持久的搏斗

新京报：在上世纪八十年代后期，你是第一个在中国谈女性主义文学的学者，也是最早在北京大学开设女性文学课程的老师。你当时是在一个什么样的契机之下，开启了这些工作？

戴锦华：你提到上世纪八十年代末，我想起当时我和一个女性朋友的对话。她说："我很惊讶，你会觉得自己和女性主义的连接是天然的。对我来说，这不是天然的，我必须要想一想自己与女性主义的关系。"

我最早遇到的国外女性主义理论，都是经由断编残简。但这些偶遇，不同于与其他理论的相遇，它直接成为对我个人生命的解惑。在我的成长过程中，我遇到过许多困惑与窘境，比如说身高，比如说是否像女人，如何做女人，等等，那曾是深深的困扰，是成长岁月无法排遣的烦恼与自疑。女性主义理论对我的最大助益，是让我明确地知晓，这不是我个人的问题，说得更朴素些：这不是我的错。因此，那与其说是一种理论的习得，不如说是我生命中一次可贵的相遇。

由此，我直觉地选择女作家研究作为我的课题，偶然地与孟悦共同撰写了据说是国内第一本女性主义文学研究专著《浮出历史地表》。也是那个时候我明确地意识到，也开始自称女性主义者。

新京报：所以是在那个时候，你有了明确的女性主义意识？

戴锦华：应该说是获得了一个有意义的名字。

新京报：刚才你提到身高这件事。我记得你也曾提到过身高对于自我认知的影响，后来你是如何与它和解的？

戴锦华：我觉得不是简单的和解，而是一个持续的抗争。事实上，我与某种内在的极度自卑，或者说是自我否定和自我厌恶感搏斗了几十年。也讲过很多次了，现在我很少提及与我自己相关的这部分事实。因为它间或被指认为某种"凡尔赛"——炫耀或造作。（为什么？）因为他们认定我张扬、自信，在某些人看来，宣称自己是女性主义者本身便是某种侵犯性的姿态。

在我自己的国际旅行中，遇到过许多引为知交的女性主义学者，其中不乏国际明星学者，我始料未及地发现，类似的隐痛和隐秘竟然是我们的共同经验。

新京报：到了今天，你仍然在和这种不自信搏斗吗？

戴锦华：大约经历过四十大惑之后，我多少战胜了这一点，至少是治愈了自己的心理病态。从这个意义上，我毕生在学习一件事：接受自己和背负起自己。

新京报：刚才提到身高这件事，我之前很诧异于身高带给你的焦虑。因为对我来说，我一直在和长得不高这件事做心理斗争。每一次要在公开场合说话，我都会因为自己的身高感到自卑，甚至还被人问过为什么不穿高跟鞋。

戴锦华：如果你问我，如何应对被人劝诫穿高跟鞋的问题，我会说，下一次再遇到，你回之以嫣然一笑——一个简单的个人主义回应，我的事情与你无关。同时，也不否定对方建议中可能有善意的初衷。

新京报：我有时候会赌气地想，是不是随着年纪增长，女性被凝视与被审视的几率就会小一些？

戴锦华：我觉得很多时候，我们也在想象或内化来自男性的审视。什么时候你不再去想象和关注类似审视，便会赢得一个真正自我解放的时刻。

对我自己来说，我一直感受着的是自我的审视。当然，这种结构性存在的男性的审视、评判或者侵犯性的男性指责，无疑会对女性产生很大的影响和伤害。在我这里，它同时内化为自我的审视。像某种分裂，始终有另外一个自我，极端挑剔和怀疑地观看着"我"的时时刻刻。

因此，对于我，基本的议题是学会接受自己，并背负起自己。同时我也不断告诉自己和伙伴，我们不要"加盟"社会性的对女性、对自己的迫害。某些时候，我们体认到至痛的伤害，来自社会的、主流人群的恶意和敌意，但此间是否也包含着某种我们因内化而潜意识认同的因素？在意识深处、在潜意识层面，是多少源远流长的父权文化的规训？我近来在很多议题中重申，女性/新女性是五四新文化运动中最大的"发明"。——这里说的当然不是生理性别，而是文化位置与社会功能角色。女性的公共生存刚刚走完不到一百年的时间，而此前是东西方世界的千年历史。女性很新，我们的课题很新。我们学，我们行。路还长。

不存在也不需要独属于女性的学术传统

新京报：提到国内的女性主义理论或是性别研究，你是绕不过去的名字。这种绕不过去，既在于理论和思想层面，例如，当人们提到女性主义视角的当代文学批评时，很难绕过《涉渡之舟》，也在于你言传身教的影响层面。某种意义上，你代表了学术中的某一种传统，也成为后来许多学者的学术榜样。在你看来，是否存在一种属于女性学者的学术传统/脉络？

戴锦华：我不认为存在着一个女性的学术传统，我也不认为我们应该期待和形成这样一个传统。一直以来，我坚持强调一个基本事实：女性是人类的一半。在任何一个领域，当我们观察到女性被排除其外的时候，都无疑是问题。但与此同时，当女性已经置身其间的时候，我们期待女性是一个完全差异性的存在，其本身可能成为强化性别本质主义的实践。

在我一生当中，两种评价一直伴随着我。一种是说我过度女性化。比如他们认为我的文字太过情感性或情绪化，或认为我的文字修辞性过强，不够学术，不够严谨。另一种批评完全相反，说我不够女性化，因为过度严密、过度逻辑、过度理论化，以至于缺乏女性气质。这两种评价实际上指向一件事，就是相信女性是一个与男性相比具有本质性差异的群体。因为只有在我们是一个本质性的差异群体时，我们才可能形成一种独属于女性的表达。而迄今为止，对于我来说，女性主义的意义是反本质主义。人类社会最基本的差异是个体差异，同时，当然也是阶级差异、也是地域差异、种族差异、文化差异，是极端丰富的差异性的集合。在所有这些差异的参照之下，性别的差异作为现代性构造结果，也许并没有那么突出。

同时仍必须提及和反思的是，在学术场域当中，如果说我们并不需要一种独属于女性的传统与规范，那么我们是否还在不自觉沿袭着男性所开启的学术规范，比如说理性、客观、科学性？坦率地说，我此生的最大任性，是坚持着自己的游戏，坚持自己对游戏规则的制定权。有代价，甚至惨痛，但我让自己"输得起"。

女性，作为社会公共场域中的新角色，我们一边在介入中寻找和创造新的文化模板，一边要面对的是后冷战、后革命时代社会文化趋向的整体的逆转或直呼反动。记得一次我对世纪之交的北美学术界的现场观察。在彼地的 PC/政治正确逻辑看似如此强势、如此持久之后，美国学界仍是白男人占据压倒性多数。我出席的一次教授会上，一位国际知名的女性主义女教授退休，讨论后继人选时，一个男教授公然赤裸地提议：能否不找女教授，能不能选择非女性主义者？实在受够了。——而这是一所以激进、政治正确著称的大学和科系。

新京报：对于中国的学术界，你有相关的观察吗？

戴锦华：在中国的学术界，我的观察是，随着人文学科地位的整体下降，女学生的比例持续大幅提高，而女教授的比例却没有对应的增长。青年女性学者的工作与生存状态相较于男性，也远为艰难。这与社会的整体结构和趋向有关，但我仍相信，它也只能经由女性自身的努力和成就来改变。

新京报：所以其实我们不用期待一个女性的学术传统，我们期待的是对于男性主导的学术系统的反思与改变。

戴锦华：是的。回到你刚才的问题，我也想再补充一些经验性的体认。从1993年到现在，我在北大工作近三十年了。在北大的全部学术生涯当中，我始终极大地受益于长辈、同代的女性学者的庇护、提携，我得以任情任性地工作和生活，在很大程度得自她们的庇护、支持与认可。最近一些事件和机遇，使我与北大的优秀女学者相聚，那些快乐的、互认的时光令我梦想某种实践姐妹情谊的知识共同体。它事实上存在于我的生命中，我也梦想着它最终构成某种结构性变化。

女性主义的自觉越来越强，女性整体的生存状况却在恶化

新京报：从学术到更广阔的社会，你如何看待近年来性别议题在全球范围内的热潮？我记得你也多次提到过，到了今天，二十世纪后半叶社会反抗运动的三大主轴——阶级、种族与性别当中，只有性别是硕果仅存的领域，其他两者的批判性和明晰性基本被摧毁了。

戴锦华：我的整体观察并不乐观。当我们在整个社会场域当中看到性别议题凸显的时候，并不简单意味着性别议题的热度与关注度的上升，必须看到，相对于其他严峻急迫的议题而言，它尽管同

样遭到潜抑但仍然凸显的原因之一，是因为它是近乎唯一一个可说/允许言说的社会议题，因此它在诸多沉默中成了一个声音响亮的所在。对我，它固然曝光了女性遭遇的社会问题，但它也是多重社会问题与情绪的迸发处。

形成我的疑虑与保留的另一个原因，是今日文化生产的结构和格局。文化生产大幅地为资本统御并覆盖，具有文化消费欲望与（尤其是）消费能力的人群因此获得了凸显，这使得整个城市新中产青年文化消费群体的趣味、需求和愿望，以市场意义上的谈判资格的形态得以显影。而构成这一社会群体的一代人诞生在独生子女的时代，这意味着一个没有先例的社会结构性事实：中国近一半家庭中只有女孩子，这构成了一种极为特殊的与性别相关的繁复的文化与心理事实。暂且搁置对这一问题的展开，我们明显看到，女性的文化消费欲望与她们相当高的消费能力直观地影响了文化市场的格局。"女性向"甚至超越了性别区隔自身，改变着文化惯例与性别定式。

在世界范围之内，我们可以看到，始自J.K.罗琳、吸血鬼女巫团、韩国的女性编剧群体，从另一线索上看，则是始自日本家庭主妇的同人创作，姑且不展开近来女导演对国际重要电影奖项的包揽——女性在流行文化的生产中占据了越来越突出的位置。这是一个女性文化崛起的年代，还是平等之路上的一次曲折？事实上，世纪之交的数十年内，发达国家和地区的城市家庭主妇成为流行文化生产中的明星角色，这一文化现象并非个案。稍作细查可以发现，这一现象背后的确是世界性的性别结构的演变与曲折："二战"后，越来越多的国家的女性得以进入大学，接受高等教育，但大学毕业后多数女性却因为婚姻与家庭的社会构成与经济结构延续了成为家庭主妇的社会宿命，其教养、文化程度与其社会角色的不对称，最终造就了这一文化生产群体的"浮出历史地表"。这显然不是简单地用进步／倒退、解放／奴役的逻辑可以概说的。

需要赘言的是,当女性议题凸显于公共论域,我们必须问,这里的女性议题,是具有代表性的性别遭遇,还是仅仅指某一特定阶层、特定区域的女性议题?因为女性是人类的半数。在流行文化场域中引人瞩目的"女性向"的弥散,在何种意义上是大众文化的演变,抑或是新的分众文化的形成?除了性别战争的形态,女性主义的前沿议题与实践有哪些可能性的形式与资源性价值?

我自己的诉求或曰梦想是,女性,这一个在历史与现实中高度内在,在秩序中又深遭放逐、迫害和压抑的群体经验,在何种意义上、以何种方式能成为世界上种种弱势群体互识、连接的开始?女性的声音如何能成为这世界上被剥夺的人们的多声部之一?

新京报:在《浮出历史地表》《隐形书写》《涉渡之舟》等作品中,你曾系统梳理过女性写作在现当代中国的发展脉络与它所遭遇的困境:从上世纪七十年代末到九十年代,女性作家的写作经历了一个从有意无意地否定自己的性别身份、忽略自己的性别经验到开始有意识地呈现性别经验、建构女性视角的曲折历程;到九十年代末,"关于女性的话语与女性的社会及个人生存始终是一片'雾中风景'"。你如何看待文学从性别的试验田走向整体性的衰落?

戴锦华:在我的观察中,这里有一个历史的脉络和历史的规定性前提。二十世纪八十年代,文学所展露的多重社会功能、文学的轰动效应,例如一篇小说,万民争读,我认为那是一个极为特殊的中国式历史时刻。当时,在世界范围内,文学就已经不再是突出的大众文化产品或社会的中心热点了。可以说,二十世纪,电影接替了长篇小说在文化工业中的地位,而后是电视(剧)。上世纪七八十年代之交的中国文学的石破天惊正是五十年代以来社会主义历史的造就。彼时文学被赋予了崇高的地位,承担着召唤、塑造社会主义新文化与新人的历史希冀。因此,会有一次次的全民诗歌运动与全民读书运动的历史时段。

而迸发自七八十年代之交的这场文学热潮是历史的延伸,也是不无嘲弄的历史的逆转。此间涌现的女作家群,无疑带着未死方生的转折时刻的印痕。女性、女性书写不仅代表着在一个享有政治、法律、经济意义上平等的"半边天"的历史定位与经验,也再度代表着"个人""权利"的议题出现在社会舞台的前端。我也多次重申,此间 feminism 之于中国确乎是女性主义而非女权主义,是某种理论,或者说是文化议题。因为彼时我们尚不自觉我们要的是近乎绝对的平等权利的拥有,我们关注的是"男女都一样"的观念与政策下,女性差异性的缺失与抹除。这是我们的有限认知和现实诉求,也一如你的观察,是彼时女性写作的特征与遗憾:颇具前沿性的社会与公共议题,相形之下,则是性别议题自身的不鲜明状态。

令二十世纪最后二十年女性文学成为突出的文化风景的,并非文学自身,而是一个重要的事件和时刻:1995 年世界妇女大会在中国召开。这是一个由国际妇女组织、国际 NGO、国际基金会支持的大型国际会议,对这次会议的筹备,事实上成了欧美主导的女性主义理论在中国的传播,成为国际基金会及国际 NGO 对中国城乡的全面介入。而与女性文学相关的是,由于 95 世妇会的承办方是中国政府,同时启动的是我们的社会文化惯例,各大国家出版机构纷纷配合组织出版与女性、性别相关的系列丛书。这客观上促成了一次中国女作家的集体登场与成果展示。事实上,这是时代转身之际,两个代际的女性作家群体的相遇，更关注社会议题、相对忽略性别表述的代际，与更关注女性的差异性生存、身体与生命经验的代际的相遇。

同时，借助世妇会的召开，中国的性别研究经历了一次快速的学科化过程，女性议题被组织在女性学、女性研究、妇女史的学科和项目之中，因此而获得易于辨识的显影。

如果说，经历了二十世纪九十年代，中国妇女的性别渐次成为某种社会文化与自觉，女性文学因此获得了鲜明及可辨识的性别维度与差异性特征，那么，女性整体的社会地位与权利却在全球化与市场化的过程中经历着或快或缓的坠落。多少有些反讽的是，女性整体的社会生存状况与女性的性别意识及自觉再度朝相反方向背离。

我个人不认同女性书写经历整体性衰落的结论，尤其是当我们将以网络为介质的女性书写纳入观察视野的话。只是我们必须再度提出那个句套子：当我们谈论女性文学时，我们在谈论什么？我个人倒是趣味盎然地瞩目于以网络为介质的女性书写及多种文化衍生物所呈现出的我称之为"性别混响"的文化表征与现象，关注为新媒介改变的社会生产方式与劳动力组织形态如何在强化本质化的性别秩序的同时，令性别演化为某种 cosplay/ 角色扮演式的存在。变化正在发生，尽管与我们曾经的预期不甚相符。

娜拉与花木兰的困境：
我们如何想象多元的女性文化模板？

新京报：相较于当时，今天的"女性写作"或者更广泛的女性创作处于怎样的发展状态？

戴锦华：到现在为止，我认为我们并没有生产出一种新的性别文化的模板，我们的突围继续遭遇着更多重的陷落。表象意义上的变化无法令我感到心安。因为我期待的，是社会平等的实践，是差异的尊重，而并非女性为主体或主导下的对父权、男权逻辑的复制。所以我无法简单认同所谓"大女主"式的流行文本，其基本特征是一个强悍的、掌控的、统治或驾驭的女性角色，而不曾展示其性别身份与生命经验如何内在地改变了掌控的逻辑。强悍的仍然是父权的逻辑。在《浮出历史地表》中我们曾把这类角色称为"代行父权之母"。

我同样无法简单地以女性欲望的正义性之名，认同将男性形象、身体置于凝视/物化之间的"变化"。反转了的，只是性别身份间的位置，而非将人异化、物化的男权暴力逻辑。

新京报：去年，《人物》的一篇文章《平原上的娜拉》引发热议。这篇文章回访了上世纪八十年代《半边天》节目中一位叫作刘小样的女性。刘小样曾经对外部世界抱有热切的渴望，几次尝试"出走"，但后来忽然销声匿迹。从这篇文章里，我们得知最终她又回到了村子里，撕碎了以前写下的文章，甚至怀疑自己之前的出走。在讨论这篇文章时，大家反复提及的是刘小样作为"娜拉"这一现代女性形象在当时的显影。同时，借由刘小样的经历，我们也在反思今天女性的现实境况。我也很好奇，你看完这篇文章的感受是什么？你如何看待刘小样的故事以及"娜拉出走"的镜中之意？

戴锦华：我阅读过这篇文章，也被深深地触动。但阅读中会感到某种隐隐的疑惑。我感到从昔日的《半边天》对于刘小样的理解和解释到《平原上的娜拉》的写作,我们共同分享了一种认知,即,刘小样是一个被困在了乡村、传统文化、旧式亲属关系之中的女性。这或许可以解释她在乡村社会、婚姻家庭中经历的不安、躁动,却难于解释她富有才情的写作能力,以及她以如此富于表现力的文字所传达的、精微细腻的内心悸动。换言之,我们先在的、也许未经反身的逻辑仍是现代性范式,一个现代社会妇女解放的路径。因此我们会给出"娜拉"的命名——尽管那是一个一百五十年前的挪威故事,我们会给出一个娜拉出走的解决方案。

然而,正在《平原上的娜拉》的写作者笔下,我读到了娜拉所不具有的刘小样的独特和奇异。她显然是对文字拥有特殊敏感的天才的女性——尽管她没有受过系统的或高等的教育,甚至没有更多地接触文学,却能写下如此动人的表述。在我的阅读中,我感到她的故事应该有其他的讲述可能。一个作为差异的个体的奇妙故事。而面对如此特殊的个体,是我们,我们的文化与眼睛限定了我们对她的理解。她的受困感并不出自《玩偶之家》的遭遇,她也经历了出走——外出打工,越走越远,但是她仍没有找到快乐与安然。

我自己面对刘小样故事的疑虑,也是我更大的疑虑与追问的一部分。我们能否把她作为一个独特的个体去理解、体认,而不是将她归入一类人、一种状况当中去。如果我们把她当作一个个体去理解,是否能对她的生命获得不同的理解和构想。也许,她的生命境况不必通过出门打工、经济独立、成就自己、自我彰显的方式便可能得以完满。的确,我不能确知别样的可能在哪里,只是相信它应该存在。沿着娜拉设定的方向,刘小样尝试了、实践了近乎所有的可能,但是她的问题始终没有解决。事实上,她的丈夫理解她,她的家庭和孩子尊重并且保护她。我想,正是她独特的生命经历,和

《平原上的娜拉》的写作者饱含真诚的文字，提示我们：也许该有不同的理解、追问的方向与路径。

经由刘小样的故事，我也会引申、反观我们自己：我们思考的解放之路、我们思考的自我实现、我们思考的反抗之路，会不会是同样受限于我们试图反抗和改变的主流与性别秩序，甚至是否是压迫性结构反身形构、召唤出来的存在？在此之外，在父权、男权逻辑之外，不仅仅是反向参照或主体更替、模板复制，我们的未来和可能究竟有怎样的图景？

尾声

对生命的敬畏

新京报：上一次聊完之后，我忽然很想问一个问题：你对这个世界的原点式相信是什么？之所以这么问，是我们聊了你生命当中的种种困惑，也聊了很多无解的问题，但你仍然那么顽强地生活着、抗争着，这是否也源于你对世界、对人的某种相信？

戴锦华：（沉默了一阵子）很早以前，我和一些朋友有过一次比较动感情的讨论，聊到对我们来说，什么是最具神圣感的所在。我记得我当时的回答，现在依然如此，就是对生命的尊重和敬畏。

苏联电影中的一段话，我今日仍记得——很矫情，对我却很真切："地球是一颗年轻的星球，人类是地球上一个年轻的物种。人类还年轻，人类要活下去。"对生命的尊重令我瞩目于多数，瞩目于社会平等，瞩目于对生者与死者的正义。个体生命转瞬即逝，但我梦想人类社会生生不息。

汗颜，但这的确是我的底线与底色。

邓小南：选择宋史，选择以教师为天职

采写｜肖舒妍

邓小南，北京大学人文社会科学研究院院长，北京大学中国古代史研究中心教授，中国史学会副会长。多年从事中国古代史教学与研究。曾在多所海外学府讲学并致力于学术合作。著有《宋代文官选任制度诸层面》《课绩·资格·考察：唐宋文官考核制度侧谈》《祖宗之法：北宋前期政治述略》《朗润学史丛稿》《宋代历史探求》等，在国内外学术刊物发表研究论文百余篇。

近年来，一股"宋史热"蔚然成风，无论是以宋朝为背景的电视剧，还是以宋史为题材的大众历史书籍，都能收到观众、读者的热烈反馈。更有写作者自诩"宋粉"，大力宣扬宋朝的"现代化"，称其为"知识分子的黄金时代"，得到一众拥趸。北京大学历史系教授、曾任中国宋史研究会会长的邓小南，在参加某次新书座谈会时讲述了自己的亲身经历：曾有媒体编辑邀请她谈宋史，并告诉她，凡是讲宋史的书都能卖到20万册以上；而刊登邓小南采访的这期《三联生活周刊》，封面题名为"我们为什么爱宋朝"。得知这个专题名称后，邓小南找到这位编辑说，"我们对宋朝有爱也有恨"，这个先入为主的概念并不合适。

研究宋史三十余年，邓小南却绝非"宋粉"。在她1985年选择宋史作为硕士研究方向时，宋朝在大众观念乃至历史系学生的眼中，都是一个积贫积弱、"窝囊"的朝代。同学们大多选择研究"汉唐盛世"，不想加剧内部竞争的她才报考了宋史方向的研究生。而当时，北京大学历史系甚至没有为本科生开设宋史课程，因为研究宋史的学者太少，整个历史系能教授宋史的只有邓广铭先生一人，但他年事已高，再难开设本科生课程。另一个佐证是，现任北京大学历史系教授的赵冬梅，在1995年报考博士时，整个北京地区没有一位可带宋史方向的博士生导师。

宋史研究的大片学术空白，对邓小南而言却成了新的机遇。她化用自己学习唐代制度史时得到的训练和积累，在父亲邓广铭和前辈学者的研究基础上开始对宋朝官僚制度史继续梳理、研究。脱胎于其硕士毕业论文的《宋代文官选任制度诸层面》以及之后的《祖宗之法》等著作，至今仍是历史研究者重要的参考书，更有众多后来学者的研究选题从中而来。而邓小南在2001年提出"走向活的制度史"这一治学理念，二十年后的今天仍有回响，在宋史学界之外，一些对其他朝代制度史的研究也同样遵从着这一范式。

相比早年的几部重磅学术作品，近年来邓小南的学术产出显然有所减少。对此，不免有替她感到惋惜的声音："邓小南的研究做得很好，但她远可以做得更好。"但对邓小南而言，这可能是她的一种主动选择——她把更多的时间放在了学术组织和教学工作上。

如今已年逾七十的邓小南，仍然承担着教学任务，一学期上本科生的课，一学期上研究生的课。有外校旁听的学生课后向她请教问题，她推掉原本的聚餐，饿着肚子和他聊上四十分钟；收到学生的论文作业，她逐字逐句地修改，生怕学生走错方向浪费了宝贵时间；就连毕业后的学生遇到了工作上、生活上的难题向她请教，她也事无巨细有求必应……在自己的学术研究和学生的学术成长之间，她"宁肯"选择后者；在学者和教师两个身份之间，她"宁肯"选择后者。她说，"'宁肯'这个词儿，说明要有所牺牲，不可能都是完美的。"

2016年邓小南开始担任北京大学人文社会科学研究院（以下简称"北大文研院"）院长，她提出以"涵育学术，激活思想"为宗旨，希望能够与学者共同努力，走出一条可行之路。此前邓小南从未担任任何行政职务，场面上的聚会她也是能推就推。担任这份职责之后，她意识到搭建学术交流分享平台的工作确实需要有人来做，

"大家都说学术环境不太好,可是我们不能停留于抱怨,必须有一些人坚持,不断往好的方向推动,让青年人看到希望"。

如今,邓小南的学生遍布各所高校和科研机构,他们各自在宋史研究上有所著述,也在推动学术交流。曾有一位北大历史系的学生在出国留学前和中国社科院历史研究所的一位教授谈心时告诉对方,将来想成为邓老师这样的人。

PART 1

学思历程：做学问与当老师

在学者、院长之前，首先是一名教师

新京报：能感受到你非常热爱并享受教师这份职业。在你看来，一位好的老师应该是怎样的？在学生的人生中又能起到怎样的作用？

邓小南：我觉得教师是一份天职。现在我一个学期上本科生的课，一个学期上研究生的课。过去以本科生课程为主，好多年一直教历史系一年级的主干基础课。刚入学的孩子们特别单纯，眼睛注视着老师，目光特别清澈。那个时候我就觉得，不能对不起他们的这份期待。最优秀的年轻人来到北大，在这儿度过一生中最好的几年，这几年的时光肯定是要影响他们一生的。这种时光的分量，加上他们的活力、他们的青春、他们的求知欲，让我真正意识到老师的责任。

老师上课，会给学生留下印象，但是反过来他们也给我留下许多美好回忆。讲台上学生悄悄放的字条，递来的一束鲜花、两个苹

果，塞到手边的润喉糖……满满的感动。在教师这个特定的职业中，人和人之间有一种心灵上的交汇、碰撞，让我们融到一起。

这些年事情越来越多。人们称我为"教授""院长"，其实这些在我看来都没有那么重要，都是表层的称号。最实质、最能感动我的，是"老师"，是师生之间的情谊。

现在高校的教师考核制度存在明显问题。尽管三令五申强调"育人"是最重要的，强调本科生教育，但实际的考核标准与这种提法并不对应。考核标准树立了一套价值体系，让大家意识到哪些是填表、晋级时"最值得做的"，这些实际上的引导与宣称的目标往往并不一致。

新京报：你对师生情谊的特殊感受，是否也和你在北大的求学经历相关？你曾多次撰文回忆自己与王永兴、张广达几位先生的治学往来，这种"师承"似乎有一种延续。

邓小南：确实是。我们当时比较特别，78级是高考恢复后北京大学中国史系第一批学生。入学之后，老师们觉得多年来积累下这么一批学生挺不容易的，非常用心。

当时王永兴先生刚从山西调来。张广达先生原本在世界史专业，也被调到中国史专业讲授中国古代史。他们二人合开了一门"敦煌学研究"，这本来是面向研究生的课程，却允许我们这些大二的学生选课，结果课堂上本科生的人数倒比研究生还多。课后要为敦煌文书做注释、分小组讨论，给本科生分配的任务和研究生是一样的，等于是让大家在同样的学术氛围里成长。

除了上课以外，我们还有读书小组，就连周末也会在宿舍里讨论。而老师没准哪天晚上就到学生宿舍来了。我记得同班男生提过，有一回下着大雪，王永兴先生忽然披着满身的雪出现在他们宿舍门口，这让他们分外感动。即便在路上碰见，王永兴先生也会问我："小南现在读什么书？"你会觉得，他满心满意希望你跟着他读书，这是特别纯粹的一种师生关系。

在我看来，那时候的老师们完全没有晋升的意识。他们当然也有压力，像田余庆先生当时才是一名讲师。但是他们心里可能觉得，他们心中的目标要靠一代代人达成，要把血脉赓续的希望寄托在更年轻的这批学生身上。那时当然也没有什么核心期刊的概念；整个学术评价体系的标准，就像一股清流——在大家心目中哪位老师学问最扎实、对学生最负责任。这样一种精神，感染了我们这些后辈学生。

新京报：如果你没有把大量的时间花在教学上，而是把精力更多放在自己的研究上，可能现在已经取得了更高的学术成果，对此你会不会有一些遗憾？

邓小南：有时候会有。一开始学生很少，这就不成问题；到后来慢慢地学生越来越多了。有的老师对学生是宏观指导，提供一个大框架、大方向让学生去做；但我会从结构到字句地改。这就好像学生的目标在河对岸，需要摸着石头过河，那么石头在哪儿，要一块儿一块儿去摸。学生自己的尝试是必要的实践过程，但也需要关键节点上思路的"点拨"，避免学生走太多的弯路。

大家的时间都是有限的。有的老师会对学生说："是我的时间重要，还是你的时间重要？"如果花了大量时间在修改学生的论文上，结果改来改去，论文可能写得还是不理想。而如果时间都用来做自己的事，可能收获更大。这是老师们普遍会有的纠结。但是好多事情就是不能两全，在不能两全之间，要权衡轻重，找一个相对的平衡点。

讨论学生的论文，其实也会带给我们自己一些新的想法。有的老师指导学生，会按照自己的研究方向分配议题，让学生们围绕某个学术重心做研究，就集体攻关而言，这有一定好处，学生也会更深地领会老师研究的路数。但我希望鼓励学生开阔视野，选择自己的学术方向。他们选择的题目，可能我并不熟悉，所以某种程度上，既是我带着他们走，也是他们带着我走，他们推动我不得不朝那个方向前进。

过去我的学生中可能做制度研究的人多，但是现在，做制度研究的、做地域研究的、做社会生活史的、做民族关系史的、做女性史的……各个方面都有。一方面，对学生来说，他们互相之间可以开阔眼界，而不是大家都在一条路上挤着，越走越窄；另一方面，研究面撑开了以后，也会给老师带来一些新的想法、新的刺激，教学相长。

利弊权衡不能完全从个人角度出发，而要着眼于学术大局。现在每当我有一些纠结和矛盾时，就对自己说，我已经七十多岁了，恐怕坚持不到八十岁，接下来的时间和空间可能都有限；我们这代人想达成的目标——比如让学界有更深入的研究、更开阔的面貌，真正引领国际性的学术前沿——要靠将来十年二十年能撑起局面的人。现在的学生，就是学界新一代的中流砥柱，他们的学术积累、学术导向，会影响整个中国学界的未来。目前学界的年轻人，总体上说，不像我们那么周折坎坷，有比我们更好的治学条件，有更明确的人生目标，相信他们的成就会比我们更突出。

学界现在很嘈杂，这和大环境有关，许多人不得不考虑功名前程这些方面。就人文学科而言，现在学术成果的数量比十年前多得多，可是质量是否也相应提高很多？显然不尽如人意。要扭转这种情形，不能仅靠大声疾呼。当下我们做的事，在二十年以后到底会产生什么样的影响？必须把学界的未来考虑进去，再去权衡什么事情更值得做。

2016年学校动员我担任北大文研院院长，此前我从未从事任何行政工作，所以非常犹豫，担心自己并不适合。尤其当年我已经六十六岁，精力十分有限。但我也知道，北大应该致力于建设人文社科、国内国际的交流平台，应该深耕学术的沃土净土。这些事情需要有人推动。我和我的同事都意识到，对于周边的环境，我们不能停留于抱怨，必须有一些人坚持往好的方向推动，走出一条路，让青年人看到希望。

走向"活"的制度史

新京报：现在的宋史研究业态和你1982年选择攻读宋史方向研究生的时候应该很不一样了。赵冬梅曾提到过，她考博士时整个北京地区没有一个可带宋史方向的博士生导师，那已经是1995年了。

邓小南：当时的确没有能教宋史的老师。在我本科期间，北大历史系没有开过宋史的课，只有临时从河北大学请来漆侠先生讲了一个学期的宋代经济史。当时我父亲岁数已经大了，开不了课，年轻教师还不足以承担宋史的教学工作。

我们刚进历史系时，大家都喜欢历史上相对强盛的王朝，比如汉唐盛世；而宋朝在学生眼里会觉得窝囊。真正关心宋史并且愿意研究宋史的同学很少。同学里有一个女生说想学宋史,问她为什么,她说因为穆桂英是宋代的。后来她得知宋代根本没有穆桂英,也就放弃了宋史。我们在王永兴、张广达先生的指导下,隋唐史基础相对好些;当时如果不是那么多同学都准备学隋唐史,我可能也会选择隋唐史。

新京报:在你选择宋史之后,这样的环境是否会给你的研究带来一些困难或问题?

邓小南:你可以说这是问题,但是换个角度说,这也是优势——因为宋代的材料不少,但是做的人不多,研究空白较多,所以选题空间更大,确定选题相对容易,可以拿这些材料讨论自己认为有意思的问题。现在我们指导的学生,经常会觉得不好确定选题,想做的题目前人大部分已经做过,怎么能在人家的基础上再做推进,就很费踌躇。

新京报:在宋史的众多空白领域中,你为什么选择了研究制度史和政治史?某种程度上,这也是将你父亲此前的研究推进了一步。

邓小南:当时我是想用本科学习隋唐史得到的积累和训练,转过头来看宋代的制度是怎么发展的。在王永兴和张广达老师合开的"敦煌学研究"课程上,我们接触到许多唐代制度史的研究,也会深读《旧唐书·职官志》和《新唐书·百官志》一类的文献。在这种训练的基础之上,我当时有一种明确的意识,即宋代的制度不是凭空而来的,应该打通时段来看一些特定的问题。应该说学习隋唐史的经验为我带来许多启发,也构成一种积累。

新京报：在制度史研究中，你觉得相对重要的体悟是哪一点？

邓小南：我在2001年曾提出一个说法，叫"走向活的制度史"。这个说法从提出到现在已经整整二十年了，过去没有想到，至今在学界还有比较强烈的反响。

在我看来，过去的制度史研究，太局限于文本，只从字面意思上理解一种制度。事实上更重要的可能是，这个制度究竟是怎么运行的。制度规章是相对稳定的，但是制度执行过程中遇到的情况千差万别。要考虑到制度运行的情境、制度涉及的人，以及制度实际呈现出的结果。就像所有人都知道交通规则是什么，可是要想研究北京市的交通状况，不能光看交通规则，得真的到马路上去观察。马路上有警察也有协警，有遵守交通规则的也有不遵守交通规则甚至有意冲撞的。交通的实际状况是执行制度的人、破坏制度的人、遵守制度的人和不遵守制度的人通过互动共同呈现出来的状态。其实所有制度都是这样。

新京报：除了"走向活的制度史"这一提法历久弥新之外，你其他的研究也经受住了时间的考验，比如《宋代文官选任制度诸层面》这本书出版于1993年，脱胎于你1985年的硕士论文，但如今仍被大量引用，这样的学术生命力其实很难得。

邓小南：九十年代这本书刚刚出版时，在一次会议上，一位北大学术委员会的委员问我："你写这本书时，心中追求的是什么？"我当时回答说，我希望这是一本"硬碰硬"的著作，将来的人再做研究，肯定会超过它，但是无法绕过它。最近一二十年有些博士论文陆续成书，其中对于宋代文官制度中"荐举""考核"等方面的研究，都比我这本书中的内容更为细致更为丰富。但是为什么《宋代文官选任制度诸层面》这本书现在还有再版的必要,而且还有人买、有人看?就像许多学者说的,这本书提出了一种历史研究的脉络,渗透着整体性的把握和认识,书中的一些基本观点可能不会过时。

不论做什么研究,只要能构成后来者讨论的基础,即便被批评被超越,你在学术上搭的这一块砖就还是有意义的。而现在大量的学术发表,十年之后就不会有人再看了。

新京报:对你的另一个评价是,你的宋史研究非常"中正",在材料选取上一方面非常详细,另一方面不带政治倾向。人们常说"历史是任人打扮的小姑娘",因为历史研究可能会承担更多研究之外的功能。你怎么看这一点?

邓小南:首先,做政治文化史研究的学者,他们关注历史上的某些问题,肯定带有特定的人文情感,也就是说,纯粹的客观中立是不可能的。意大利历史哲学家克罗齐也说过,一切真历史都是当代史。其实是说,"历史"活在当代人眼中,只有和当代的视域交互,才能为人理解。类似的说法不能推到极致,说历史就是任人打扮的小姑娘,这是有违历史研究的原则的。学术研究首先要尊重事实,但在学术追求里,会有某种人文情感作为底色,或者说呈现出人文关怀的基调。

其次,我认为这样一种底色和基调,不能,也不该影响我们对于事物的判断。当我们分析问题时,不能跟着情感走,而是要尽量贴近、尽量还原历史的本来面貌,不能以个人的理解取代事物实际的状态和发展脉络。回溯历史,很难说有百分之百的真实,我们也无法真正回到当时的情境,但我们要尽量求真,这是历史学者的底线和基本责任,或者说是历史学家的良心所在。

因此我现在看到许多文章，心里确实很不舒服。为什么？太追求创新，什么都想翻案，却没有考虑自己的材料是否足以翻得了案，很多时候又剑走偏锋，把某些材料的含义推到极端，不惜扭曲原本的内涵。说重了，这就是学术道德问题，表面为了创新，实际哗众取宠，不顾及史家的良心。

新京报：近年来兴起了一股"宋朝热"，除了专业学者，也有许多民间学者在撰写有关宋朝、面向大众的书籍，你怎么看待这种现象？

邓小南：历史本身是丰富多元的。有更多人关注历史肯定是件好事。当然，这也和整个社会的发展有关系。这些年人们开始更加关注经济、文化、生活水平和审美观念，所以宋代的另一面就浮现了出来；当然这也和宋史研究的倾向有关系，研究者在某种程度上扭转了过去感觉宋代积贫积弱、不堪一击的印象，在观念上有一些调整纠正。

但是理解历史不能走两端。现在一定程度上又走向了另一个极端。张邦炜先生写过一篇文章，提出不要美化这个时代。有人说，宋代是知识分子的黄金时代，我认为也说不上，士大夫依然要依附于皇权，怎么能说是他们的黄金时代呢？我想，史学研究者有义务把宋代的真实面貌呈现出来。宋史研究不能只发表在学术期刊上，还是要为大众所了解，在高冷的学术和热络的舆论之间找到一个结合点。

总体而言，民间史学丰富了观察的面相，也可能会造成某些干扰，但这也属于正常现象，会吸引更多人追问宋代的真相。当有更多人关注时，专业的历史学者应该参与对话，表述自己的想法，也引导思考的方向。学界需要和大众进行对话。学术要有"通俗版"。通俗不等于庸俗，二者之间有明显的差距。

历史学说到底是一门反思的学问

新京报：你一直在倡导学界对话，包括跨学科的对话、国内和国外的对话、学界与大众的对话，为什么你如此推崇"学术对话"？

邓小南：我之所以一直强调"对话"，首先是因为现在学术越来越要求向纵深、广博发展，可是学者作为个人，深度和广度肯定是有限的，尤其在学科分类越来越细的情况下，在自己的单一学科背景下读十年书读到博士，如果没有和周围学者、学科的对话，你的研究面容易越来越窄。现在高校提倡建设"双一流"，一流学科，一流大学；可是一流大学不是一流学科叠加的结果，不是说一所大学里有一百个一流学科，这所大学就是一流大学。一所大学、一个学科要真正发展得好，是需要突破学科壁垒的。重大的学术创新，往往出现在若干学科的交叉接合部，而对话就是突破学科壁垒的重要途径。大家处在对话之中，思维的火花就会被激活，同一个问题会出现多样的思考角度，研究面向也就打开了。

新京报：过去的学者大都属于通才，而现在学科发展使得更多学者走向了专精，这对学术研究可能造成哪些影响？

邓小南：我认为专精和广博这二者不是对立的。就学者个人而言，如果他选择了一个严肃的学术议题，一门心思钻进去，一辈子就专注于这一个议题，我觉得也是可以的。这是他选择的结果，而他的深入研究也为学界的广博奠定了基础。但是就整个学界来说，肯定不能只走一头。专精某种程度上是广博的基础，反过来面向拓宽之后，对于进一步的专精也有好处。

例如《宋代文官选任制度诸层面》一书这几年出了修订版。相较于上一版本，具体制度方面的改动不多，但是对于特定制度的意义，我的认识是有些变化的。变化从何而来？一方面是从阅历中来，通过观察周围，从现实的例证中获得一些启发；另一方面，我会接触到一些社会学、政治学的学者，他们也关注干部选任这一问题，也带给我一些新的想法。原来我做的制度史研究可能相对专精，现在却希望具备更为广博深远的视野，把研究往前推进一步。

新京报：你提到广博的视野，但太多交叉学科的理论是否会导致一些研究者只关注时髦的理论，而忽略一手材料的研究与深入呢？

邓小南：在历史研究领域，许多研究者，尤其是年轻学者都会有理论饥渴。历史学科强调史料，似乎缺乏理论，可是学术研究又需要理论，因此特别焦虑。

我们会看到一些论文，开篇就提出本文借鉴了某某理论，实际上作者对该理论的理解非常皮毛，只是大概搬用了某些概念定义，或者移花接木地拣了一些东西拼贴到自己的论文中。对于理论的精髓部分，并没有什么真正的体会。从根本上来说，这还是过于浮躁。不管是追求理论还是理解现实，浮躁都会带来同样的问题——无法深入。不细读原始材料，对于理论的理解也会是肤浅的。

关键在于问题意识，有好的问题意识，才能把材料和理论连接起来。所谓好的问题，是能切中要害的实质性问题。为了回答核心问题，就要深读核心史料，讨论辨析，不能拼凑、照搬理论条文。材料不能自我"解说"，有了全局观，有了问题意识，理论和材料才能融为一体，直指核心，发挥应有的效用。

陈寅恪先生曾经说，历史学"预流"需要重视新的材料。所谓"预流"，是指能够在重大学术议题上与国际学界平等对话。我们现在强调学术创新，宋史当然也有一些新出土的材料，但是构不成强劲的冲击，关键的新材料有限，不像敦煌、吐鲁番文书可以为北朝隋唐史研究带来新面貌，内阁大库档案可以为明清史研究提供新依据。那么如何预流？这就更需要有切当的问题以及回应问题的切当方式，需要综合"开掘"材料的能力，需要眼光。

缺乏新材料怎么办？重读"旧材料"也是可行的路径，有新的切入视角、眼光，可能会读出新意来。有了新的问题意识，旧材料就能变成新材料；没有新的眼光，旧材料就趴在纸面上，新材料也难以开掘。

新京报：我觉得这和你说的"历史学的反思性"也有很大的关联。在我的理解中，反思性可能就是拿现实的问题去历史中找答案、拿历史的问题在现实中找答案这样一个不断相互印证的过程。

邓小南：历史学说到底是一门反思的学问。学历史到底有用还是没用？这样的讨论每隔一段时间就会出现一次。在我看来，学历史不是寻求锦囊妙计，不是说现在碰到了问题，回到历史中，某本书里就写着答案，掏一个就能用。历史学研究的所有问题，都已经过去了。那么这些过去的事情，对我们现在还有什么意义？意义有两类：一类属于精神滋养。历史中的人物、历史中的精神、历史中的人文气质都是滋养；另一类则是历史上的路径带来的参照。比如我们做政治史、制度史尤其是文官制度的研究，当面对一些现实问题时，常会意识到，某种程度上这和历史现象惊人地相似，过去的经验今天或许有所借鉴，以往走过的弯路现在可能还在重复。过去的弯路不能一再重复，对于一个历史悠久的国家和民族而言，要从历史中汲取智慧。反思的意义，不在于问题与解决方式的一一对应，而是一个国家、一个民族在整体上该如何选择自己的道路。

PART 2

性别身份、女性研究与代际传承

要有特定的女性视角,但不能只有单一的女性视角

新京报:在制度史之后,你为什么选择唐宋妇女史和社会史研究?

邓小南:选择妇女史研究,某种程度上是被动的。九十年代初,美国、欧洲以及日本的妇女史研究已经蔚为大观了。但是国内甚至没有开过相关课程。我在1987年至1988年间曾去美国交流,回来之后,包括英美文学、社会学、历史学各个专业的老师就一起商量,是否开一门相关课程。当时历史系女性教授特别少,郑必俊教授便与我合开了一门妇女史的课程。她退休之后,我们觉得这门课、这个研究方向应该坚持下来,我就接下了这门课。当时也开始带这个方向的研究生。为了能讲好课、带好学生,自己必须身处一线,做这方面的探索,就这样开始了妇女史研究。

接触社会史其实也比较偶然。二十世纪九十年代台湾中研院的历史语言研究所有一个课题,叫作"中国近世的家族与社会",希望

邀请大陆学者共同参与。黄宽重先生邀请我，我当时没有做过社会史研究，但也觉得应该尝试不同的学术方向，就答应下来。后来写过几篇文章，台湾学界和欧美学界的同人反馈不错，我也从中学到许多。

我自己觉得，不同的研究方向之间会相互刺激和启发。就学术脉络来说，女性史应该是社会史的重要部分。但是因为长期以来被忽视，学界要在某种程度上纠偏，把妇女史独立出来成为一个研究方向，我觉得也是必要的。

此外，现在通常会说"社会性别史"，而不是"女性史"，因为性别问题受到社会机制及文化氛围的制约，并非单一生理性别的问题，包括跨性别、变性等情形，都需要从总体上予以观照认识。

新京报：在过去的历史研究中，尤其是政治史、制度史，大部分是男性书写的，关注的对象也是男性。你在自己的研究中会有某种女性自觉，或者更加关注女性个体的命运吗？

邓小南：应该说，女老师（包括我自己）并不一定都有女性自觉；不过，从个人角度观察，可能会比男老师有更多一层的体悟。有些男老师觉得女性研究在历史上不是值得重视的问题，或者不必"拎出来"讨论；但是女老师即便不专门做女性研究，也可能有更强的性别意识，会从性别的角度思考问题。其实也有男性学者从不同角度研究妇女史或者说社会性别史——像早年的陈东原先生，现在就更多——他们往往会带来不同的观察角度。

为什么强调社会性别？因为女性的很多特点，都是社会赋予或者说强加的。从小就会有人告诉你，女孩子不应该玩枪；还不懂事，家人就给你买了各种娃娃。社会期待肯定会在一定程度上塑造性别特征。所以我觉得谈性别问题强调社会影响是必要的。

当然女性的身心成长跟她的生理特征也是有关系的。例如成年之后女性就面临着生育这类问题。生育在人的一生中都是重要的问题，可能会影响女性后半生的选择。就个人而言，我觉得选择专心照料家庭或选择出去工作都可以，照顾家业不要把自己收缩到"井底"，专注事业也需要兼顾家庭。这些选择并没有绝对的"对"或"错"，要看是否合理。

从整个社会来讲，我觉得要关注女性的特殊境遇。我在东北农场将近十年，当时流行的口号是"男女都一样""妇女顶半边天"。女生干的所有活儿都跟男生一样，冰天雪地中劳作，遇到生理期也无法请假。现在条件好了，考虑到种种特殊的生理需求，女性在身心方面需要特别的关注。

新京报：妇女在社会中处于一个怎样的地位，也反映了这个社会处于怎样的发展程度。你曾经提出：要从历史的角度看女性，也要从女性的角度看历史。

邓小南：有学者提出，以往的历史研究也会涉及女性问题，但是其中提到的"男尊女卑"，是从个人感受而不是从社会体制的角度出发。因此他们当时强调，要对过去的研究有一种颠覆性的认识。

我个人的感觉是，与女性相关的议题是多方面因素共同造成的，观察这类问题需要有特定的女性视角，但也要意识到单一视角的局限性。以往的女性研究可能存在一些偏颇。从研究者的角度来讲，他们没有把性别看作重要的议题，没有把女性作为特殊人群予以关注，或者说没有将女性看作和男性同等重要的人群予以关注。女性是社会人群的重要组成部分，是历史上物质文化与精神文化的创造者，因此要从综合角度去认识女性，要探讨女性的自然属性，更要关注她们的社会属性和能动性。至于所谓"颠覆性"，我想还是不能切断与既往研究的联系。

今天的研究可能是视角的变化——从女性的角度去观察问题；过去有些讨论虽然围绕女性议题，研究者却是从男性视角去认识的。例如我们在唐代壁画中看到不少女性形象，有人会说，唐代女性的穿着"酥胸半露领口低开"，她们的性别观非常开放。但是一位从事女性研究的学者就提出：她们是"开放"给谁看的？她们是自己想要这样，还是为了取悦他人？所以，同一个问题，从不同视角去看，得到的印象、得出的结论就会非常不一样。我们不能说哪一个观点绝对正确，但不同的视角至少会让我们关注一个问题的不同侧面。

再比如女性的缠足。现在通常认为，缠足在南唐就出现了。但是宋代的劳动妇女一般不缠足，只有演艺界的妓女、宫廷里的嫔妃、上层社会的妇人才会缠足。有研究者指出，直到清代，汉族女性缠足才成为盛行的普遍现象。缠足既是对于女性活动的限制与规范，是女性身心受压抑的屈辱、痛苦过程，又是特定时期的"审美"与女性"自尊"的扭曲体现。这样的过程，要回到历史中去追溯。

因此性别问题不能只有一个维度，有更多非此即彼之外的因素需要纳入研究的视野。

女性学者自己要有足够的韧性

新京报：一些女性历史学者可能选择做影视史、服装史研究，而制度史研究领域显然男性学者更多。在这种环境下，身为女性，你会不会觉得自己要比别人付出更多的努力才能获得同样的认可？

邓小南：这可能是一个现实的问题。女性学者相对来说情感比较细腻，观察问题敏锐，领悟能力强，所以做影视史、服装史或者社会生活史，或许有男性比不了的长处。这些优势若能充分发挥，肯定是一件好事。

但是任何一个学术领域都不是按性别绝对区分的。我曾经在北大历史系开设"唐宋妇女史"研究生课程，班上一半是男生，一半是女生。2003年我主编的《唐宋女性与社会》一书，其中收录的研究也是一半出自男学者，一半出自女学者。任何话题都不是某个单一性别的专利。

读书时，女生成绩通常不比男生差，但是进入学术领域后，特别是中年以后，女性学者确实容易受到更多限制。首先精力是个问题，像我母亲去世早，父亲老了，作为女儿我就会投入更多精力在老人身上，而孩子又小，我也要尽到母亲的责任。孩子不满两岁，我先生出国留学，我也觉得应该支持。对于人文学者来说，时间其实是非常重要的，而我要买菜、做饭，老人、小孩……处处都要照顾到。如果你希望有一个完整、和睦的家庭，肯定要花费很多时间，这也是对家庭的一种责任。

这些时候，我会感觉到自己跟男性学者相比，确实不尽相同。同时毕业的同学里，男性有了孩子以后几乎不受牵累，学术精进，可是女性就明显受到影响。但我觉得这并不是女性学者畏葸不前的理由。有些女性会主动选择比较舒适的区域，并不是说她在能力上一定不如男性学者。现在人文学科的本科生中女生数量已经超过了男生，到硕士阶段男女数量也许差不多，到博士阶段女生就少了，一辈子坚持做学术的女性可能比例就更少。其实不是女性真的没有学术能力走下去，更多时候是个人的选择。我觉得在现有条件下，这种选择也无可厚非。

新京报：我接触的年轻女性学者会告诉我，因为目前非升即走的制度，她们在晋升副教授之前是不敢成家、不敢生育的。所以对她们而言，是被迫做出人生选择的。

邓小南：女性学者会有许多特殊的辛苦，我自己怀孕、生育期间就是忙着在写硕士论文。目前的考评制度确实也有不合理的一面。作为女性学者，既然选定这条路，就要有咬紧牙关的劲头。只要方向对，总会有收获，苦在其中，乐也在其中。社会体制、大众观念对于女性来说都有不利的一面，但不至于完全没有空间，可以争取往好的方向发展。

将来的女性整体能够走多远，很大程度上取决于现在的女性如何争取自己的地位。争取地位不是要上街游行，而是要让人看到你的坚持、你的能力，看到你对社会的贡献是不可或缺的。

在我很小的时候，我母亲就对我说，女孩子将来必须得有自己的事业。那个时候我其实不太理解她为什么要对我说这个。但是随着年龄增长，我开始明白，某种程度上她是为了我父亲牺牲了她自己。当时他们两人都考上了大学，本来她也是有机会进入学术界的。可是家庭生活没有来源，当时我姐姐出生不久，所以我母亲就没上大学，选择了当小学老师，挣一份钱养活全家。

不能给父亲丢人，
是一直的压力，也是一直的驱动力

新京报：就你个人而言，你是什么时候对自己的女性身份产生感知的？是否曾为自己的性别感到过困扰？因为在一篇学术自述中你写道，父母为你取名为"小南"，而没有随两位姐姐排行，你曾感觉他们强烈地想要个"小男孩"。

邓小南：其实小时候我并没有这种概念。我和上面一个姐姐差了十五岁，后来才知道，我们俩中间有过一个男孩。当时赶上抗战，孩子早产，没有活下来。等到抗战结束回到北京安定下来，父母可能还是很想要一个男孩。但我小时候并没有人跟我说这些。

"文革"结束后，我为"小南"这个名字问过我父亲，是不是想要一个小男孩；他说这是派出所警察给起的名字：小囡。后来发现我大姐在我出生时——那时她已经十九岁了——在日记里写道，爸爸妈妈给小妹妹起名叫"小南"，说明他们还是重男轻女。至少她也觉得是有这个意思的。

好在我父母那一辈人，认同"男女都一样"这个观点，所以也并没有给我什么压力，让我自由自在地成长。我从小没太把自己当成"女孩"。上小学的时候，总在大院中、胡同里跟一帮男孩到处跑，玩弹弓；也会和女孩一起画画、过家家，但是好多女孩喜欢的绣荷包、编玻璃丝，我都不擅长。到了上中学、上大学，在学术方面，好像男生能做的我也能做，没感觉自己哪个方面比他们弱。

新京报：虽然你不是因为父亲而走上宋史研究的道路，但在外人看来，你仍然属于"女承父业"，这种想法会不会给你带来压力？

邓小南：肯定是有的。比如我考上北大历史系，我就怕别人会觉得是我受到父亲的照顾。其实高考没有"照顾"的可能，而且1978年高考我分数挺高，但还是担心同学里说起我爸爸是谁。

我们本科班上不少同学跟着王永兴、张广达两位先生读书，好几位准备考隋唐史的研究生。但是一位老师能招的研究生是有限的，我就觉得不要内部竞争，于是转向考我父亲的宋史方向，当时确实感觉有很大的压力："你怎么考你父亲的研究生？"其实那次研究生考试既不是他出题，也不是他阅卷。

我之所以后来没读博士，也是这个原因。博士生考试一般不会统一命题，都是导师直接命题、改卷，我也担心外人会有质疑——确实一直有压力。

现在我也特别怕人家说我是"家学渊源"。因为我小时候父亲一直因为"白旗"而被批判，从来没在家中对我有特别的指点传授；"文革"开始时，我才上初三，之后十年我都在下乡，回来以后已经二十七八岁了，其间一直没有浸染"家学"的真正机会，没有那种环境。所以的确说不上"家学渊源"。

张广达先生有一次在海外接受采访时说："小南现在是北大研究宋史的主力。但是她是自己干出来的，我必须替她说一句，她固然有家学，但是由于种种原因，主要是由于政治运动，她父亲并没有单传给她一些什么没传给别的学生的东西，今天小南的业绩纯粹是小南自己努力做出来的。"我真是由衷感谢张先生的理解。

新京报：我能感受到你给了自己很大的压力。你在《祖宗之法》一书的《赘语》中写道，"我曾经不止一次想过，父亲在晚年是否曾感到精神深处的孤寂。作为女儿，我从学业到处事，都不曾使他满意。

这种愧疚，直到今日仍在啮蚀着我的心。"我觉得你是过于自谦了。

邓小南：这本书出版后，我送了一本给上海师范大学的一位老师。她带回家后，她先生翻看了这篇后记，叹了一口气说，当名人的女儿真不容易。确实是会有这种压力，但是这种压力某种程度上也是驱动力，我会觉得自己不能辜负这些期待。

现在的研究条件不同了。在某些特定领域我们可能超越前一辈学者，但是很难再有他们那样一种气象。我父亲那一辈是胡适、傅斯年、陈寅恪的学生，亲炙大师风采；而我们是按部就班上一门一门课训练出来的，所以还是会有很大不同。

新京报：这种压力或者说自我期许会影响到你和父亲的关系吗？

邓小南：我上大学后一直住校，我继母出国后我才住回朗润园家中。1997年我父亲病倒住院，我和姐姐每天陪在他身边。当时他的精力已经不行了。我看着他，尽管已经枯槁无力、那么无助了，满心想的还是学术。那段时间我体会很深，对我内心的感染是非常强的。

新京报：他有向你提出过对你学术上的期许吗？

邓小南：他没有明确提过。但是我能感受到。比如我们硕士答辩时，他指导的学生中有三位是同时毕业的，其他两位硕士的论文他都改得非常仔细，一位同学说，"红字比黑字还多"，对我就没那么仔细。但是毕业答辩时，其他评议老师对我的论文评价挺高，他还是非常高兴。我觉得他内心还是有很多期许，但嘴上并没有说出来。

我从美国回来后，系里让我做班主任，还让我额外教一门专业英语。虽然我去过美国，但这跟教英语完全不是一回事儿，而学生们也正处在躁动时期，所以那时候压力挺大的。我刚从国外回来，满心满意想要写点东西，却一下子碰到这些意料之外的事情。我父亲一方面也觉得，怎么这么多事儿；可另一方面，他又找到报纸上"如何当好班主任"一类文章拿给我看。其实他还是记挂着我的工作，但是他不会说什么。

新京报：对于你的后辈、对于年轻学者，你会有怎样的期待和建议？

邓小南：学界的希望，在青年人身上。非常简单：首先要选择好自己的道路，其次要合理安排。年轻教师面临多方面的压力，也面临许多选择，而时间是有限的，这就需要权衡：是要把更多的时间放在教学上，还是把更多时间放在科研上，甚至于放在自己的家庭生活上？实际上，这些抉择并不一定排他，可能像是"弹钢琴"，各个节点侧重不同，都是面对特定情势做出的安排。在你选择的这条道路上，要尽量能够走得好，走到底。我们的人生道路，最终就是由这些选择构成的。

陆晔：
『可见』，
是社会身份建构的第一步

采写―肖舒妍

陆晔，复旦大学信息与传播研究中心副主任、新闻学院教授。华中理工大学工学学士，北京广播学院法学（新闻学）硕士，复旦大学法学（新闻学）博士，香港中文大学博士后，美国南加州大学富布赖特访问学者。主要研究领域为媒介社会学、新技术、影像与日常生活。合撰有《成名的想象：社会转型过程中新闻从业者的专业主义话语建构》《"液态"的新闻业：新传播形态与新闻专业主义再思考：以澎湃新闻"东方之星"长江沉船事故报道为个案》《走向公共：新闻专业主义再出发》《短视频平台上的职业可见性：以抖音为个案》等论文。

五月底接受采访时，陆晔刚从北疆回来。她跟随痛仰乐队，前往新疆阿勒泰地区参加了一场为乡村医生和牧民举办的公益音乐会。音乐会不需要门票，带上牧区所需捐赠药品清单上的一种即可入场。有上百位乐迷像陆晔一样，用大大小小的行李箱拖着各种药物从全国各地赶来，和当地哈萨克牧民以及跟随牧民游牧的乡村医生一起，在露天的巨石阵中观看痛仰乐队和新疆本土音乐人带来的演出。

回到上海，陆晔为这次北疆之行写下一篇手记。在手记的末尾，她写道："我很羞愧。我这种知识分子总是缺乏行动力，想得太多，做得太少，偶尔想做点什么，也总是十分笨拙。"

平日生活在上海的陆晔，是复旦大学新闻学院的教授。她的名字，对新闻学界之外的人可能显得陌生——她鲜少接受采访，即使这次采访，她坦言自己在答应之后也曾后悔连连，觉得学者以学术作品说话，不必走到台前；但新闻学专业的学子，少有没读过她的论文、没用过她编的教材的。

2002年，陆晔与潘忠党教授合作发表《成名的想象》，将关注点放在新闻专业主义话语体系的建构和新闻从业者的自我认同，即对"成名的想象"上。这篇论文发表之后，引发了业内的广泛讨论，尽管赞美者有之、批评者亦有之，但在新闻专业主义相关文献中，这篇论文的累计引用量至今仍是最高的。

此后，随着互联网社交平台的兴起，新闻生产不再像过去由机构媒体把控，陆晔又发表了"液态新闻业"等相关研究，探索传播方式和传播主体的改变对新闻业的影响。而现在，城市影像，尤其是短视频传播成为陆晔的研究重点。在她看来，短视频使得大量普通人在社会生活中变得"可见"，进而得以与公共生活建立联结、改变命运。

对于这种"研究转向"，陆晔却自认从未改变最初的学术志趣：自1994年博士毕业之后，她就将"媒介社会学"作为自己的学术研究方向，无论是最初研究新闻编辑部，还是之后研究"液态新闻业"、现在研究短视频传播，都属于"媒介社会学"范畴。所谓"转向"，只是她的研究对象发生了变化，而研究对象的变化，不是她本人的学术志趣有所转变，而是她所关注的新闻行业本身即处于剧变之中。

尽管自嘲"我这种知识分子总是缺乏行动力，想得太多，做得太少"，陆晔在学术研究内外，却一直处于行动之中。她强调实证研究，大部分课题都建立在大量田野调查的基础之上。在采访中针对一些新的传播现象，她总是谨慎地回答，"没有经过实证，我不敢妄下结论"。

陆晔曾几次前往贵州海嘎小学，探望一群因一条短视频而走红的玩摇滚的女孩。她目睹了女孩们在摇滚乐中获得的快乐与自信，持续关注着女孩们从小学升入初中，并期待着她们走向更大的世界、改变被轻看的命运。她说："至少这些女孩可以读到高中毕业，至少这些玩过电吉他、打过鼓、玩摇滚的女孩，不会像自己的妈妈一样被家暴。"

对于这群女孩的特别关注，既是出于学术研究的需要，也与陆晔的生命体验和公共关怀一脉相承。尽管不是专门从事性别研究的学者，陆晔在日常生活、学术田野中总是本能地关注着女性个体的命运。当意识到一些曾经遭受不公对待的女性因为新的媒介传播方式而被看见、被关注，脱离肉身，甚或摆脱性别差异，这种感动便成了陆晔进一步研究的动力。

PART 1
新闻学：理论与反思

"看见"被影像改变的命运

新京报：你在2018年主编出版了《影像都市：视觉、空间与日常生活》一书，这本书关注到了影像都市、户外大屏幕、真人秀和秀恩爱等几个当时新兴的传播学话题。你为什么会选择影像传播和城市影像作为研究对象？

陆晔：《影像都市》不是我自认为重要的学术著作，它是过渡时期的产物。它的价值在于其中有几项比较重要的观察，尽管理论部分我特别不满意。

首先是关于上海世博会的研究。过去博览会多以实物作为最重要的展品，但是上海世博会的影像展品数量超过了实物，这在世博会历史上是第一次。当时所有需要排队的展馆都是主打3D、球幕、沉浸式影像的展厅。这就带来了一种新的情况：过去我们对外部世界的理解，除了旅行和阅读，最主要的方式就是去博物馆观看实物，当这么多人从全国各地涌来，我以为最宝贵的收藏当然是非洲远古的木雕,但游客们却说,我不想看那块木头,我想看3D、4D的片子,这更直观。影像的过人之处在此初见端倪,而现在人们已经在讨论虚拟旅行这个概念。影像成为社会重要的表达方式,这项研究对我个人的重要意义在于,我们开始看到了一些新的、原来的新闻编辑部研究覆盖不了的部分。

此外这本书中还提到户外大屏幕的研究。过去我们一直认为大屏幕是外在于城市建筑的。先有建筑,之后再竖立广告牌和霓虹灯,但是当时我们忽然发现,越来越多的人把大屏幕看成城市建筑本身的一部分,相当于一层电子皮肤,不是先有建筑才有大屏幕,它们就是一体的。这是挺重要的一点认知,和我之后关注短视频是有关联的。

最初我们的好朋友澳大利亚墨尔本大学公共文化研究中心斯科特·麦奎尔(Scott McQuire)教授等人做大屏幕研究时,他们会认为城市中间的大屏幕把过去主要存在于私人空间(比如客厅中的电视)的影像拉入了公共空间,并且它的视觉刺激格外强烈,这一定会对人的认知产生某种影响。我的研究和他们的研究具有一定关联性,但是我的重点不在于大屏幕本身,而在于人们的观念如何被大屏幕改变,比如有被访者会把大屏幕和现代性联系在一起,认为大屏幕就是都市空间的一部分。

新京报:《影像都市》中所涉及的影像还带有一定的生产门槛,比如上海的城市宣传片,而现在更多的影像掌握在了普通人手中,例如在短视频平台上爆火的"宇宙中心曹县",如今从技术到视角都存在一种"下沉",你怎么看待这种变化?

陆晔:我觉得"内容下沉"是一个商业词汇,我不喜欢这个词。

新京报：或者可以称之为"去中心化"，不再只有北上广这样的一线城市才有条件、有能力通过影像出现在我们面前，像曹县、义乌这样的小城市同样可以通过影像的建构以其自身的魅力出现在人们的眼前，获得人们的关注。

陆晔：对，更多关注短视频平台之后，特别打动我的部分，就是其中的普通人。他在现实生活中可能一辈子只有周围五十个人认识他，但是在社交平台上，他不需要变成网红，只要有三百个人看他，他的生活就不一样了。

出现这种情况，与技术的发展是有密切关系的。当我们在农村边远地区调研时，会发现许多边远地区看电视的问题始终没有解决，却直接跨到了看短视频的阶段。电视问题没有解决的原因有许多，比如信号不好，即便有了广电总局的村村通工程，家家户户安装了卫星接收器，但是电力仍然不稳定，对于普通农民而言电视机也还是挺贵的。

说起来应该感谢互联网，感谢中国三大运营商的竞争，感谢智能机，同时也感谢整个社会的大流动，因为背井离乡的人们需要和家人沟通，所以家里的老人和远在他乡打工的年轻人，都有了能用得起的智能机。此外在影像方面，抖音和快手的机器学习和人工智能技术确实领先全球，操作上不需要太多学习，打开摄像头一键拍摄、自动美颜、自动加背景音乐、直接上传，全部可以解决。

新京报：社会对短视频的接受，似乎也有一个观念变化的过程。2016年一篇名为《残酷底层物语：一个视频软件的中国农村》的文章广为流传，它以一种悲情和怜悯的视角审视短视频中的乡村生活。而现在人们对短视频的接受程度、认知观念和当时大不一样了。

陆晔：我没有把握下这么大的结论。就个人观察而言，首先，不能因为一篇文章火爆，就判定大家都是这么认为的，"人们怎么看"，要分"人们"是谁，当中产阶级觉得快手低端的时候，其实快手老铁们自己玩得挺高兴的，人家也不在乎你怎么想；其次，我觉得短视频用户挺多的，再加上"快手同城"的功能，你能够看到自己周围的人在干什么，这就建构了一种新的传播和文化样态。

至少有一点是可以肯定的：有这么多以前不敢想象自己能够被别人看见的人，在今天被别人看见了。比如说我见过快手上一位名为"爱笑的雪莉吖"的贵州女孩，她没有考上大学，只能回乡务农，但是她长得挺好看，人也特别开朗。她的表弟就用手机帮她拍摄赶牛犁地的短视频，结果她拥有了百万粉丝，她现在准备开民宿了，也拿到了金龙鱼的代言，有了一定的广告收入，她的生活就真的改善了，这种东西是实实在在的。

新京报：可能最近最有说服力的例子，是理塘丁真因为一条视频被全国网友熟知，获得了工作也推动了理塘的旅游产业。有网友提出，丁真是真正的"民选帅哥"，仿佛网民的力量成了一种新的民主形式。

陆晔：我觉得不要上升到那么高的价值，还是有商业因素在其中。所谓"民主的力量"，这种结论可能太过草率，因为所有的一切也可以分分钟没有。但如果你看到山东的快手村，贵州的"侗家七仙女"，本来在当地妇女地位是很低的，如果她们要带孩子，没法出去打工，在家中的地位就更低了，但是由于她们能够直播带货，不用出门就能挣着钱，婆婆对她们也另眼相看了，老公对她们也得客气两分。

你看到他们在公共生活中开始出现，他们可以有自己的方式和新的媒介技术产生连接，同时在个人层面他们的命运改变了。这是短视频的公共价值在今天的重要体现，它让更多的人能够走出来，通过个人的"performance"——我称其为"展演"——使得一些社会群体的"可见性"增加了，而这种可见性的增加，一方面让社会公共生活更多元了，另一方面确实可能像你说的，让今天的人们对社会的多样性变得更宽容更理解了，但是这方面因为研究不够，我不想概而化之地去下结论。

我觉得至少他们被看见了。媒介社会学为什么关注所谓"可见性"？因为"可见"是社会身份建构的第一步，只有"可见"才能使个体或群体成为一个社会角色，参与社会公共生活。

从"新闻编辑部"到"液态新闻业"

新京报：许多读者最早知道你，是因为你和潘忠党教授合作的《成名的想象》，但现在你的研究更多集中在了短视频传播，为什么会产生这种转向？

陆晔：我不觉得自己有转向。从我博士毕业开始，我对自己的学术定位就是媒介社会学，如果更狭窄一点，则是新闻生产社会学。其中大家比较熟悉的，是对于新闻编辑部的研究。在大众传媒时代，机构媒体所代表的新闻业，是整个社会公共知识生产最重要的部分。一个现代社会要正常顺滑地运转，所有人共享一些公共知识是必需的。正如哈贝马斯在《公共领域的结构转型》一书中所言，商议性民主最重要的基础之一，是拥有关于社会的公共知识，然后我们才能够协商、才能够理解、才能够达成共识或不达成共识，最后推动社会朝着某个方向发展。我当然对新闻业有着浓厚的兴趣，但我的落脚点其实是新闻业在公共空间对公共生活的影响。我早年的重点是在新闻编辑部，你所说的转向，可能是我的研究对象发生了变化，但这不是我要转向，而是整个行业在发生变化。

在今天，新闻编辑部当然还在运作，机构媒体依然对当下社会发生着影响，但是在公众这一端，我所观察到的变化是：

第一，对于公众而言，人们还看新闻，但是不再关心这条新闻是由哪家媒体生产的了。我们不再像过去一样，对消息来源有一个明确的界定，比如我是读报的、我是看电视的、我是听广播的，我看的是中央电视台还是上海电视台。今天我们所有重大消息的来源都是社交平台。大部分人不是注意力分散，而是接收渠道改变了，人们看的内容可能依然是中央电视台、财新生产的，但他们不知道，他们只依赖于聚合式新闻平台所提供的内容，或是社交媒体上周围的人对他造成的影响；

第二，从社会生活来说，在过去，个人的公共表达非常受限，无论是信息还是意见，只能通过几个有限的渠道，但今天不是了，抖音、快手等平台为每个人提供了表达渠道。

面对这种传播环境的变化，我个人觉得对于传统机构媒体新闻编辑部的研究，在理论上难以再有突破。对我个人而言，2016年我所发表的"液态的新闻业"和2018年发表的"媒介融合和协作式新闻策展"在理论方面几乎是到头了。

所谓"液态新闻业"，就是指整个新闻行业和社会状态已经改变。这一方面体现在新闻生产者的"液态"：新闻不再由一个固定机构所控制，在某个特殊节点上，所有人都有可能成为新闻从业者。

在流动的现代性中,"液态"可能就是常态。同时我们发现,公共知识的生产现在可能出现在今日头条等聚合式新闻网站,或抖音、快手这类短视频平台上。所以我觉得研究对象的转变是自然的,但这依然属于媒介社会学的范畴,我依然关注社会公共生活,依然关注信息流动和知识生产如何与公共生活发生关联。

迄今为止,对于这种新的传播样态,我们还需要有更多系统性的研究。这种新的传播样态是多中心的、去中心化的、低门槛的。过去影像生产的门槛是很高的,但在今天,有那么多短视频剪辑软件可以选择,帮助你生产、剪辑视频,这到底给中国人的社会生活带来了哪些变革?我认为这方面的经验研究还远远不够。

新京报:媒介社会学所身处的学科环境,以及它所面对的新闻生产业态都一直处于快速变化之中。作为一门学科,它本身不变,或者说最核心的一点是什么?

陆晔:不是说媒介社会学本身不变,而是关注社会的理论视角中有一个要素是不变的,即"人如何认识外部世界"。落到具体的部分,就是所谓客观真实、主观真实和媒介真实的关系。这样一种关注本身,是有它的一贯性的,人类认识外部世界,然后通过对外部世界的认识反观我们自己,最后达成社会的连接。但在不同的理论路径之下,存在着不同的看法。

如果从结构功能主义的角度来看,媒介社会学中有大量的讨论是把媒介和媒体技术看成社会构造的一种,先有社会然后才有媒介技术在其中运作,社会是和人一样的有机体;但是从现象学的角度来看,就不是这样。它不把社会看成是外在于人的,只有人类主观感受到的社会才是有意义并值得讨论的;而从建构主义的角度来看,它关心的是社会是如何通过传媒,来建构起一种知识生产或文化的。

媒介社会学没有统一的定义,有许多不同的理论脉络和理论来源,但是我觉得它最核心的部分——如果套用米尔斯《社会学的想象力》,它关心的依然是"社会"和公共性的问题。

新京报:但是所谓"公共性"又该如何判定?例如近期兴起的"公共艺术",和新闻传播之间也有大量的共通之处,"公共性"的界线似乎是模糊的。

陆晔:当我们在谈论"公共性"时,其实也有不同的理论脉络。哈贝马斯在《公共领域的结构转型》一书中,画了一个等边三角形。我们最熟悉的可能是哈贝马斯的商议性民主,他的"公共性"是开放的公共领域,由各种公民之间的对话构成,关注的是协商,而协商需要达成共识,才能导向行动。

但是同时你要注意到等边三角形的另外两条边:一条边是阿伦特对公共性的讨论,在《人的境况》一书中,她的公共性重点在与私人领域相对的社会世界,所谓"仿佛一张桌子置于围桌而坐的人们之间,这个世界,就像每一个'介于之间'的东西一样,让人们既相互联系又彼此分开"。相较于哈贝马斯的话语协商,阿伦特更强调最大限度的公开性和对"积极生活"的追求。第三条边是桑内特,在《公共人的衰落》一书中,他特别强调具体的城市公共空间的所谓"共在","一种和自我及其直接的经历、处境、需求保持一定距离的行动",关注在同一个现实公共空间之中非人格化的现代公共性。所以当我们谈论公共性时,需要先界定我们讨论的是哪个公共性。

新京报:近期我也关注到了大量公共艺术的实践,这种与公众相关的艺术创作，关注当下、反映当下，甚或兼有信息传递的功能，其实某种程度上已经进入新闻的范畴，那么公共艺术和新闻传播的边界又在哪里？

陆晔：传统上人们认为的公共艺术，可能只是在公共空间中的艺术品，比如城市雕塑，但这个概念远远不够。在今天的社会生活中，在我看来，只要是发生在公共空间中，以公共审美和审美实践及参与为目的的存在，都可以称为"公共艺术"。

但是你说的我非常同意。在当下，互联网社交平台传播的便利性，使得大量公共艺术的实践，从诞生开始就和传播活动联系在一起，如果没有传播，它就几乎没有公共价值。在这种情况下，公共艺术和新闻传播就有了一些重合或冲突，我觉得这是好事，新闻传播这个概念本来就不是一成不变的。

"液态新闻业"最重要的前提是，整个社会生活的边界被打破了，"跨界"成了一件稀松平常的事。在这样的前提下，过去由机构媒体决定新闻生产的那一套观念和新闻的生产方式，与现在全民参与的影像化视觉方法，有本质的不同。这不像过去从报纸到广播、电视的迭代，那其实还是一点对多点的大众传播，而现在的传播是多点对多点，每一个人参与其中的程度也是截然不同的，这就像马克·波斯特在《互联网怎么了？》这本书中的一个比喻：你如果拿互联网和传统媒体作比较，就相当于拿互联网去和水电站作比较。

当我们在谈论公共艺术和新闻传播的边界时，这个技术前提是特别重要的，否则无论是公共艺术的作品，还是公共艺术的实践，只能像过去的艺术品一样等待媒体报道。而现在，它们可以高度参与社交化、多点对多点传播，它们本身既是艺术，也是新闻传播，不再需要大众媒介的呈现。

不光是当代艺术，过去学术研究只能发表在学术期刊上，学术传播也要先通过大众媒介，而现在学者可以直接面向公众，既是新闻传播，也是学术传播。比如学者通过发微博，不需要报纸便可直接面向公众发言。所以公共讨论的边界都被打破了，这是发生在全社会的。

新京报：新闻传播学是否存在一个悖论，它所关注的对象永远在更新迭代，而研究往往落后于现象，理论又往往落后于研究？

陆晔：我觉得不能这么说。首先理论并不完全是解决实践的，也不能说理论永远落后于实践。其次，作为知识分子，当我们面对社会生活、关注社会现象时，我们当然是要建构理论，而不是试图用旧的理论去解释它。做研究的目的是通过新的现象来发展新的理论，而新的理论会对社会有更普遍的价值，对人类认识世界有新的贡献，所以并不是研究永远落后于现象。

你说新闻传播学科研究落后于实践、理论落后于研究，这个印象是对的，但这个印象是针对我们目前所身处的新闻传播学科，我们自己的学科基础太弱了。我们研究确实做得很好，但这不是理论该有的样子。看看麦克卢汉，看看人家卡斯特上世纪九十年代写的《网络社会：跨文化的视角》，他们提出的理论到今天不仍然有效吗？

我记得我读博士的时候，我的导师经常说一句话，一方面业界常会觉得理论不联系实际，但是同时我们也要看看业界实践是不是完全违背理论。新闻传播学研究，不能完全在学术的范畴里讨论，我们做得不好也是有原因的。但是做研究的目的不是为了验证旧的理论，而是发展新的理论，而新的理论不论是对实践还是对研究本身，都应是有启发、有见地的。

PART 2 性别身份、女性境况与未来期许

对女性议题的关注,与个体的生命体验一脉相承

新京报:你在论证短视频如何使普通人在社会生活中"可见"时,使用的多是女性改变命运的例子,你的性别身份是否会对你的研究产生影响?你如何看待自己的女性身份?

陆晔:我觉得这个问题可以分为三个层面。第一个层面,我个人比较幸运,女性性别身份没有对我自己的学术生涯造成太多困扰,我没有因为结婚生子就遭遇职场停滞期。因为我的工作性质,我能够一面带孩子(所谓"履行母职")、一面写论文,但这是由我工作的特殊性所决定的。

第二个层面,在我个人比较幸运的同时,我会看到系统性存在的问题。因为我本科是工程专业,女生特别少,对于女性身份我就会比较敏感。永远有人会问,女孩子你学那么好干吗?女孩子你学什么数学?女孩子你开什么公司?永远有这种声音。因此我很早就有这种自觉,很早就有这种需求,去打破这种刻板印象。比如在新

闻学科,女性特别多,但是我们来看看,每所新闻学院的院长有多少男性、多少女性,学术委员会主席有多少男性、多少女性。在媒体界,问题同样存在,大量记者是女性,但在编委层面又有多少女性?

一个例子,新冠肺炎期间,每家媒体都在向武汉派驻记者,某家媒体便让各位记者报名,并补充,"女生就不要去了"。编委群中可能唯一的一位女性编委提出了反对意见,"在这种时候,我们应该看的是记者单兵作战的能力,而不是性别",但是大部分编委都是男性,首先他们会认为你太敏感了,其次他们会认为女性"不方便"。此前也有过类似的情况,南极科考队需要邀请媒体跟踪报道,并没有对随行记者提出性别要求。但是到了媒体下发的通知,就成了派驻一名男记者,最好还是未婚……这种事情每天都在发生,尽管我个人比较幸运,但系统性的问题是一直存在的。

第三个层面,我当然会从性别角度出发看待我的研究。尽管我不可能每一次都只关注性别议题,但是这根弦我始终绷着。在搭建理论框架时,由于我不是专门做性别研究的学者,所以我也许不会直接把性别作为研究对象,但我会以别的方式在我的学术生涯中提出这个问题。换句话说,不管是做"成名的想象"研究,还是做"液态新闻业"研究,我关注的主要是新闻生产和社会公共生活,性别没有作为主要的考量,因为我不是做文化研究或性别研究的学者,但是我在其中关注到的问题,会在其他时候——比如课堂或公共发言中——提出。

我确实会本能地更多关注女性的命运。这也是为什么,尽管我在做短视频研究时关注的是职业可能性的问题,但在做学术演讲和公共演说时,我会大量引用女性的例子。快手上的"老四"(老四的快乐生活)和"手工耿"也很可爱,但我会特意强调的却是"爱笑的雪莉吖""侗家七仙女"和山东快手村的妇女。对女性议题的关注,是和我自己的生命体验、我对公共问题的关心一脉相承的。

新京报:你可以讲讲自己在实地研究中遇到的女性改变自身命运的故事吗?

陆晔:我此前和痛仰乐队一起去过贵州海嘎小学,他们有个摇滚乐队,是指导老师拍了短视频上传抖音、快手火起来的。除了乡村小学唱摇滚这件事儿很牛之外,更牛的是唱摇滚的是一群女孩儿。要知道贵州当地是特别重男轻女的,扶贫工程的公路修到了寨子边上,但是民居散落在各处,住在最高处的村民走到公路要花二十多分钟,再沿着公路走到寨子中间的学校就要一个多小时。在外面打工的父母,会给钱让留在村里的爷爷奶奶雇摩托车送家中的男孩一早去上学,而女孩们去上学就得自己走这么远的路。

我在海嘎小学问过,为什么最开始的两支乐队全是女孩?他们说,其实老师是男孩女孩一块教的,但是学琴其实挺苦的,男孩坚持不下来,女孩子却可以。每天走两小时山路上学的苦,她们都可以坚持,学琴根本不算什么。此外,男孩在家中受到的关注更多,情感上的缺失比较少;而对于女孩来说,乐队就是她们的家,她们可以在团体中找到陪伴和情感支持。在乐队中,有人重视她们,有人陪她们聊天,在这里她们才能实现自我的价值。

这是一个少数民族聚居的寨子,百分之六十的村民都是彝族。最开始县里领导也来看过——"你们一帮少数民族的学生,玩什么摇滚,玩什么电子乐器?你们跳竹竿舞、唱饮酒歌就好了。"但是海嘎小学的校长特别支持,摇滚乐队也就延续了下来。

最初的两支乐队,每支乐队有五位成员,全是女孩。第一支乐队,老师一开始看女孩们都长得挺漂亮,就想为她们取名为"五朵金花",女孩们拒绝了,她们给自己取名为"遇乐队","因为我们遇见了老师,遇见了音乐"。第二支乐队叫"未知少年"。我问她们:"你们都是女孩,为什么不叫少女?"她们说,"我们为什么不能叫少年,非要叫少女?"我当时特别感动,这帮小孩儿是天生的女性主义者呀!乐队中有一个女孩,她的父亲一直家暴,她就非常想走出家门,而只有在乐队里,她们才能看到走出去、进入外面世界的可能。

她们的命运是真的改变了。我们去的时候,第一支乐队已经小学毕业,进入了镇上的幸福学校念初中,其中四个女孩成绩在年级前十,乐队主唱稍微差一点,也有年级前三十。老师希望她们能读高中、能上大学。如果没有这样的机缘,或许她们小学毕业就该嫁人了。

第二支乐队因为在之后获得了更多关注,贵州六盘水市最好的中学将她们作为艺术特长生招了进去,专门为她们聘请了音乐老师,学费全免,有直接打进饭卡的生活费,一年还有四套校服,两套冬天的,两套春夏的,全部免费。

2021年元旦之前,我去看望她们。本来有点担心她们会不会功课跟不上,想告诉她们好好学习,结果去了之后发现,所有的姑娘全长高了,全长胖了,两个小脸蛋红扑扑的。她们对我说,"老师你跟我们一起吃饭,食堂可好了,我们有饭卡","老师你知道吗?这边的白米饭是可以随便吃的"。很难想象,此前我们去家访时,到了那个小女孩家里,她奶奶就从山下拿来一盆土豆,我都不好意思吃,觉得我们一顿吃掉了人家三天的土豆。

之后她们的老师告诉我,有镇上的厂矿请她们去演出,给了三千五百元的出场费,五个孩子每人分到七百元,小学乐队老师帮她们管着这笔钱，如果她们需要用钱就可以和老师说。我看到每个女孩都买了好看的发卡，特别可爱。

至少这些女孩可以读到高中毕业，至少这些玩过电吉他、打过鼓、玩摇滚的女孩，不会像自己的妈妈一样被家暴。我觉得这就是互联网的意义，这就是多中心传播的意义。而我的女性身份让我格外关注这些女性。我的学术经历、我的生命体验、我所有的人生都无法和女性身份剥离。

互联网的存在，让女性得以超越性别、摆脱肉身

新京报：你此前曾公开表示，不太赞成在作家、科学家等职业身份前加上"女性"一词，为什么？

陆晔：对的，我不赞同。这是我们每个人都会面临的情况：不管是好事还是坏事，"女性"必须强调出来，"男性"从来不用强调。因为人们默认男性是第一性，是一个标准，而女性则是打破了这个标准，所以需要强调。所以你犯了错误，因为你是女司机；你取得成功，也因为你是女学者。

而在男女性别之外，还有许多其他的性别，所以我个人会有意识地拒绝性别身份。这背后的立场是我反对性别的二元对立，我反对所有的二元对立。我相信不管是职业成就还是撞车的事故都和性别无关，只和个体有关。

新京报：但在另一方面，对于女性的强调是由于此前女性的被忽视。比如"Black Life Matters"（黑命攸关）运动就不意味着其他

种族、其他肤色的人就不重要，正是因为本来所有种族应该同样重要，可是黑人感觉到他们被过度忽视了，所以才要特别强调。

陆晔：我觉得这不矛盾。当谈论一个个体时，我们不应该给Ta贴上性别标签，但在谈论这个群体时，我们必须看到这个群体被系统性地压迫了。而女性主义议题是在普遍意义上来谈的。

我认为年青一代女性对于性别问题、种族问题的考量，这种多元、平等、尊重个体权利的观念，绝对是社会文明和进步的表现。她们的表现特别出色，特别令人高兴。有一天我在微博上看到一个女孩抱怨：都说girls help girls，女孩帮助女孩，怎么我遇到事儿就没有人帮我？结果一大群人留言：当我们说"girls help girls"时，我们是要求自己做前者，看到姐妹有问题出手相助，而不是做后者，等待别人的帮助。这句话的重点在第一个"女孩"，而不是第二个"女孩"，我觉得特别棒。

在当下的公共讨论中你会发现，这些议题得以浮现，被更多的人关注，尽管身处其中的每一个人对此议题的看法都不一样，但是没关系，问题的浮现有助于找到可能的解决方案，即使没有找到解决方案，我们也能在认知上明白，原来别人是这么想的，这就是进步。不论你持有什么样的观点，走出来，表达它，互相看见，彼此争论，让这个议题成为公共生活中重要的议题，这比什么都强。

新京报：因为任何社会组成都不可能是铁板一块。

陆晔：要求整齐划一这事就可疑了，危险了。我们当然要看到差异性的存在。但是对于女性而言，在社会生活的任何一个方面，当你感到不舒服时，你就要表达出来，而对方也未必是完全不能接受的，他可能就是没有想到。

新京报：你提到过，互联网的存在让我们在未来有了脱离肉身、脱离性别差异的可能，这种可能要通过怎样的途径来实现？

陆晔：我们过去的社会表达和社会身份建构，是和我们所身处的环境有巨大关联的。但是我们刚才提到的一切例子，都是脱离了肉身发生在互联网上的，如果不是那一条快手短视频被转到了微博上，海嘎小乐队不会被看见对吧？在过去，其实肯定也有人在农村玩摇滚，只是没有人知道。所以无论是男性还是女性，在互联网中都能感受到自己摆脱了肉身，许多以前无法完成的事情，在网络空间都可以完成、可以呈现，甚至于可以把在地性和全球更广泛的影响连接在一起。

再加上手机在今天成为一个界面，借由这个界面消除了过去上网和不上网的概念。我们俩现在在聊天，没有在上网，但是我们的手机在接收着来自世界各地的信息。从这个层面来讲，我们每个人都会有多个分身，在互联网上进行着不同维度的表达，借此成为我们自己。这还是挺棒的一件事，为我们打开了个人与社会公共生活之间新的连接的可能。

贺桂梅：重启人文学的想象力

采写—青青子

贺桂梅，1970年生。1989年考入北京大学中文系，2000年获文学博士学位，同年留校任教。北大中文系教授，2015年度教育部首届青年长江学者。主要从事当代中国文学史、思想史、二十世纪女性文学史研究与当代文化批评。著有《转折的时代：40—50年代作家研究》《人文学的想象力：当代中国思想文化与文学问题》《"新启蒙"知识档案：80年代中国文化研究》《女性文学与性别政治的变迁》《书写"中国气派"：当代文学与民族形式建构》等著作，发表论文百余篇。

贺桂梅的书不好读。

哪怕对于一个在学院受过多年学术训练的人，贺桂梅的学术思想始终都是晦涩、驳杂的。这和大众普遍认知的文学评论或是文学理论有所不同。她也因此被认为是"学院派"的一员。

难度首先来自语言的密度。在《"新启蒙"知识档案》的豆瓣评论页面，有读者评价她的写作是"戴锦华的压缩塑封版"。

更大的难度则来自知识层面，用她自己的话说，"别人写一篇文章讲一个观点，而我认为要解释一个观点，就要把十个观点放在一起来讲"。

今年五十岁出头的贺桂梅是北大中文系教授。生于湖北，父亲是乡村知识分子，爱好明清小说，在那个并不富裕的年代，家里有一大箱子书。那是她和姐姐们的启蒙读物。

和大多数"70后"学者一样，贺桂梅的学术经历带有鲜明的时代印记。1989年，她考入北京大学中文系。当时，中国社会正在经历新一波女性话题热潮。正值青春期的贺桂梅带着自身的性别困惑潜入其中。

在戴锦华开设的女性文学研究课上，她开始认真思考性别问题，而在包括林白、陈染这一批新兴女性作家的作品中，她找到了对自身性别困惑的指认与表达。也是在那段时期，她记下了"个人的即政治的"这句话。

如果一个人将"做女人"这件事情看成天经地义的，那么，"权力关系"这样的字眼就几乎从不会出现在她的意识中。只有当某个人意识到自己性别身份的建构性及其中的压迫关系时，"批判"意识才能产生。这也是所有强调女性主义立场的人们，都反复引证波伏娃那句名言"一个女人与其说是天生的，不如说是建构而成的"原因。但由于性别身份是如此的"自然"，因此如何理解性别身份，就如同理解无穷多样的"个人"，也是多种多样的。将个人遭遇的性别经验，上升为性别（制度）而非仅仅是个人的问题，就是一种真的"政治"行为。

指认出两性之间关系的"政治性"这个过程，我认为是性别研究的焦点之一。某种程度上，这是我所理解的现代中国女性研究的核心问题，也是我自己在从事性别研究时一直关心的问题。

——《女性文学与性别政治的变迁》

二十世纪九十年代女性文学是贺桂梅的学术起点。二十四岁那一年，还是研究生的贺桂梅凭借论文《性别的神话与陷落：关于九十年代女性文学和女性话语的表达》受到学界关注，正式进入文学评论圈。随后，她发表了包括《有性别的文学：90年代女性话语的诗学实践》《个体的生存经验与写作：陈染创作特点评析》等系列评论文章，成为当时女性文学"热潮"的一部分。

九十年代，中国社会急遽变化，文化走向多元。知识界关于"人文精神"与"后现代主义"、"新左派"与"自由派"等争论不断。在历史的岔路口，身为青年学子的贺桂梅急切地想要以学术介入现实。1993年,贺桂梅加入当时北大当代文学教研室的"批评家周末"。"批评家周末"是由谢冕与洪子诚牵头组建的,集结了包括孟繁华、陈顺馨、孙民乐等一批博士生和访问学者。

每个周末,贺桂梅都会与同伴们在静园五院相聚,讨论"当代文学的理想",研读和评论流行文学文化作品。在后来的一次采访中,她这样回忆道:"在这样的场合,我开始感受到一种自由讨论、自由交流的氛围,并且有发表自己意见的机会。对当代文学教研室以及专业的认同感也是在这种轻松随意的氛围中自觉不自觉地形成的。"

随着写作与思考的深入,贺桂梅的内心却生发出某种乏力感。"当时我明确地想到的一个词,是'枯竭'。无论就写作方式、发表方式,还是这种写作可以调用的理论、思想资源而言,我都觉得匮乏和不满,因而感到难以为继。我不满足于将自己限定在某个单一的视角中,在无法看清总体性历史结构的情形下,几乎是'自说自话'地发表批评研究。"在《女性文学与性别政治的变迁》一书中,她这样说。

与此同时,女性文学批评让贺桂梅"出圈"的同时,也让她被归置在刻板化的"女性学者""性别研究学者"标签里。为什么女性学者只能做性别研究?为什么女性学者就不能做所谓男性学者统领的研究课题?

随后近十年的时间,她几乎完全放弃了女性文学批评,走出聚光灯,转身进入文学史与思想史研究。在导师洪子诚的影响下,贺桂梅深入历史,做史料分析,试图以更为整体性的视野理解当代中国问题和文学问题。

再回到九十年代女性文学,是在她博士毕业后的一次学术会议上,贺桂梅在这次会议上提交了《1990年代的女性文学与女作家出版物》。与以往文学批评式的文本分析不同，这一回，她将女性文学中的作家与文本放置于社会语境、出版与传播的流通机制中。这也喻示着她的研究转向：性别不再被视为意义的出发点，而是作为意义机制构造的对象和场域。用学生罗雅琳的说法，"贺桂梅对女性文学研究的'重返'，开始从'以女性为目的'到'以女性为方法'"。

自此，贺桂梅明确了两条不同的研究脉络：一是对当代中国和当代文学的五个阶段进行研究，二是在女性文学研究和性别研究维度下理解中国问题。

2010年，贺桂梅出版由博士论文改写的著作《"新启蒙"知识档案》，此书被国内学界认为是八十年代研究的典范之作。在这本书里，她从八十年代所塑造的近四十年的新启蒙知识体制中跳脱出来，以知识社会学的方法视野，结合福柯、阿尔都塞的后结构主义理论，重新分析与拆解了八十年代种种思潮背后所蕴藏的知识装置。

"晦涩、读不懂……"这是当时许多人读完这本书后的第一反应。贺桂梅却并不在意。她认为，一本书的真正价值在于它对问题的穿透性。2021年，《"新启蒙"知识档案》再版，在一众八十年代研究的著作中，这本书的确仍未过时。

如今，贺桂梅已经做完当代中国五个时段的文学史研究。"人文学的想象力"是贯穿其中的理论视野。在《书写"中国气派"》和《打开中国视野：当代文学与思想论集》两本书里，她一方面延续了对于不同时段进行历史化研究的思路，同时也更为明确地打破了学科专业的分界，从阶级、民族、性别等维度总体性地讨论了当代中国与文学的核心问题。

过去几年，虽然频繁地参与专业圈内的前沿讨论，贺桂梅在一般公开场合露面的次数并不多。一次是导师洪子诚的《中国文学

1949—1989》新书分享会,还有一次是"我们时代的性别观"调查报告讨论会。后者也让读者重新见到了那个久未在性别问题上公开发声的贺桂梅。

2021年5月,我们和贺桂梅做了一次访谈。在近四小时的对谈中,我们聊了她作为女性学者,如何理解自身的性别身份,也聊了她这三十多年的学术研究历程。对于当下纷繁涌动的女性话题热潮,贺桂梅回溯并反思了中国当代历史上的两次女性主义思潮。她认为,无论是九十年代还是今天,人们对女性话题的关注始终存在"理论的失忆"。

PART 1

性别身份、性别研究与理论失忆

身为女性，个人的就是政治的

新京报：上世纪九十年代女性文学研究是你学术研究的最早起点之一。在《女性文学与性别政治的变迁》的绪论中，你提及自己"正是通过这些被称为'个人化写作'的女作家作品的讨论，清理同时也表达自己的性别体认"。九十年代也是女性话题风起云涌的时期，你身处其中，又是女性文学研究者，这一时期对你产生过哪些影响？

贺桂梅：我是1994年开始读研究生的。读研期间，正值第四次世界妇女大会在北京举办，也催生了女性话题在中国的社会性热潮。当时出版了很多西方的女性主义理论。

作为一个女学生，我当然会有很多性别方面的困惑，尤其是年轻女性遇到的困惑在之前都会被视为私人性的问题。在这样一种热潮下，我一方面学习了许多理论层面的知识，因为戴锦华老师在北大开了女性文学的课程，我也因此阅读了当时涌现出来的女性作家作品，比如陈染、林白等的小说。也是在那个时候，我第一次觉得我生活中遇到的问题是可以被清晰表达出来的，而且它们是具有公共性的社会议题。

我当时研究九十年代女性小说，也开始正式进入当代文学圈。这个圈主要偏于文学批评，所以一有新作家出来，大家就会开讨论会，围绕这些新作家、新作品写一些批评性质的文章。那时候有很多约稿的机会，但是我写了三四篇之后，就有点不想再继续下去了。我在面对这些新作家所提出的问题时，常常会感觉到那些问题不是真的问题。但当时受理论基础和判断分析能力所限，我无法穿透那个问题。因此，我在完成硕士毕业论文之后，基本上就不再写女性文学方面的批评文章了。我开始将大量精力集中在文学史的研究领域。但这也不是说我就放弃了性别研究，而是我不想老谈同一类问题。这也和当时大家对我的指认有关。我一直很反感一种说法——你是一个女性，你就只能做和性别相关的研究。

新京报：这也是很多女性学者所面临的问题。

贺桂梅：身为女性学者，我一直认为女性身份本身就是一个标签。实际上，我们每一个个体都是特别丰富的，身份也是多重的，比如说我既是一个女性，同时是一个当代的中国人，也是一个文学专业的研究者。所有男性学者谈的问题，我都应该可以参与进去。但当时我的感受是，如果我特别接受别人给我的女性标签，就意味着我好像没有能力谈那些男性学者所关注的问题。

所以我一直希望自己的研究格局不要受到女性学者身份的限制。当然在面对具体的问题时，我作为一个女性的生活经验、情感的原动力，以及判断问题的方式肯定会和男性学者有所不同，这是很自然的结果，毕竟性别身份是一种社会身份，它制约着每个男性或女性看待问题的视角和方式。

刚才我们提到一种偏见，就是说你是女性，你只能做性别相关的问题。还有另一种偏见，你是女性，所以你做的历史研究或文学史研究，就应该和男性研究者不一样。人们说的不一样是什么呢？就是说你应该是感性的、柔和的、带有抒情气息的。但我的研究就特别理性，为什么女性学者就不能理性呢？

从这点上来说，我反对性别本质主义的所有主张。就人能够达到的思考能力和思考的宽度而言，性别身份本身不应该是一个限制。

新京报：你在过去的文章中也提到，"'身为女性'这一身份和经验本身，决定着我与性别研究之间牵连不断的关联"。能具体展开讲一讲吗？

贺桂梅：这其实涉及我为什么会关注女性和性别问题。我们都知道，性别身份是一种社会建构的身份，也是构成自我最重要的一个维度，它的影响几乎渗透进生活的方方面面。

我们在成长过程中会经历无数敏感的、微妙的、说不清的时刻。我也是到后来才意识到，这些时刻其实是我们和女性这一社会性别身份进行博弈的过程。它通常发生在我们做出了一些不符合这一身份的行为，或是我们感受到这一身份对我们的某种限制的时候。在这样的时刻里，一旦我们接受自己是一个女性，就往往意味着我们要接受一些我们自己所不愿意接受的，或者是被要求的事情。

作为学者，很原初的冲动就是想要去理解与解答这些困惑。我相信对于一个男性来说，他肯定也存在一些微妙的时刻或对自身性别身份的困惑。但问题在于现有的性别秩序通常有意无意地将男性放置在一个更重要的位置。他们所受到的限制没有女性那么多，因此也就不太会特别关心性别问题。

所以当我接触到女性主义理论时，意识到性别身份及其认同过程是一个我们可以分析、阐释和指认的过程，对我个人而言，这真是很大的一种纾解。后来我很喜欢一句话叫"个人的就是政治的"。这可能也是一个性别觉醒的过程，意识到我们遇到的问题不是私人的问题，而是某种社会结构在个体身上的实践。

新京报：当你在青年时期接触了这些女性主义理论，再回过头看生活中女性的处境时，会感到愤怒吗？

贺桂梅：当时肯定是有的，但我现在都差不多忘记了。其实我们之所以感到愤怒，是因为无法对这样一种感性的、具身性的不平等体验做出解释。我最有感触的是学术真好，因为它可以给我们解释，让我们不要陷在一个非理性的受害的愤怒情绪之中，而能将这些感性的生命体验化为一种前行的力量。而且不仅仅局限在性别问题之中，它也让我们能对更广泛的类似社会处境有同情、共情与关切。

当代中国的三次女性热潮：有承继，也有理论的失忆

新京报：刚才我们提到，上世纪九十年代中国社会经历了一次女性话题的热潮。但到了2000年前后，这个热潮怎么就忽然消失了？

贺桂梅：我的解释是这样：一来，当时的女性热主要是话题式的热闹，起因是1995年召开的世妇会。媒体全面参与，政府大力支持，催生出一批女性作家和女性学者。但整个热潮的形成并不主

要是一个自发的过程，缺乏自发性的推动力，因此当这个话题不再是热点时，关注的人就变少了。另外一个原因是，即便在热潮当中，围绕女性话题的讨论也是个人化的、参差不齐的，真正具有反思性的，或是具有女性意识的思考不多。对于当时的男性批评家学者，以及那些还没有性别立场的女学者、女作家来说，这个热潮并没有促成他们产生一种实质性的转变。

所以那次热潮真正的成果可能是推动了像我们这样正在青春期的年轻学者进入这个话题领域，同时也激发了部分学者试图把中国的女性问题推动成为真正有价值的研究领域。实际上九十年代中期的热潮，也是因为确实出现了一批以新的方式书写性别问题的女性作家。比如林白、陈染、徐小斌、徐坤等，她们都是在这个过程中出现在大众视野里。但真正能持续推进话题深度的作品不多。加上市场的操作占了很大比重，最后就从女性热变成了"身体写作"式的"看女性"，进而被资本市场收编。

新京报：近年来，我们也看到新一波女性话题的热潮。例如关于马克思主义女权主义的理论发掘（对"家务劳动"等再生产领域的探讨），对于父权制与社会性别制度的反思，关于婚姻、家庭等性别政治问题的纷争（最近关于彩礼的讨论），以及关于女性内部的阶层分化问题（例如农村妇女的生存问题、情感问题）等。你如何看待当下这些纷繁的女性话题？

贺桂梅：我觉得和当时最大的不同是，最近这些女性话题的热潮是女性自发推动的，大家希望对女性的生活、工作和家庭等场域中的遭遇做出理性的讨论。其中最重要的参与群体多是"80后"和"90后"。

为什么这一代尤其关注性别问题？这也有一些可以分析的社会性原因。首要的原因是"80后"和"90后"大都是独生子女，在核心家庭里长大，她们成长过程中性别身份的区别没有那么明显。对她们来说，要求性别平等是一件天然的事情。这是前提。同时，这一代人之所以感到不满，一方面当然是因为她们进入社会，切身感受到女性身份带来的压抑以及女性身份和自我期许之间的冲突。同时，她们回看母亲这一辈时，会生发出更大的不满。因为她们母亲的生活经验中，有许多实质性的性别不平等。很多人都是由母亲一手带大的，父亲长期缺席。

我记得我在北大讲二十世纪女性小说课的时候，有个女同学写了一篇文章讲述自己为什么关注性别话题。她说因为她"不想像妈妈那样生活"。在她的成长过程中，爸爸基本没参与过。她的妈妈年轻时也是高才生，但后来就成了家庭主妇。我看到《你好，李焕英》这部电影时，就觉得它是这一代人的叙事。另外遇到过一些男生也写了自己是在丧偶式育儿的环境里长大的。他们对母亲有很深的感情，但对自己成长过程中缺席的父亲有许多不满。他们是出于义愤才要做性别研究。

我觉得最近这些年的女性话题热潮也是四十年来中国社会结构变化的产物，是有内发力的社会性需要。同时，它可以展开的空间也是相对广阔的，可以演化成各种各样的形式。

新京报：从更长的历史维度来看，今天这一波女性主义思潮与之前几波相比，是否存在延续或者断裂？

贺桂梅：当代中国经历过两次女性主义热潮。一次就是刚才我们提到的上世纪九十年代，另一次是五十至七十年代的妇女解放运动。

如果我们可以将最近这几年的女性话题热称之为新一波女性主义思潮，它和上世纪九十年代的关系基本可以被描述为"理论的失忆"。参与这拨讨论的年轻人中，可能许多都不知道上世纪九十年代也有过类似的热潮。所以她们其实还是赤膊上阵，从各自的生活经验出发去谈论性别话题，而缺少理论的追溯和进一步的探索。

有意思的是，这一次的女性热潮某种程度上复活了五十至七十年代妇女解放运动的视野和话题。毛泽东时代是一种马克思主义理论指导下的社会主义国家结构形态，那时一直都非常重视女性的问题。

新京报：但当时的女性解放是放在阶级维度里进行讨论的。

贺桂梅：对，所以当时将它称为妇女解放运动，而不使用女权主义运动或女性主义运动的说法。妇女解放运动和女权主义运动是不一样的。我们有必要区分这两个概念。

女权主义运动是西方社会的一种社会运动形式，而中国的妇女解放运动，虽然最早的理论资源是从西方来的，但它在二十世纪中国的展开形式是不一样的。妇女解放运动是和整个的马克思主义理论、民族解放运动，还有中国的社会主义实践紧密关联在一起的。我们必须承认，这种实践本身非常重视女性问题，一直把女性的问题作为整个革命和社会运动的组成部分。

当然它也有它的问题，就是没有特别强调妇女问题的独特性，而是呼吁男女都一样，设定了一个无性别的主体形象。所以毛泽东时代的妇女解放最成功的那一面是，它一举就解决了中国女性的社会权利问题。它在处理父权制、性别与阶级、女性内部阶层区分的问题，还有女性与民族这些问题上，视野是很开阔的。

我们今天提到的这些对家务劳动的讨论、彩礼的纷争、农村女性的状况其实是那个年代讨论性别问题的主要方式。那个时候讨论性别问题时设想的主体就是农村女性，而不是知识女性，这是一个阶层的巨大转换。直到上世纪八十年代才开始谈知识女性。

另一方面，前三十年的妇女解放运动中，女性自己言说的空间很小，女性从文化观念上去批判那种性别身份束缚的实践空间也不大。最典型的是丁玲。丁玲当然是革命的，她也是一个信仰马克思主义的革命者。同时她也会提出女性受到的不平等对待，比如她的《"三八节"有感》，但是这会被批评为要把女性的问题和党的问题分开。整个中国共产党的妇女解放政策，在1943年有一个大的调整。此前基本上关注的是新女性，就是中产阶级的知识女性，受过教育的城市女性。1943年之后，关注点转移到了农村女性上。整个文化表现上，社会主义的妇女解放形象主要是劳动妇女的形象。

今天谈论女性问题，我认为应该把这两种历史遗产综合起来，要更客观地探究八九十年代的女性主义遗产和前三十年妇女解放运动的遗产。它们都有各自的特点，有自己的优长，也有各自的问题。

从性别盲到阶级盲，女性话题不是单一的性别话题

新京报：我记得你在《女性文学与性别政治的变迁》里用过一个特别好的比喻来形容这两次思潮——从毛泽东时期妇女解放运动的"性别盲"到上世纪八九十年代女性热潮的"阶级盲"。

贺桂梅：这也是因为文学是一个特别中产阶级的领域，因此上世纪八九十年代，女性文学的作者都是知识女性也主要表现知识女性，因此在谈女性问题时遮蔽了很多阶级维度的问题。九十年代那

种个人化写作，它所说的"个人"不是普遍的个人，而是中产阶级内部的个人。二十一世纪这一波浪潮，包括刚才所说的这些家务劳动、父权制等制度性问题，也只是很多声音里面的一个声音，而且主要限于学院和知识界。

如果我们去看大众文化领域呈现出来的女性话题，就会发现他们关注的焦点与文学界有所不同，最有意思的就是宫斗剧。比如《甄嬛传》《延禧攻略》这样的大女主剧，它们的设定首先还是在"后宫"，然后再去讨论说女性要如何"上位"。本质上是中产阶级女性的叙事方式。

强调中国妇女解放运动的历史遗产，也是因为对于谈论性别问题来说，这是一种很好的平衡。如果我们参照邻国比如日本、韩国等谈论性别问题的方式，它们在上世纪八十年代也发生过女性主义运动，但结果就是把女性的问题变成了一个特殊群体的问题以及单一的性别问题，而不是整个社会所需要面对和解决的问题。

与此同时，我们也要注意这次讨论的主体更多还是中产阶级的女性。而对中国的农村女性，以及城市里更为普通的女性来说，她们所承受的是更大的性别束缚，不平等更多地渗透和沉积在日常生活、日常观念里。很多时候，她们可能会将这些束缚接受为理所当然。

学术界尤其需要自反的能力，但这一自反的能力有多强，是否具有更大的社会效力，视野是不是局限在性别这个单一的领域里，这些都需要我们做出更多的努力。

新京报：近两年，还有一个比较热的话题是关于全职家庭主妇的讨论。这也涉及女性长期面临的两难选择——家庭还是事业，孩子还是自己。之前张桂梅老师关于女性不要当家庭主妇的言论也引起了不小的争议。你怎么看？

贺桂梅：张桂梅能够成为一个热点，我觉得是很有意思的现象。她是近十年关于女性和性别问题被推举出来的一个热点人物。主流社会观念都是要让女性先上学，让她们成为独立的社会成员，结果很多女学生毕业后都去找一个好老公，回家做全职太太了。张桂梅受到关注是因为她对自己女学生们的不满把这样一个中产阶级女性命运的问题折射出来，就是：你受了教育又怎样，最后还不是要回归家庭。

上世纪九十年代初修订过一次婚姻法。郑也夫那时候出版了《代价论：一个社会学的新视角》这本书。"代价论"的意思是说，为了整个国家和民族的发展，必须要有一些人作为牺牲品，承担代价。当时女性的反应很大，对他的批评也很厉害。有一个人大的副校长公开支持全职女性，也被骂得很厉害。所以让女性回家这些讨论其实一直存在。

所有的女性问题或性别问题会面临一些根本性的原点问题，比如说生育问题、家庭模式问题、社会性别身份问题、儿童社会化问题、职场领域的性别不平，等等。所以我们在讨论女性问题的时候，我比较倾向于不是笼统地谈，而是首先区分不同的领域、不同的层面，比如说在生育这个问题上谈，在家庭的问题上谈，在工作和社会层面谈，在文化领域谈。因为一个女性从小到老的整个生命过程，每个阶段所遇到的焦点问题是不一样的。与此同时，所有这些问题构成总的女性问题系。因此，一方面要区分不同的问题域，同时也要对性别身份导致的结构性原点性问题有总体的认识。

新京报：就你的观察来看，有没有一些新的女性主义理论资源出现?

贺桂梅：我一直比较关注这块，市面上能买到的新书我都会买。就我的认知来说，从理论而言，在性别话题的深度和广度上，我自己比较喜欢上世纪六七十年代出现的社会主义女性主义理论。近些年学生们都很关注日本学者上野千鹤子提出的厌女症问题，以及许多中国学者对性别社会问题的探讨，感觉上，这些讨论在社会科学研究领域会相对深入。

新京报：这种理论资源迟迟没有得到突破的原因是什么?

贺桂梅：这也不只是女性主义理论的停顿。我认为，理论的能力其实是一种整体性的想象力问题。西方社会上世纪六七十年代是非常有想象力的时期。那时候的人们相信解放，也愿意通过行动和思想的实践去推进社会议题。上世纪八十年代以后，整个社会进入一个缺少想象力的时代，也可以把它叫新自由主义时代。从理论的层面来说，六七十年代出现了诸如福柯、波伏娃、萨义德等一批知识分子。但是八十年代以来，西方马克思主义理论也没有出现更新的突破，而是遭遇到很多理论困境。而中国社会从五六十年代的妇女解放运动到八十年代女性问题的提出，也经历了相似的过程。

近三十年来，无论是中国还是全球，在理论的想象力上，我认为并没有很强的原创性突破。在女性问题方面，不能说没有推进，比如巴特勒等人的出现，但是这些理论都是哲学式的、学院式的，缺少社会实践和社会动能，最终局限在学院内部。

所以还是回到那个关于社会想象力和理论想象力的问题。比如说在十九世纪，我们都相信要追求一个更平等的社会，所以劳工运动、女性运动都在不断推进。这也和整个工业革命所塑造的一种新的社会组织形态相关。

但近三十年来，我们没有这样的一种信念和诉求。一方面，社会主义实践进入冷战的终结阶段，另一方面工业社会已经走进后现代社会。人们越来越生存在一种系统化的、高强度控制的、技术主义把控的状态当中。

新京报：无论是这种毛泽东时代的妇女解放运动还是九十年代的女性热潮，它们都有各自的优长和短板。对于今天这一波女性主义思潮，我们需要特别注意的问题是什么？

贺桂梅：首先要了解前面的女性解放的实践史。我们现在的很多讨论都是失忆式的，也就是不关注也不大了解前面有过的实践、做出的理论累积。但如果不了解历史，不知道前面的人做过什么，就难以判断造就性别问题的社会原因，无法在前人基础上继续推进，更别说吸取前人的经验教训进而在现代性视野中做出新的突破了。

另外一点是需要人文学的想象力。就是说我们在谈论一些个人的或特殊群体的问题的时候，如何把它放到一种更大的视野和更大的社会结构中来讨论。这个话题的批判性和生产性不是仅仅局限在被学院、媒体、话语权、阶层等因素限制的范围，而是能够形成一种总体性的社会共识，形成有效的判断并生成改变现实的诉求和力量。

PART 2 新启蒙、现代化理论与人文学的想象力

构成当时诸多思潮的,是一套"现代化理论"的范式

新京报:我们来谈谈最近再版的《"新启蒙"知识档案》这本书。你对当时的社会思潮、文学观点、价值观念做了系统性的梳理,也带有很强的反思意味。回望这项研究,今天的你会如何评价它在你的诸多研究中的位置以及它在八十年代研究中的位置?

贺桂梅:我的研究基本围绕两个脉络展开。

第一个脉络是对当代中国和当代文学五个阶段的研究,形成了五本书,分别用不同的方法研究当代中国的不同时段。第一本是《批评的增长与危机》,1999年,研究九十年代文学批评;第二本是《转折的时代:40—50年代作家研究》,2003年,研究四五十年代之交的作家与思想史问题;第三本是《"新启蒙"知识档案》,2010年,研究八十年代人文思潮;第四本是《书写"中国气派"》,2020年,研究四十至七十年代文学与民族形式问题;第五本是《21世纪中国:思想与文化的镜像》,暂时还没有出版。《打开中国视野》是一

本综合性的论文集,是我研究各个时段的代表性论文,提出了我研究当代中国与文学的核心问题,即从"中国研究"的总体性视野中,立足文学研究,打破学科专业的分界,从阶级、民族、性别等主要维度总体性地讨论当代中国的思想与文化问题。

第二个脉络是从女性文学研究和性别研究维度对现代中国(包括二十世纪、二十一世纪)所做的研究。这部分的论文主要收入了《女性文学与性别政治的变迁》,接下来很快要出版《20世纪女性文学经典解读》《女性镜像与当代中国》,主要是从性别维度对现代中国与当代中国的研究。

整体来讲,《"新启蒙"知识档案》是我第一本成熟的学术著作,也是我的研究风格和思想视野逐渐成熟的体现。这本书脱胎于我的博士论文,当时做的是八十年代和"五四传统"。选定这个题目时,中国知识界正在展开"新左派""自由派"论战。我作为文学系学生卷入其中,思想上受到很大的冲击。但在当时,我对八十年代没有很深的累积,研究得很吃力,完成以后也不是很满意。后来我花了十年的时间做了其他的工作,再回头用知识社会学的视野重新研究八十年代。直到2010年,这本书才正式出版。到2021年再版,我仍然觉得这本书没有过时,而且可能未来一段时间都不会过时。

对于八十年代文学与文化,学界往往把它当成一种现实性的对象来加以描述,缺少历史化的视角。主要研究有这样几种:一种是历史当事人的采访。另一种是在八十年代的知识体系中,将八十年代文学分为伤痕文学、反思文学等,进而在历史化的面向上做一些作家作品的研究;还有一种是比较基础性的文学史资料整理。

《"新启蒙"知识档案》这本书带有跨学科、跨领域的视野。我的导师是洪子诚老师,他的学术纯度很高,我受到他的学术训练,所有问题的讨论都要基于史料。我在这项研究上下了十年功夫，很多的精力都在梳理和阐释各种史料文本。对八十年代这六个思潮以及相关史料的把握，我自认为是比较全面和严谨的。

新京报：谈到八十年代，绕不开的问题是我们如何回望这段历史。而人们对八十年代的回望与评述总是带着复杂的情感，一方面是对创造、开放、实验等精神的追怀，一方面又是对怀念本身的警惕与怀疑。人们对上世纪八十年代的热情很大程度上是因为它在当代中国社会的特殊位置，即八十年代作为中国社会重要的转型期。你如何理解八十年代与前后三十年的关系？

贺桂梅：关于前后三十年的关系，有两种极端的讲法，一种认为后三十年的改革开放是今天中国经济崛起的原因，另一种说法认为中国社会的所有问题都是由改革开放造成的。这两种解释都过于简化。八十年代在当代中国有它的特殊性，承前启后，既勾连起前三十年，又对前三十年做出大的转型和调整。而它调整后的方向推动了二十一世纪中国在世界范围内的崛起。我在《"新启蒙"知识档案》中想要思考和试图抵达的就是如何能够在一种更大的视野里比较客观地讨论两个三十年的关系，尤其是八十年代为什么会发生，又如何和前后三十年形成一种实质性的连续关系。

这不是简单的肯定和否定，而是希望将它历史化。一方面确实发生了剧变。从灰色的七十年代走来，忽然洞开崭新的世界，蕴藏无数新的可能。就像在五四时期，当时的人们通过启蒙革命，向世界敞开，和西方的思想建立关系，也跟社会主义思想建立关系。

在历史结构层面，八十年代和五四时期很类似。同样是一个大转变的、突然洞开的、有无限可能性的历史时期，人们的精神状态特别饱满,充满了希望,即便有苦恼也不会使人消沉,而是为了追求更好的未来:整体是一种解放式的时代面貌。但如果我们对八十年代的判断仅仅停留在这样一个层次,是远远不够的。今天我们为什么要重估八十年代?一个重要原因是它的覆盖性影响。当前中国知识界主导的知识范式、知识形态和价值观都是在八十年代形成的。可是中国社会已经发生了很大的变化,如果还是沿用八十年代那套知识体系、价值观和世界观的话,我们根本就不能回应二十一世纪的问题。我们需要将八十年代还原到特定的历史语境、全球格局和社会结构中。这样一来,我们才会看到八十年代和前三十年的关系并非全然的断裂。如果没有前三十年的积累,包括国民经济体系、革命意识的塑造,八十年代就不会发生。同时,虽然当时的人们对于前三十年的社会主义文学和文化感到不满,可实际上整个文学领域的组织形态都还是社会主义式的。人们对于新的资本主义世界体系的想象方式,也都是社会主义的一种无意识或潜意识的投射与重构。

新京报:你在《"新启蒙"知识档案》绪论里涉及许多方法论层面的思考,也提到这本书的主要考察方法是"知识社会学"。知识社会学强调知识与权力之间的运作关系,能不能讲讲为什么选取这样一种研究框架?

贺桂梅:知识社会学主要是曼海姆的理论。曼海姆讲过一个农民的儿子的故事:如果一个农民的儿子一辈子就在村里生活,他的视野就局限在这个村庄里面,村庄塑造了他的世界观。但当他到了城市之后,就会意识到自己原来的那些价值观是有限的,是和村庄这个环境嵌套在一起的。同时他也意识到自己还可以有更大的视野,看到村庄之外的世界是什么样的。

这个故事说的是知识社会学的一个基本思路——每一种理论和知识都有它的视角性。这也是我所关注和强调的，任何理论阐释肯定是特定视角下的阐释，而不是普适性的阐释，哪怕这一理论具有普遍的解释力，也一定受制于研究者自身的环境与他所生活的时代提供的视野。

知识社会学的另一重要特征在于强调从"总体意识形态"和"整体社会结构"的角度，来理解"特定意识形态"即个体的、经验性的特殊表述。"特殊的意识形态"是说个人的所作所为所思所想是受到环境限制的，而我们可以在一种更大的总体性社会结构里面来解释这些特殊性。

因此，当我们重新考察八十年代中国文化，知识社会学的好处在于它一方面强调任何知识都有其视角性，强调八十年代所生产出来的知识与当时的社会语境的关系。同时也要求我们以一种新的超越性总体视角，来重新定位那些文学与文化思潮背后的知识装置与历史内涵。

新京报：在讨论八十年代文化思潮的时候，你也提出过这些思潮背后都有一个共同的现代化范式。如何理解"现代化理论"范式对当时知识界的影响？

贺桂梅：现代化理论实际是由上世纪六十年代美国社会科学界知识精英所发明的一套叙事。第二次世界大战之后，世界范围内出现许多脱殖后新成立的国家。对于这些国家来说，一方面可以走美国式的道路，也就是所谓民主国家资本主义道路；另一方面可以走苏联式的社会主义道路。现代化理论叙事实际上是在冷战格局中如何争夺这些国家的背景下发展出来的。

争夺不仅仅是权力、军事的争夺,也需要知识的争夺。当时的美国便集结了包括哈佛大学在内的高校知识分子,共同提出了现代化理论。这套理论经历了一系列演化过程,从最初社会科学界生产出来的一套知识,逐渐成为美国政府针对第三世界的国家政策,而后又被确立为一种美国主体性的意识形态。

如果回到上世纪八十年代中国知识界,这本书里提出的人道主义、现代主义、寻根思潮、文化热等文学思潮,它们在激发人的感情时,背后都涉及对中国社会的总体性设想。而这套设想的资源就是现代化理论。比如人道主义思潮是关于人的理解,强调人性是自然的,要与政治性对立等。这套说法和现代化理论对于个体的描述是一致的。

当然,当时中国社会对于现代化理论叙事的接受也不是简单的移植,而是围绕当时的历史处境和特定思想资源进行的再生产过程。我在书里也强调它其实是作为"现代化理论"的范式被人们所接受。实际上,八十年代能提供的全球性的意识形态就是现代化理论。

重返八十年代的意义,在于理解"启蒙"的精神气质

新京报:与上世纪八十年代有关的常见词是"激情、频发、热忱、反叛、浪漫、理想主义",到了上世纪九十年代,关键词就变成了"现实、利益、金钱、市场、信息、世故、时尚"。就你的观察,相较于上世纪八十年代与九十年代,构成当下的关键词有哪些?

贺桂梅:常见词当然有很多,比如内卷、朋友圈、焦虑、抑郁、虚拟……大家讨论得比较多,我就不赘述了。我感触比较深的可能

还是人的精神状态怎么会变得那么脆弱。这是特别值得去思考的问题。比如抑郁症的普遍化。抑郁作为一种疾病的隐喻，它意味着被动、消极，丧失行动力，不是要人积极地生活，而是去过一种否定性的生活。

这还不是一种简单的代际差异，而更像是一种普遍的精神状态。八十年代时，虽然日子过得不如现在，但当时人们的精神状态是饱满而热切的，现在物质生活越来越便利，也越来越有秩序，但大家的内心却失去了秩序，丧失了曾经那种精神性的热情和信念，也不再觉得我们可以认识自己。这是特别可怕的一件事。

新京报：对上世纪八九十年代的怀旧是当下文化中的突出现象，侧面反映了大家对于当时的时代面貌与精神气质的向往。在你看来，当我们今天提到八十年代，它留给当下最重要的遗产是什么？

贺桂梅：八十年代在今天的意义，当然不仅是知识性的意义，因为八十年代所生产出来的知识是有限的。更重要的在于八十年代那样一种突破僵化的现实格局、探寻新世界的精神和情感气质。

八十年代最喜欢说的词叫"启蒙"，我这本书也叫"新启蒙"。这是因为八十年代的镜像是五四时期，当时人们想要接续五四传统，重新启蒙。但"启蒙"的实质性内涵究竟是什么？启蒙本身是一个精神气质问题。它的初衷是我们要认识自己，摆脱未成年状态。在西方文艺复兴时期，人们要达到启蒙的精神气质，就要去追求一套特定的知识，也就是人文知识。八十年代所接受的也正是这一套知识。

我们今天重新理解八十年代的新启蒙，主要涉及两个层面。第一，我们要有勇气认识我们自己，这是启蒙的最终目标。第二，我们如何认识我们自己。这里我想提一下福柯。在福柯看来，当我们说认识自我时，并不是说人可以不受任何限制，自由的含义也并不是说不受任何限制。启蒙的含义是关于自我的批判的本体论，也就是首先要认识我们是怎么成为我们的，我们为什么变成了这个样子，我们为什么这么想问题，这么说话，这么做事情。接着，福柯又说我们要做一种知识考古学，厘清我们怎么成了今天的自己。然后，再去撼动那些我们可以改变的东西。也就是说，在承认既有的历史条件的前提下，我们要去改变那些偶然的、可以重新打开的地方。所以他说的自由不是抽象的自由，而是在已有的条件里去探索新的可能性。

当人的生存境况发生根本性转变时，我们尤其需要"人文学的想象力"

新京报：这让我想起你在书里提到的"人文学的想象力"。

贺桂梅：对，这是我特别想要提出的一点。这一概念最初的灵感来自米尔斯的《社会学的想象力》。米尔斯所说的"社会学的想象力"主要针对的是主流的、体制化的社会科学，体制化的社会学太过关注数据统计，缺乏反思能力和批判能力。他认为，社会学的想象力的意涵在于把环境中的个人困扰和社会结构里的公共议题沟通起来。这是一种特别具有生产性和批判性的思路。

延续这一说法的是英国的吉登斯。他在《社会学：批判的导论》中提出，除了社会学的想象力，我们还要有"历史的想象力"，也就是说，我们不仅要知道今天，还要知道过去的人类是怎么走过来的。同时也提出"人类学的想象力"，就是不能说我们熟悉的现代社会群体的组织方式是唯一的,而应该尊重人类历史的所有经验以及那些与欧洲不同的文明形态,它们的生存方式自有其独立的意义体系。

我最早提出"人文学的想象力",主要针对的是文学界的说法,尤其是从上世纪八十年代到二十一世纪,文学界一直强调"纯文学",要将文学从政治控制的语境里摆脱出来。这也使得文学开始陷入纯审美的、纯个人的、纯感性的领域,和社会的互动关系变少了。

这样的观念不是不对,但它实际上制约了作家,也制约了研究者。我最近参与北大中文系的小说奖评选,密集阅读了2015年到2017年的多部小说作品。我真的觉得我们的文学变得好没有力量,大部分作品都是以个人的视点讲述自己的困扰与焦虑。小说经常就是通过死亡或从生活中消失为结局。这种个人化的纠缠所指向的是一种没有希望的生存境况,让人读得很郁闷。

另一方面,对纯文学的过分强调也让文学研究的视野越来越狭窄。文学批评开始变得越来越专业化,聚焦的问题和材料特别细小。对文学性的理解最后都落入到抒情和审美,最多谈及语言艺术,而失落了文学之为文学的那种解释世界的根本性视野。

呼吁"人文学的想象力",其实是打开自己,将个人的问题、文学的问题放到一个大的社会结构关系层面进行讨论。第一步就是要跨出去。我们要知道同时期、同结构下,其他学科在谈论什么问题。这必然牵涉到理解社会结构和国家的组织方式。这方面,社会科学是最有效的。但如果文学只是跟在社会科学后面,也是不行的,还是要在文学的学科体系、结构关系上发挥它最独特的力量,即基于人的感性和情感的体认。这种体认表面上看起来是非理性的,但其实是人的潜能的发挥,你的视野越大,你所能想象的空间就越宽阔,文学的能量也就越大。所以人文学的想象力最初是为了重新激活文学的力量。

新京报：对于当下的社会境况来说，人文学的想象力能为我们带来哪些启发？

贺桂梅：首先还是要回到人文学这一概念。人文学，广义上是指以人为中心的思想，包括与人相关的价值、情感及体验。它最早是在欧洲启蒙运动里提出的，在摆脱宗教控制过程中形成了这样一门学科，也构成了十六世纪以来西方人文学知识的主脉。

回到中国的语境里，我们文化的传统其实一直都扎根于人文主义脉络。与强调人的自然本性的"人道主义"不同，"人文主义"更强调人自身的修养和修炼所能达到的境界。孔子说"子不语怪力乱神"，我们不说那些我们不知道的东西，只做那些人力所能做的事，同时要"知其不可为而为之"，以达到"修身齐家治国平天下"。这种人文传统特别强调人的能动性力量。

这个问题之所以在今天变得特别迫切，是因为组织整个社会的方式发生了根本性的变化。比如说互联网、人工智能、基因工程等技术的发展，不单是将人从现实世界隔离到虚拟空间，也改变了社会运作的形态。其中有很多技术性的支配力量实际上是反人的或非人的，而人本身最为独特的、最具有人文性质的内涵在今天似乎都可以消失。这样一来，人的生存状态也会变得越来越消极和被动。

召唤人文学的想象力，首先要认知人的被动状态。也就是说，要重新认知今天这些制约着人的生存状况的历史性条件及物质性基础，也包括技术控制人的基本方式。

现在有两种引人注目的人文思路：一种叫"后人类主义"理论，就是说我们不是以前我们所认为的"人"，另一种是复兴古典学。古典学的复兴确实有它的道理。它们认为,现代世界里的人越来越病态化,所以我们要回到现代和古典交战的那些基本问题上,从例如《论语》《理想国》这些经典里面汲取力量,因为它们对人的理解是更整全的。这种思路肯定是需要的,但是古典学的兴起并不意味着我们都要回到古典时代,而是我们要重新去学习和把握这些经典所提供的关于人创造自己、创造世界的方式、视野和能力。

同时,人文学的想象力强调的还是人的能动性,我们需要在把握现有的物质条件和组织形态的基础上,用当代人的方式去想象属于人的世界是什么样的。

新京报:学界对这本书的评价有发生什么变化吗?

贺桂梅:我的研究一直都是既在专业里面,又跨在专业外面。文学界做当代文学特别是八十年代文学研究的人会比较多地读这本书,它也是一本基础性的参考书。如果仅仅从文学研究去看,很多人对我使用的理论会觉得陌生,所以阅读起来会比较困难。

另外,许多文学研究者比较习惯那种作家作品的批评讨论,而我会把作者作品糅到一个思潮里讲,同时还带着自己的问题意识。因此,在专业圈里能够比较有深度的讨论也不多。有意思的是,我听到的许多反馈来自文学圈以外,比如社会学、艺术学、历史学这些学科的学者会更多跟我谈起这本书。

PART 3

女性榜样、治学生活与学术抱负

女性榜样：跨越年龄和代际的命运汇流

新京报：在你的研究生涯与生命经验中，哪位女性对你产生过重要的影响与启发？可以是学术意义上的，也可以是性别意识层面的。

贺桂梅：丁玲对我的影响比较大。一方面是我很喜欢她的人格样态和文学创作，另一方面我也觉得她是需要被解释的，不能完全以喜欢一个作家的方式去对待。

因为我是研究女性文学的，当然会大量接触二十世纪的女性文学经典作家，比如远一点的有冰心、庐隐、丁玲、萧红、张爱玲，近一点的有张洁、王安忆、铁凝、林白、陈染等。我的一些朋友特别喜欢萧红。虽然我觉得萧红很有天分，也很有文学才华，可我真的不大喜欢她身上那种自毁自怜式的调子。丁玲的自我是强大的，她最重要的特点在于敢于不断地跨越自己。最初她带着《莎菲女士的日记》等作品，以最摩登、最激进的形象出现在文坛，二十年代后期她向左转，开始表现"他人"即老百姓、普通人的生活。夏志清等人觉得丁玲的这种创作转向,是她江郎才尽的表现。但我觉得她最大的勇气就体现在这里,她敢于跨出自己的舒适区,去表现自己不那么熟悉的普通民众,敢于突破中产阶级女性自我的局限,并在艰苦的磨炼中形成更加结实的自我。

在我看来,丁玲是二十世纪最具女性意识的女作家。她的性别立场很明确,她的文学创作也始终关注女性问题,同时不限于女性问题。八十年代丁玲晚年受到的争议尤其多。最近一年多,我重读她晚年创作的许多作品,包括写她自己三十年代被幽禁、五十年代被批判,以及北大荒经历等的作品。我觉得她晚年的精神境界很阔大,同时有一点自嘲,也有一点无奈。不过这些都还没有得到更有效的阐释。

新京报:女性学者这块呢?对你影响比较大的是谁?

贺桂梅:北大这边有许多出色的女性学者,包括戴锦华老师、乐黛云老师、夏晓虹老师等。对年轻的女学生来说,她们的存在是一件很值得欣慰的事情。比如说当你作为一个女学生,被性别问题困扰,经受周围人的怀疑和自我怀疑时,你忽然发现戴老师还能做得那样好,就有了勇气和动力,仿佛她们在前面,作为学生跟在后面很踏实。这也是我做学生时候的心态。很大程度上,她们构成了我作为女性学者的学术传统。

当然,戴老师对我的影响更大一些,她为我打开了一个全新的学术和思想领域。如果北大中文系没有这些女老师,我估计也不会有太多学生做女性研究。戴老师当时就是明星老师,她在北大的课一直一座难求,很多学生特别是女学生都很喜欢她。但对我来说,我会更愿意深入到她的学术理论中去。戴老师教会我的,第一是理论层面的打开。戴老师主要研究电影，语言学转型后的理论在电影领域是发展得最早，也是最成熟的。当时我们中文系的主要学术理论资源还停留在审美批评、新批评理论，戴老师给我带来的是一种全新的理论资源和批判视野。第二是她的研究格局。戴老师不仅做理论，也做电影研究、性别研究、大众文化研究。这些都是非常前沿而且覆盖面很宽的领域。

从生活到学术："走出去"，与现实对话

新京报：在学术研究之外，你日常都喜欢做哪些事情？

贺桂梅：看电影和读书。也喜欢到各地走走看看，以前纯粹是旅游，现在更希望通过自己的眼睛去看看中国社会特别是基层社会的实际情况和变化。因为疫情期间不能出门，我把家里书柜书架都整理了一下，重读那些经典性的书籍和电影。

我大概有四五年的时间，主要的休息方式是看电影。几乎每天都看一两部电影，有时间可以休息、坐下来的时候就会看。我看电影当然是有一些选择性的，一类是史诗性的影片，以及一些涉及根本的价值观，比较具有深度的影片，比如说像《黑客帝国》《一代宗师》《十诫》《教父》等。这种选择也跟年龄有关，人到中年以后，有相应的人生经验和思考的积淀，即便是休息式地看电影，也不大可能是纯粹娱乐式的放松，而会选择那些能够提供一些反思性的思考，涉及人生的一些根本性问题或社会问题，而且艺术质量比较高的影片。还有一类是亚洲的武侠电影，因为比较轻松，也是因为我对这一类型电影比较感兴趣。另外也会根据兴趣集中时间看一些国

别和区域电影,比如韩国电影、日本电影、英国电影等。当然中国(包括香港、台湾)各个时段的电影是必看的。这主要是为了做研究而看。

以前买了很多书,好多都没有时间读。原来都是为了写论文或写书而看,现在主要是根据我感兴趣的一些问题来阅读,比如说像布罗代尔关于地中海世界与欧洲文明的书、辩证法理论、古典政治哲学、批判性社会科学、帝国与传播、沃勒斯坦等反思社会科学和世界体系理论的书籍,还有各种中国文明史研究的著作与经典。当然,这样的阅读潜在的动因都是希望在更开阔的视野中理解当代中国。

新京报:你曾提到,当"二十世纪""中国"和"文学"成为需要被追问和质疑的范畴时,我们需要重新讨论、命名和论述二十世纪中国文学史。"重写文学史"似乎是你一直以来的野心,你也试图从中建立自己的理论风格。你会如何描述这种理论风格的原创性?在现代文学史、思想史领域,你想要激活或者打开的是什么?

贺桂梅:我确实有"重写文学史"和建立自己理论风格的诉求,这是一以贯之的,简单来说是我力图把社会与文化理论、文学史、文学批评三者结合起来。一方面,我比较重视文学研究的历史维度(所以被称为"学院派")。同时,我也注重从理论出发,立足文学研究,回应当代中国的一些根本性问题(所以被人称为比较"晦涩"),注重对重要作家和文本的重新解读(这是"批评"的含义,但不仅仅是当下批评)。

中国现当代文学研究与批评曾经在很长一段时间(五十至八十年代)处于整个思想界的前沿位置,但上世纪九十年代以来,因为对"纯文学"和专业化的强调,研究界很大地丧失了回应社会现实问题的能力。我试图在社会-历史的总体性视野中,重新激活文学(文艺)研究的活力。

所谓"人文学的想象力",既是"走出去",从专业化的文学研究中走出去,和社会研究、政治经济学研究对话;也是"再激活",把文学研究放在社会科学研究、人文研究的总体性视野中,讨论它可能具有的思想力和与现实对话的能力。

新京报:你接下来有哪些研究计划?

贺桂梅:我的研究计划还是两块,一直在推进中。一是关于当代中国的研究。我已经做完了当代中国五个时段的文学史研究,接下来希望自己能从文学和文化的角度,对现当代中国的核心问题形成具有个人思想特点的综合性研究成果。另外是性别方面的研究。我在性别研究这块做了很多年,但目前出的成果就只有一本书。其实2021年我刚写完一本书,用九个女性形象来讲当代中国性别制度的变化,但还需要做些修改。还有一本是关于二十世纪女性经典的书,很快也会出版。

性别研究其实是一种综合性研究。既需要理论的累积,也需要对现实问题的把握。我希望之后能将文学研究和社会研究、大众文化和理论问题、二十世纪历史经验与当下中国问题综合起来,做出一些更具个人学术风格的突破。

黄盈盈：一位研究『性』的社会学家

采写—徐悦东

黄盈盈，中国人民大学社会与人口学院教授、中国人民大学性社会学研究所所长。研究领域为性与身体社会学、艾滋病的跨学科研究以及定性研究方法。著有《身体、性、性感：对中国城市年轻女性的日常生活研究》《论方法：社会学调查的本土实践与升华》(合著)、《性之变：21世纪中国人的性生活》(合著)、《我在现场：性社会学田野调查笔记》(合著)、《性／别、身体与故事社会学》。自2007年起负责组织两年一次的"中国性研究国际研讨会"与"性社会学理论与方法研讨班"。

不可否认，我们正在经历一场女性意识的觉醒。从林奕含事件、韦恩斯坦事件、"N号房间"、伊藤诗织胜诉、伍迪·艾伦性侵事件到2021年持续发酵的都美竹与吴亦凡事件，近年来女性议题屡屡冲上社交媒体的"热搜榜"，成为全民热议的话题，曾位于边缘位置的性议题在舆论空间中慢慢凸显，反性侵的声浪此起彼伏。性侵与性骚扰叙事经常占领着舆论场，如何保护女性、防范性侵，勇敢站出来检举性侵者，成为当下舆论场性叙事的某种主流。中国人民大学社会与人口学院教授、中国人民大学性社会学研究所所长黄盈盈或许在其中扮演着一个"不合时宜"的反思者角色。她反对身份政治对性议题的绑架和窄化，关注多样而丰富的性实践和更为生活化的性议题，呼吁大家保持更为丰富的性想象。对于近年来流行的性侵叙事，黄盈盈的态度比较警惕。为此，黄盈盈笑言，自己因此没少挨骂。在网络讨论日益口号化和标签化的今天，她希望我们对日常生活复杂性的认知能保持开放。

从1999年开始，黄盈盈第一次踏入"红灯区"进行调研。这些年来，黄盈盈已经接过其导师潘绥铭的衣钵，成为性研究领域的领军学者。在黄盈盈流传甚广的研究日志《"你要自甘堕落"：记小姐研究中的朋友们》中，黄盈盈感慨道，"我很幸运选择了性研究的道路，很幸运一路上碰到的这些没学历却高智慧，没学科专业知识却极具生活常识的朋友们。""你要自甘堕落"这句话似乎也成了一句激励黄盈盈的箴言——要放下身段、更接地气、尊重民间智慧;同时也成了黄盈盈做性研究的底色——时刻保持反思性、对现实经验和日常生活保持开放性。在主流社会里,性是一个高度道德化也极容易挑动人们神经的议题,在舆论场上进行反思并不容易。

在"女性学者访谈系列"里,黄盈盈或许无法归类——她直言自己无法代表女性学者发声,但她又非常符合我们这个系列对采访对象的要求——极具反思性和批判性。她赞同该访谈系列的理念,但是她希望"女性学者"不要成为一个标签,"性别"/"男权"也不要成为分析一切的概念,"走向'惟性别主义'就没意思了"。她还提醒我们,女权主义内部不是铁板一块,我们要落到实地上谈性与性别问题。她的反思,为我们如何看待和把握当下,提供了一个不可或缺的坐标系。

PART 1 学思历程、理论与方法

"我太寻常了,好像不足以成为一个性研究者"

新京报:从你的治学经历聊起吧,你上学时为何会选择性社会学这个专业?潘绥铭老师对你的影响有多大?

黄盈盈:我的研究经历不长,也不太跟人讲我为什么做性研究,因为没什么特别的。但性研究者的标签可能会让很多人好奇。我做性研究直接受潘老师的影响。我高中是学理科的,是在温一中,高考第一志愿报了人大社会学。那时候我们班就两个人第一志愿报的社会学,其他人都是调剂过来的,1995年,我连社会学是什么都不知道。本科的时候,我也没有去想未来要做什么,比较简单。1996年,人大社会学系开展了一个全国范围的社会生活调查,我们那组正好是潘老师带队。记得当时在火车上,有位师兄很神秘地跟我们说,你们知道潘老师是研究什么的吗?潘老师是个非常有意思的人,特别好玩,我们那组就很开心。不过,当时也没有想到我在研究生阶段会跟着读性社会学方向。

硕士的时候，潘老师成了我的导师。其实，我那个时候还想过报考郑也夫老师，我也非常喜欢他。我那时候喜欢看杂文。如果选择了另一位导师，现在可能在做别的研究了。我并没有对性议题特别感兴趣，但是也不排斥，就觉得它是诸多社会议题中的一个。读完硕士，我又跟着潘老师读博。读博之后，研究方向也开始明确。

在我读硕士的时候，潘老师正跟芝加哥大学社会学的白威廉教授（Willian B. Parish）合作，开展中国人的性行为、性关系和性观念的第一次全国随机抽样调查，我们几个学生从研一就跟着跑调查，我当时没少逃课。研一寒假，我又被紫藤的严月莲老师借过去，在深圳开始了第一次"红灯区"调查。没想到，这两项调查研究都前后持续了十多年。定量的全国随机抽样调查加上定性的田野调查，让我有机会直接接触性社会学领域。我学生时代的专业知识，包括对方法的认识，基本都是从实地学来的。

博士毕业后，当时有政策不能直接留校，我就出去晃荡了两年——基本上是出国访学、做国际艾滋病项目的专家咨询工作，中途给潘老师、李楯老师还有葛延风老师做过助手，然后留校任教。但凡我换到了其他学校，都不见得会继续做性研究。不是所有学校都支持做性研究、开性社会学课程的。潘老师在上世纪八十年代就在人大开设了性方面的课程，开始是在历史系，后来转到社会学系；九十年代初设立了性社会学研究所，可以说，打下了一个小基业。毕业后能否留在人大对我后面的研究路径影响非常大。

新京报：听你的讲述，我感觉一些偶然性的因素对一个人的人生选择影响挺大的。

黄盈盈：是这样。现在好多学生会焦虑，我以后该走什么样的道路，我适不适合做研究，或者我适不适合做这类研究。我很理解大家为什么关心这些问题。不过，有时你的选择会受到很多不确定因素的影响——你碰到了什么样的老师、找到了什么样的工作、单位里的工作氛围是什么样的，这些都会影响你的人生走向。

新京报：这让我想起了你在书里说，很多人很好奇地问那些小姐，她们为什么要当小姐，很多人都在期待着某个明确的答案，比如穷困、被人诱拐之类的，但其实并不完全是这样的。我发现你的回答跟她们的回答有一定的相似性。

黄盈盈：生活和研究在很多时候是相通的。虽然，不可排除一些结构性因素的制约，但其实，我们作为个体的人生方向会因为一些不可期的因素而改变，包括某个人生阶段所认识的人和所到的地方。所以，我会倾向于从找工作的过程和生活境遇的角度去了解一个女孩子怎么进入到性产业，而不会直接把"你为什么做小姐"这么悬而虚且暗含歧视性设定的问题抛给对方，并试图做出静态的结构式分析。

当然，不排除有些人很清楚自己以后想做什么，一步步去达成自己的目标。但我不是这样子的，我有时是被人推着走的。只是说，我挺幸运的，一路上碰到的很多老师对我都特别好。

新京报：媒体提出这些问题的背后，其实期待着某些故事，比如，一个人之所以会做出这样的人生选择，是因为 Ta 以前有过什么样的经历，或因为 Ta 拥有什么样的身份。

黄盈盈：就我而言，大家首先可能会想，"你是不是拉拉？"在社会上，异性恋是主流，但在性研究领域，异性恋是非主流。如果你在性方面平平无奇，你在性研究领域就是非主流的。在国外开会时，最明显了。大家通常会觉得，假如你是拉拉，你的切身经历会让你对这类议题更感兴趣。换句话说，如果你不是，他们就很奇怪，"那你为什么要研究性"？不奇怪。性被特殊化，性研究和性研究者也必然会被特殊化。

我做小姐研究比较多，大家通常不太会猜"你是不是小姐"，更不会问"你是不是会去嫖"。但是，如果我是男的，有人马上会想"你会不会嫖"了。其实，国外的性研究者中有自己做小姐的，但是在国内大家通常不会这么想。这里涉及一定的社会文化之中，我们对于性、性别、阶层的想象。

我走上性研究这条路存在偶然因素。如果大家想听我小时候是不是有什么特殊的性经历，或者我自身有没有什么特殊的性偏好，可能会失望。这类精神分析式或者归因类的故事套路对我不管用，我也不会入这些套。我太寻常了，好像不足以成为一个性研究者，尤其是女性性研究者。

"我最得意的是，帮忙倒开水的阿姨说我讲得好"

新京报：你上学那时候的性研究领域跟现在相比，主要发生了什么变化？

黄盈盈：我是从研究生开始涉足性研究的。当时，在中国大陆，大家说起性社会学就会想到潘绥铭、李银河和刘达临，他们的社会影响力非常大。那时，社会学在性议题上的介入是非常明显的。我当时看的书大部分是这三位老师写的。李银河老师曾在国外读博，她除了写女性的情感与性,还有《他们的世界:中国男同性恋群落透视》等书,对国外性研究的介绍也比较多,比如2000年编译过葛尔·罗宾(Gayle Rubin,或译为盖尔·鲁宾)的《酷儿理论:西方90年代性思潮》。潘老师上世纪八十年代末九十年代初就摘译过《金西报告》[①]和《美国人的性生活:最新权威的性问题调查报告》,做了很多社会调查和本土的原创性研究。刘达临老师做文化方面的研究比较多,还办有性文化博物馆。他们各有各的特色,著作等身,且都是"出圈"的。那个时候好像也没什么圈不圈的。

上世纪八九十年代的时候,虽然研究者屈指可数,但是做性研究的热情与自由度都挺大的,只是研究资助什么的比较少。2000—2010年的这十来年,感觉研究资助和自由度都还比较大,跟国际学界的接触也开始多起来,性研究与艾滋病防治的交叉也比较明显。

现在,那一代老师基本都退休了。以性为主要方向的社会学研究依然非常少。除了我,华东师范大学的魏伟主要做同性恋和酷儿研究,中国政法大学的郭晓飞长期关注性的法社会学议题。性研究也零星地出现在不同的学科领域,包括人类学、历史学、文化研究、文学研究、传媒研究等,越来越多的人开始关注互联网和其他文化现象及文本里的性议题。

还有一个特点是年轻化:做这块论文的学生比以前多;在国外念书的中国学生中,关注中国社会性议题的也越来越多;年轻一辈学者里,关注同性、酷儿议题的研究者也比原来多。而且,你可能也能感觉到,最近几年,性议题不光跟多元性别、酷儿议题有更紧密的结合,在社会层面,也跟女性议题结合得更紧。我们也能从每一

[①] 包括《金西报告:人类男性性行为》和《女性性行为:金西报告续篇》两种,后以"金赛性学报告"之名重新出版。——编者注

届中国性研究国际研讨会的报名者和参会者的名单中看到这些变化。

新京报：所以，可否简单总结为，新一代年轻的性研究者对西方理论的了解比老一辈更多，他们的关注领域更集中在酷儿研究上？

黄盈盈：是有这个特点。做个简单的代际比较的话，我们这辈和更年轻的学者在对老百姓日常生活中的性的认识和理解上，不如潘老师那一辈学者，尤其在"社会洞察力"上。因为时代的原因，老一辈学者的学科训练没那么系统，但是他们比年轻学者更了解中国社会和历史文化。我自己的早期训练基本上是靠调查实践，还有饭桌上听"京派"老师们的闲聊，后来通过阅读又补了一些文献课，也努力通过访学、参加和举办国际研讨会的机会尽量多地扩展自己的视野与格局，但是整体上理论功底比较薄弱。当然，未来也可能出现在理论和对历史社会的了解、对世界时局的把握方面都很强的年轻学者。但目前为止，不同代际的学者的长处和短板还是很明显的。

新京报：你提到老一辈学者的社会洞察力高，让我想起你在研究中所提到的"日常逻辑""生活之道"。你注重"日常生活"的研究视角是不是就是受到潘老师那一辈学者的影响？

黄盈盈：对。潘老师那一代学者有一个很大的特点——接地气。他们能用非常日常的语言把一个现象说清楚，一点都不深奥。年轻学者可能会更多地借用一些非常玄的学术词汇进行表达，转来转去，你可能都听不懂他们到底说什么。我有时候也有这个问题。潘老师就能用非常日常的例子给你讲深刻的道理，逻辑清楚且有人情味儿，这是非常了不起的。所以，我对"日常生活"和"生活逻辑"

的关注，以及对"生活知识"的重视，受潘老师那代学者的影响非常之大。我自己最得意的是，有一次做完讲座之后，帮忙倒开水的阿姨跟我说，你讲得挺好的。

新京报：在你的这种"日常逻辑"的研究里，相对于观察、访谈，你好像更强调感受和体验。但感受和体验听起来又好像比较个人、比较主观、难以归纳。

黄盈盈：这涉及研究方法。田野调查是一种综合和讲究整体性的研究方法，强调多种资料收集方法的并用。我之所以强调体验和感受，不是说观察和访谈不重要，而是前者经常被社会学研究所忽视。有人觉得过于主观。但是这种主观感受，不是你坐在房间里想象，而是一种现场感、切身感。跑到现场跟当地的人打上交道，你才能产生这种感受，包括你对情境和对人际关系的体验和认识。

我会强调身体在场和现场感的重要性。虽然我的感受不能完全取代别人的感受，但只有我在那个地方待上一段时间，才能更好地体会当地人的日常。这种东西我觉得不是通过书本就能得到的。当然，感受和体验还要和观察、聊天和文献类的资料结合起来才能做更为多维与整体的分析，也需要理论的积淀以做出更为精练与普遍性的认识。我只是觉得需要把感受和体验作为一种方法来正式地讲。这也与接地气有关。如果你不到现场去，连感受力都没有，又怎么可能做得到接地气呢？

当然，人跟人之间是有差异的。我们没法完全理解对方的生活，这是不可能的。但是，研究者要尽可能站在对方的位置上了解他们的生活境遇。研究者一定要认识到研究者与研究对象间的距离。只有认识到这个距离，才有可能反思自身，以及更为积极地去想自己要怎么做得更好。

新京报：我很好奇，你跟一些小姐成了很好的朋友，作为朋友，你可能会对她们有一些独特的感受，但是你又不会忘记自己的研究者身份。朋友和研究者之间会不会存在某种张力？你是怎么处理这两种身份的？

黄盈盈：我不敢说我跟小姐成了很好的朋友，1999年那阵我连BB机都没有，联系也不像现在这样方便。后来，我可能跟个别小姐的关系会紧密一点。我的研究不算特别深入，只是关注的时间长，了解得多一点。

你问的这个问题其实任何研究者都会碰到。因为研究者拥有多重身份。这还是会涉及如何处理距离的问题。研究需要进入当地人的生活中，但是，也要有适时跳出来的能力。做研究需要综合很多信息进行整体的分析，也需要独立思考。所以，作为研究者需要知道怎样跟人拉近距离，但又能跳出来。这恰恰是需要训练的能力。这类议题，人类学讨论得非常多。

"我们有什么理由去歧视别人？"

新京报：我想起你在《性/别、身体与故事社会学》里面那个让访谈者抓狂的变性人文姐，因为她在受访的时候不按套路出牌。媒体特别喜欢将人为什么会成为这个样子进行归因，然后让叙事看起来顺理成章，符合大家的想象，比如女性的受害者身份，性工作者的悲惨遭遇，但你是很注重"另类叙事"的。你是从什么时候开始注重另类叙事的？为何会重视另类叙事？

黄盈盈：这是我最近的兴趣点之一。我开始意识到"套路"这个问题可能是 2004 年或者 2005 年。我们早期做小姐研究，一般都是到一个地方混上一段时间，认识的都是从来没接触过研究者的小姐。后来的 2004 年、2005 年，正好是艾滋病项目盛行的时代。当地疾控中心因为要在小姐人群中开展艾滋病的防治工作，多少会有一些经常去宣传、做干预的发廊。有时上面会有督导或者专家过来评估。每次上面或外面来人的时候，当地的疾控就会带着他们去看一些项目点，带他们去跟发廊的人聊。所以，有些小姐就被专家们聊过无数次了，这些人我称之为"专业的被访者"。这是当时艾滋病项目兴起时的典型现象。这个时候，如果你的提问还是按套路出牌——最近生意怎么样、关于预防艾滋病的知识了解哪些，你大概只能听到应付你的话。因为被问过多次，她已经形成了一套很顺溜的说法。这种情况就特别容易形成叙事套路。

从研究的角度来说，我是不想听到这类套路的。事后做文本性的叙事分析、解读套路不是没意义，也会触碰到某些重要的社会现实，但对我来说很多时候那是没有办法的办法。我从那时就开始警惕访谈中的套路，以及单个访谈本身的局限性。我记得 2004 年去香港大学参加过一个口述史方法的研讨会，当时的发言就是"田野调查基础上的访谈"，强调访谈与其他方法的结合与互补。

其他研究议题也有套路问题。很多人都知道社会期待一个什么样的故事。我们刚才说"你为什么做性研究"，其实大家对此也有所期待。我确实不符合大家的期待，而且，我对"提问"警惕性很高，也没打算迎合这种期待。

在性议题上，叙事套路会更加凸显，因为性议题被建构成一种隐私性的话题，这也是我们要非常小心的地方——这个人为什么要在性还不那么被公开谈论的时代愿意跟你讲 Ta 的性故事？这些讲述受到哪些社会角色与因素的形塑？英国社会学家普拉莫（Ken Plummer）在 1995 年就写过《讲述性故事》(*Telling Sexual Stories: Power, Change and Social Worlds*)，通过对英美社会常见的四类性叙事类型的分析，揭示故事讲述背后的政治与文化及其时代性。我在书里面对故事套路有过分析，后来，又专门写了一篇文章讲访谈中的常见套路——比如归因叙事、悲惨叙事，以及日益兴起的运动倡导类叙事，分析套路的特点及其问题所在，以及在方法上如何规避这种套路。这就涉及你刚才提的"另类叙事"。我特别看重"另类叙事"，因为"另类叙事"恰恰能让你看清主流叙事或常态叙事的套路及其问题所在。

你怎么知道受访者说的话是套路？这需要积淀，也需要开放的思维。只有故事听多了，了解的面向更加多维了，你才有可能知道。当你听到不一样的声音，你才会觉得之前一直听到的声音可能是有问题的。这也是我特别关注边缘和另类的原因之一。"眼睛里看得到角落，心里才会有全局"。

细抠起来，另类和边缘还不太一样。很多学科，比如历史学也谈中心和边缘，王明珂老师就有很多论述。边缘在地理意义上往往是很直观的；另类涉及对常态的一种挑战。当然，边缘和另类是相关的，虽然它们针对的东西不太一样。我会再细致地想一想这个问题，另做论述。

新京报：对，你以前说，"边缘人的日常生活、大众人群的边缘议题"是你比较感兴趣的议题。这好像有一种挑战主流的意味在里面？

黄盈盈：边缘和主流的关系不是二元对立的。我在写《性/别、身体与故事社会学》的时候就在想，要用一条什么线索把这些不同人的故事串联起来。后来越来越明晰，这些涉及身体、性、性别的议题，其实都跟社会规范有关，也跟主流与边缘、正常与异常有关。一般来说，老年人、白领女性和大学生被认为是主流人群，但她们的性却是边缘议题。小姐、女性艾滋病感染者、变性人被标定为边缘人群，但大家经常忽略她们的日常生活——比如她们作为母亲、女儿和妻子的生活。我会关注人们忽略的东西，不管它是发生在主流人群还是边缘人群身上。也是在写这本书的时候，我更加清晰地认识到，虽然我这几年关注的人群和具体议题有变化，但是主线并没有变。这个认识是有一个过程的。

其实，这背后蕴含了一个价值立场——我们有什么理由去歧视别人？因为我们每个人的生活中都多多少少存在着一些边缘性，如果我们想想自己身上的边缘性和别人身上的日常性，我们有什么资格去歧视别人身上的边缘性呢？我希望打破或挑战性与性别议题背后的社会歧视，这是我关注边缘与另类背后的思考和期待。

"MSN时代那会儿，我把自己的网名改成：你以为你是谁"

新京报：你对社会歧视和感同身受有很强的反思力，你经常会提到，有些知识分子在面对小姐这个群体时经常带有一种道德优越感，或会以拯救者姿态出现，你对此挺反感的。

黄盈盈：是反感，我都直接写到文章里面了。以前更狂妄，开会都直接说，所以也容易得罪人。我倒不是说这些人有多坏，我相信很多人是好心。只是，那个姿态和做法我不认同。这点，除了自己的调查经历，严月莲和潘老师对我的影响很大。

我们都是在社会上成长起来的，多少会受到教育、社会规范的制约。如果你对从小培养起来的思维方式没有反思的话，就很容易不自觉地带上那种道德优越感，甚至偏见和歧视。不奇怪。但是，在我看来，不具有反思性和自我批判精神的研究者是不合格的。因此，我特别强调反思性。我不想去指责别人没反思性，我首先会反思我自己——我怎么会这么看问题？我是不是什么地方有问题？如果研究者只会分析别人的问题，都意识不到自己的问题所在，这是失败的。有的研究者特别反感"反思""批判"这些词，这有什么可反感的？在我这里，这些词都是积极的、正面的。

新京报：你挺反对启蒙者的那种高高在上的姿态吗？

黄盈盈：非常反感，尤其在性议题上。因为性议题本身具有很强的道德性。曾经有一度，还是MSN时代，我把自己的网名改成：你以为你是谁。

新京报：在你的书里也有提到斯皮瓦克的提问，"下属群体能发声吗"，对这个问题，你怎么看？

黄盈盈：发声大致有两种情况：底层或边缘群体自己的发声；研究者或社会运动家替他们发声，当然这些人群间可能有交叉和联系。我在研究中会倾向于强调类似于"下属群体"的人们的能动性。这也是我做不同女性群体研究，做边缘人群研究的一个基本立场。但是能动性并不是绝对的，与它相对应的是结构制约。换句话说，在认识到一定历史与社会情境中，某些结构性不平等的情况下，我会更加倾向去发现、激发身处边缘的人们的能动性——他们如何应对这些不平等，如何生存与生活。我觉得草根的力量是非常重要的，小群体关系、邻里关系等具体小环境的改善不比倡导国家法律、政策的改变要来得微小。我自己很看重这些。不仅是说研究，也是说生活。我很庆幸自己有几个小共同体意义上的朋友群，有性研究的，有女博士读书八卦群，等等。很重要。

　　回到"下属群体能发声吗"这个问题。且不论斯皮瓦克说这句话的理论与对话背景，这个发问本身就有着质疑与挑战的力道。如果移植到我自己的研究，做一简要回答，绝对的自主发声我觉得是不可能的，因为"下属"或者"底层"所受到的结构制约与社会条件的限制不能被忽视。在这个意义上，答案是否定的。当然，这并不是说研究者或者运动家就能够代替发声，而且，也绝不是说消极地认为"下属群体"的发声没有意义。如何发声，而不把发声简单化且与身份相捆绑，这是我更加关心的。探索不同群体间如何更好地合作与相互补充、支持，可能是更为积极的发声路径。

"你都下结论了，还做什么研究？"

　　新京报：你在《性/别、身体与故事社会学》里面还提到一个学生访谈文姐，他一开始预设了理论框架，然后套进去之后发现这个框架其实并不能做出有效解释。其实，有些研究者或文化媒体人，都很喜欢先预设一个理论框架，然后再去找现实素材对某个现象做出解释。你似乎挺反对这种理论先入为主解释事物的方法的。你为何会不喜欢这种理论先行的宏观叙事？你是怎么看待理论的呢？

黄盈盈：有一些人会批评经验研究者不重视理论。其实不然。问题不是理论重要不重要，而是如何对待理论与经验的关系。你不能在具体经验研究还没开始的时候，就已经设定好解释路径和结论了，这是经验研究最忌讳的做法。

我做定性研究比较多，定性研究要求我们开放地去了解研究对象的生活世界。你都下结论了，还做什么研究？你所做的只是拿材料为理论做论证，这会大大削弱经验世界本身的丰富性。

理论当然会影响你。我是关注日常生活还是关注制度结构，已经包含了我的理论认识。假如我受日常生活理论的影响比较大，就会更加关注人们的日常实践；假如我受福柯的影响比较大，我可能会更关注常态和异态、话语与知识权力等。你选择研究什么问题，背后的问题意识一定包含了理论基础。你可以从理论的视角出发来看问题，但是理论倾向不能直接导向你的结论。你的结论一定要开放给经验世界。所以，要问的不是理论会不会影响经验，而是理论要在哪个层面上发挥什么影响。

预设和立场跟理论不完全是一回事。我们看待问题时，多少都会带有自己的立场，只是对此要有比较自觉的认识与适时的悬置。预设则显得更为强烈，而且导向结论，要非常小心。比如，在做小姐研究之前，你就觉得"这些小姐都是被迫的"，这种预设在很大程度上已经是结论了。假如你带着这种预设做研究，你大概率只能看到她们被迫的情况，这会强化你对"她们是被迫的"的认识。这是个死循环。如果你能悬置甚至放弃你的预设，你至少能看见那些不是被迫的，或者没那么强制性的案例，看到更加复杂的现实。当然，如果你一定要说没有绝对的自愿，都是某种程度的被迫，那我觉得就没什么意思了，谁不是这样，为什么单单挑出小姐群体来说？预设会影响你能看到什么，不能看到什么，以及做出怎样的论断与解释。

新京报：你刚刚说理论与经验之间的关系，让我想到你曾在书里写到的"性实践家"阳春，她是一个身体先行的先锋派。你在书里说，"如果阳春都能成为女性解放、进步运动的先锋，那我们这些熟知女权主义理论的人怎么办"？这里面似乎蕴藏着知与行，理论与实践之间的张力。你是怎么看待知与行、理论与实践之间的关系的？一个女性解放的倡导者和性研究者，是不是意味着自己也要身体力行？

黄盈盈：这句话改编自何春蕤老师一篇文章的一个注脚，是一句对研究者的调侃——女权理论的知识好像比实践的知识更有价值似的。一个如此强调实践，甚至是来源于运动实践的理论如果还反过来鄙视实践知识，这是很嘲讽的。

在有些社会，研究者和实践者的联结性更强——有些研究者同时也是实践家。但是，在中国大陆，研究者和实践者的张力还是挺明显的。有的研究者会觉得实践者上不了台面，有的实践者会觉得研究者不接地气。

研究者的知识体系往往被认为优于实践者的知识体系，我们有种对"专家"的迷思。在一个社会里面，你不能否认知识体系是分等级的，哪怕我说的东西不如小姐说的，但因为我是人大的老师，大家可能会更愿意听我讲（当然，也有相反的情况）。这里有个话语权的问题。但是，生活中的知识与学识型的知识之间出现这么大的差距或者张力是有问题的，一方面，生活中的实践知识被一些研究者低估，另一方面，有些实践者看不起智识层面上的东西，觉得要产生即时的社会效应的做法才是重要的。所以，我也会经常被人略带质疑地问：你们做了这么多年的小姐研究，促进了哪些社会变化？换句话说，有什么用？

至于知行合一，或者说身体力行这个问题，某种角度上讲我觉得是需要的，但是不一定做得到或者做得好，而且要看具体什么事儿。我自己也是有些方面做得比较好，但是某些方面不行，我就没少被阳春这样的实践家笑话，但是还不至于影响到我做研究。

PART 2 性别身份、性与社会议题

"作为一名女性,我做性研究还是有点优势的"

新京报:作为一名女性,你觉得自己的女性身份对做性研究带来了什么样的影响?

黄盈盈:性别是我的特质之一,但它不是我的全部,甚至构不成一个非常凸显的或决定性的特质。就我自己来说,我首先会想到我作为一个性研究者在高校里教学、做研究、发文章时的境遇。性研究很受媒体欢迎,而且我个人其实是受益匪浅的,包括可能比同辈人有更多国际学习与交流的机会。但是整体来说,性研究在学界是边缘的,在灰色地带游走,近年国内发表都有些困难。目前看,"性研究者"这个身份比"女性"这个身份对我研究的影响更大,换句话说,社会对待"性"的态度比对待"性别"的态度对我个人的影响更大。

某种角度看,作为一名女性,我做性研究其实还是有点优势的。就像我刚才说的,男性去红灯区做调研,别人会对你做出道德的评

判,"老色鬼"可能都会骂出来。对于女性来说,这种道德评判会少很多,我受到的道德评判就比潘老师要少得多。

最近几年,我的女性身份还有一个优势——在讲到跟性和性别有关的议题时,假如我是男性,恐怕很容易会被扣上男权的帽子。我虽然也没少挨骂,但因为我"身为女性",受到的直接质疑还是要少很多。所以,我在一定程度上更好说话。比如,在性侵议题上,我有时候会比较小心地说,法律的介入可能会给我们带来什么样的问题,或者我们要先了解一下事情的复杂性。假如一位男性研究者说这话,你想想会是什么后果。我并不是在炫耀我的性别身份,相反,这么说的时候,有点悲哀。

还有,在我的研究里,大部分研究对象都是女性。所以有人会说,是不是因为我是女的,所以我只能研究女性?或者我是不是只看到女性议题?我不是不可以研究男性的性议题,首先,我觉得女性议题的研究本身就很有意义和价值,我们对于不同群体的女性的身体与性的了解不是太多,而是太少。其次,我也研究过男性群体,比如男民工的性与阶层问题,还有男嫖客。不是说不可以研究,但是研究男性的性议题时确实受到了一些方法上的挑战。我去访谈男嫖客,相比潘老师,总觉得我和他们之间隔着一层东西。我们可以聊一些事实性的、事件性的问题,但是比较难聊到细节性的感受。当然,男性去访谈女性也有可能会面临类似的局限性。简单说,我觉得性别对研究的影响是有的,但不是绝对的,跟资历甚至性格结合起来做具体分析会比较好。

我最近是自己感觉遇到了研究瓶颈,跟能力与知识结构有关。我在写《性/别、身体与故事社会学》的时候自信满满,感觉还有很多东西可以深入。但在写完之后的挺长一段时间里,我忽然意识到我遇到了瓶颈。比如，你现在问我最近在做什么研究，我会打磕巴。我还没想好。我对中国历史文化中的性议题很感兴趣，也希望在历史文本中，在小说、老百姓日常会说的土话中，去发现可以跟西方性知识体系进行更为平等对话的语言。我知道这些方向的研究很重要。但是，当我要把脚伸向这些领域时，会立马发现我的知识短板很多，能力有限，也有点畏惧。当然，我也依然可以继续关注改革开放四十年背景之下的性之变，当下也依然有很多的性议题值得深入，我还没想好下一步的具体研究方向。这跟大形势有关，也跟我自己的研究阶段有关。

可能扯远了，回到你的性别议题。我刚才谈到的有一些问题跟性别有关，但是有些问题不完全是性别带来的。作为女性性研究者，性别对于我来说挺重要的，但并不是全部。所以，我不避讳但是也不会强调我是一个女性研究者。因为我在这个阶段感受到的首要问题还不是我的性别所带来的问题，而是当下学界的整体氛围，以及社会对性的态度和我自己知识结构的问题，它们之间有交叉，但不明显。

"近年来，女性与儿童的性议题尤其凸显"

新京报：你刚刚说到预设，我们做的这个女性学者访谈系列的背后也有预设——女性学者的身份是有其特殊性的，以及在男性主导的学术界里，女性可能处于一个比较边缘的位置。你怎么看待这种预设？

黄盈盈：女性学者访谈系列我觉得挺有意义的，这也是我愿意参与的原因,不是说多成功才能谈,才能"发声"。但是诚实地讲,你们刚开始发来采访想法的时候,我记得访谈提纲的第二部分里说,会谈到作为一名女性研究者的遭遇。我一看到这里就停住了,我不知道"遭遇"这个词到底合不合适,要不要改一个中性一点的词汇。

但是,我后来没有纠正。在某种程度上,你们用"遭遇"是因为从群体层面上来说,社会上的性别不平等一定会反映到研究者群体里,学术界确实是男性占主导位置,用"遭遇"这个词也不无道理。但是,"遭遇"这个问法的预设性非常强,换到个人身上不一定合适。我想了半天我的"遭遇",如果勉强说近期有,好像主要也不是因为我的女性身份。

当然,我完全没有代表性。我只是提醒自己谈这类议题时,要落到我自己的生活和切身感受上来谈,而不是一个性/别研究者在泛泛地谈一个性/别现象。研究者特别容易直接跳过去抽象地谈"社会问题",而忽略朴素的切身性,因为你问的是我个人的情况,而不是让我谈"女性的遭遇"。我知道很多女性研究者在家庭中所付出的时间和心力跟其女性身份有直接关系。我基本没有这方面的顾虑和负担。家庭领域的性别不平等在我身上体现得确实不明显。而在工作中,我对制度和规则是有一些不满和批判,制度与规则的制定者确实也是男性主导,但是"被遭遇"的不只有女性研究者,也有男学者。某种角度讲,也可以说结构性不平等与个体境遇并不是完全吻合,也不是可以直接推演的,多样性和积极的面向也总是有的。当然,说我对"男权"的认识不够深刻,我也没意见,只是希望这个词不要成为一个标签和分析一切的概念,走向"惟性别主义"就没意思了。

新京报：这也跟我们媒体有关，近年来，女性议题是一个经常引爆流量的议题。观察这两年我们报道的很多新闻的性叙事，一个是像伍迪·艾伦、福柯等人被揪出来恋童的叙事；另外，就是像林奕含、韦恩斯坦、N号房间、伊藤诗织这样的性侵性骚扰的叙事，每个话题都有很大影响。现在有很多媒体人会讨论女性议题，但在十几年前的舆论场里，并没有那么多媒体人靠这个议题"吃饭"。我觉得，我们这些年的确经历了女性意识的觉醒。你怎么看待近年来女性和儿童作为性受害者的性叙事会成为舆论热点的现象？

黄盈盈：这是一个很重要的，也是非常值得关注的议题。儿童和女性的性并不是今天才成为性领域关注的焦点的。在性方面，儿童和妇女从来都是备受关注的，尤其是儿童。因为在性议题上，儿童和妇女往往会被构建为纯洁的无辜者、需要被照顾的人，隐含的也是潜在的受害者。

我在读西方性学百年历史的有关文献时，很明显地发现，当我们说一个社会发生"性革命"，你要看的不是男性的变化，而是妇女和青少年群体的变化，这才是反映社会性变迁的重要指标。在这个方面，近现代以来中西方之间没太大区别，除了有个时间差和具体事件不一样。何春蕤老师和潘老师的文章对此也都有论述。

很多社会都会把妇女与儿童设定成需要保护和关爱的群体，尤其是儿童。性又是一个高度道德化也极容易挑动人们神经的议题，除了"魔鬼学化"的特点，我们有一个性的道德滑坡理论。两者相加，很容易形成热点议题，也容易造成道德恐慌。怕带坏小孩或谴责妇女受害者往往是性审查时非常重要的两套论述。近现代以来，大部分人都认为性会对儿童和妇女造成伤害。如果说妇女议题还有些不同的声音，那未成年人的性基本是一块不容异议和讨论的存在。

这方面的研究和论述也有不少，但是我也没想好怎么在公共空间讨论年龄与性政治的问题。可以说的是，我们对于未成年人（不同群体、不同年龄段）的性/别世界的了解还太少，而未成年人一旦长成大人，尤其是家长，也往往会忘记自己曾经是怎样过来的。

说到时间差，为什么近年来女性与儿童的性议题会特别凸显出来？首先，跟互联网的发展还是非常相关的。互联网极大增强了可见性与临近感，以及对个案的放大效应。这些讨论和资讯的视觉化呈现，会把这些议题以极度震撼和不可容忍的方式抛出水面。一些人是出于公义之心，也不乏一些蹭流量的，甚至恶意炒作。其次，这也跟社会发展到一定阶段有关。性别类进步议题会随着社会发展与全球化的加剧冒出来，大家对性别议题的敏感度会逐渐增加。女性的议题，性别的议题，不可能长期被忽略。还有，很直接的，这也与这些年来我们关注性别议题的年轻人的积极介入和推动有关。可以说，性/别议题的切身与道德化特点、互联网技术的发展、国内政治与社会环境的变化，以及世界政治格局的变化直接相关，此类议题在全球范围内联动性的加强，也进一步推动了此类议题越发冒尖，也更加的政治化。

"目前性和性别议题的讨论氛围很不健康，
特别容易流于喊口号和贴标签"

新京报：你一直对政治正确跟性侵叙事有保留意见。在你以前的采访中，你说新一代行动派一方面在反性骚扰这个问题上延续了麦金农的观点，但另一方面她们也主张性自主。你觉得这种性侵的危险跟性自由之间的度该怎么把握？怎么能够在保证性自由的情况下又能抵制性侵这种危害？

黄盈盈：新一代行动派，通常我们称"新女权"，其实内部也有许多不同的观点。而且，我觉得最近几年也在发生变化，下结论还是有点早。以前有一段时间里，大概2014年前后，"性权"与"女权"之争是讨论的一个热点，尤其在性侵这个问题上。在《我在现场》和《性/别、身体与故事社会学》出版之后，我接受过几个访谈，他们都会问我怎么看待性权与女权之争。虽然我不在网上参与争论，但据说大家通常把我归到性权派。我在书里稍微回应过这个问题。何春蕤老师也就女权主义的"结构-自主"问题做过专门的论述。

但是，这两年没人问这个问题了。大家或许都能感受到，性权的声音越来越小。因为"性权派"本来就没几个人，我认识的几个朋友还都不爱在网络上争论，基本上是自己小圈子讨论讨论。所以，性权派的声音就基本上听不见了。但是，随着一些事件的发生，女权派内部也开始出现不一样的声音。所以，这个议题不能简化为女权派如何看这个问题，因为女权也好，性权也好，内部是有差异的。哪怕同一个人，她的观点也是会变化的。我对有些问题的观点也在变化。

先说"性自由"这个问题。我不知道你怎么理解这个词，绝对的性自由是不可能的。在涉及人际关系时，你肯定得找一个平衡点。你想要的是不是人家想要的？性自由不能做绝对化的理解。如果说，它只意味着个人的自由与权利，我想要，我不管你想不想要，甚至以某种权力强制的方式来达到我想要的，这当然是有问题的，还用说吗？但凡涉及人际关系，总会有度的问题，有互动和协商的问题，这难道不是为人处世的基本道理和能力？当然，不得不说，现在不少人确实缺乏这个能力，谜一般自信。

我在性侵议题上的发言比较谨慎，搞得我好像立场很不坚定似的。我当然不是说反性侵不对。在日常生活中，在不存在性侵的情况下，两个人的性是私密的。但这私密的事情如果处理不好，就会变成公共议题，在这个过程中，它从私密事件发展成公共事件。性的私密性特点增加了在公共领域讨论和应对这类事情的难度。因为你不是当事人，你对事件中的一些步骤是不清楚的，举证以及对于证据的判断都是不易的。我觉得用外在力量，包括法律的介入来应对那些最糟糕的状况是下策。生存之道、人际交往的能力、对待自己的身体与性/别的能力是我们打小要培养的。不要把这个动不动就归为"谴责受害者"，也不要仅仅是期待靠制度层面的改变来保护个体，我一直觉得建设个体与群体层面对系统的支持很重要，尤其是在应对私密关系问题之时。

撇开那些很明确的、赤裸裸的强制或胁迫式的性侵问题，大家都知道，大多数性关系中的感情是很难讲的。暧昧、调情，搞不好就成性骚扰了，外人有时是很难判断的。所以，我有时候挺惊讶，为什么大家都能那么斩钉截铁地做出判断？我不是说这些事情都是对的，我通常会说，这事情我并不清楚，我只想先多了解一点。但是，但凡有所迟疑，我就会被人质疑是不是不支持反性侵。当你拿一个清晰的规定给这些事情定性时，这可能会抹消掉生活中的暧昧性和复杂性，其实解决不了现实问题。

有些人并不是落到地面上谈性与性别议题，而只是飘在口号的层面谈。一个朋友说得挺对的，就是生活中其他事情的不确定性甚至风险大家都能承认/承担，为什么一到性的问题上就搞特殊化？换个问法，性为什么就那么特殊？

新京报：所以有人说要在亲密关系里引入性同意权。

黄盈盈：这个问题，像郭晓飞、朱静姝他们有过专门分析。同意权往往是一个比较明晰的东西，法律肯定是要明晰的。但日常生活中的关系本来就存在很多不确定性，若都变成确定的，那也挺没劲的。不确定性给我们带来了挑战，性骚扰的取证是很麻烦的。我理解很多人希望推动法律介入到性关系之中，并认为要以受害者的意愿为主——如果我认为他是性骚扰，那就是性骚扰，因为取证太困难了。我并不认为这类事情不需要法律介入，我只是认为简单地拿法律的尺子去度量性关系是有问题的。

你希望日常生活中的性关系被明确的法律条文来衡量吗？这意味着我跟一个人交往时，我还要时刻思考，对方要怎么同意才算是真的同意。有人提倡，男女，尤其是师生、上下级谈话的时候，要把办公室门打开，比如美国就这样做。好多人认为美国反性骚扰的法律制度健全，但这个解决问题吗？美国的性骚扰少吗？在建设制度的时候，我们是不是也要想 想我们想要的制度跟生活是一种什么样的关系？

这个问题不是很好谈。在网上，没有多少人会有耐心像你这样听我说半天，大概也没有多少人能把这篇访谈看完。目前性和性别议题的讨论氛围很不健康，大家特别容易流于喊口号和贴标签。这样下去，即便让你讲，最后谁都不愿意说话了，也会加剧某些人对女权的污名化。口号跟生活之间的关联到底在哪里？落实到具体的事情上，我们该怎么考虑生活的复杂性？我觉得多想一想没什么坏处，营造一个更好的讨论环境人人有责。

我写了一篇《女权主义的性论述》(2018)，基本上也是想通过回顾不远的历史来简要回应这个问题。那篇文章里没有直接谈中国，主要是梳理上个世纪八十年代以来美国女权主义内部的争论。并非只有反女权的人才会质疑，女权主义内部不是铁板一块，也不是像当年所说的只有性权和女权两派对立，而是有着许多不同的声音，而且第一波、第二波、第三波以及更为后来的女权主义在性议题上的讨论与介入也有一些变化。八十年代女权主义的性争论是很有理论含量和现实关怀的，可以说积极地推动了性与性别理论的发展。中国台湾的丁乃非老师也专门分析过美国女权主义的内部分歧，包括对麦金农理论及其在全球走势的分析，以及相关论述背后的冷战思维。这些对于我们理解和把握当下在中国社会所发生的性与性别议题的争论是有帮助的，包括明晰争论背后的思维与理论预设，政策可能产生的社会后果，以及去思考我们想要达到的一个性/别环境是怎样的，在当下，又可以通过怎样的途径或策略去实践。

"假如性教育的方向引导错了，可能还不如不教育"

新京报：在性教育中，大家的关注点可能集中在反性骚扰，以及性医学、性科学方面的内容。你觉得我们的青少年需要什么样的性教育？

黄盈盈：性教育又是一块重要的内容。"我们的青少年需要什么样的性教育"，这个问题姿态有点高，或许换成"现阶段，我们想要怎样的性教育"更合适一点。这里的"我们"是多主体的，也包括青少年。

我之前在写文章的时候，在政策建议部分（如果有的话）也经常会落到积极开展性教育上。但是现在觉得这么说还是有问题，至少不能止于此。我在复杂化其他性/别议题的同时，又把"性教育"太想当然化了。这是惰性。这个词也需要好好梳理和辨析一下。

我们如何理解"性教育"？我一直觉得性教育不能被简单理解为只有儿童或者未成年才需要的教育——它是贯穿一生的，很多时候，成年人更需要。而且，我从来不觉得只有课堂上老师对学生的性教育才叫性教育，家里有意无意间的观念流露与言传身教，网络上对于性现象与性事件的讨论都是很重要的一部分。在大学里，上与性有关的课程，开性/别有关的研讨会，等等，也都属于性教育的一部分。小说、电影，包括带色情味道的，都是人们接触性议题的渠道，而且有些内容也不是你想禁就能禁得了的。无论是我们的定量调查还是定性调查的认识，都很清晰地显示出涉性的政策与人们日常生活实践之间的鸿沟。更现实一点的问题是：如何面对？

我们想要什么样的性教育？我们两个人都做性教育，但是我们两个人对性的观点可能非常不一样——你要讲什么内容，你的导向是什么样的。你是希望未成年人在成年之前最好不要有性行为，还是希望未成年人要有能力对性行为说"yes"，这是很不同的导向。做性教育也不能流于喊口号。

现在的性教育大纲是怎样的，内容有什么，理念与导向是什么？性教育是要参考欧洲（比如丹麦）的经验、美国的经验、联合国汇总的（西方）经验、中国古代的压箱底的经验来写，还是可以有其他借鉴来源与依据？这里面有很多东西值得细致讨论。不要把这些提问当作简单的、恶意的否定，从而直接产生排斥感。就内容而言，生理、医学、反性侵方面的教育是其中的一面，但显然远远不够，人文的、社会的、积极而快乐的身体与生活的一面一定不能被忽视。前者是偏防御保护性的，后者是更有力量的。"危险"与"快乐"不是一个非此即彼的二元对立面，积极的性教育恰恰是应对"危险"的重要举措。而且，性的生理和肉身特点与其人文社会的一面，任何一方都不可偏颇，因为这触及我们如何对待自身、关系与貌似不相干的他人。只是说，什么阶段如何讲可以具体再讨论和协商。

此外，我个人觉得将性教育写进法律或许是有了制度的保障，但是远远不够，无论是内容、理念层面的讨论，还是对现状的了解（包括不同群体的青少年的世界）都还远远不够。假如性教育的方向引导错了，可能还不如不教育，因为还要使劲拉回来。还是说，大家有信心和强大的内心认为可以试错？说到这里，你也能感觉到，再一次，思考／讨论与做／实践之间出现了某种张力。

新京报：那你期待的方向是什么？

黄盈盈：这个问题我回答不好。葛尔·罗宾在一篇文章里面说，"我觉得最能鼓舞人心的梦想是建立一个雌雄一体、无社会性别的（但不是无性的）社会，在这个社会中，一个人的性生理构造同这个人是谁、是干什么的、与谁做爱，都毫不相干"。

这好像也不现实。我至少希望性／别议题还有多元讨论的空间，基于性／别的歧视可以减少，大家相互间多一点同理心，人际交往可以更为友善。这涉及如何理解和处理不同权利主体之间的关系，涉及我们在生活中做出某种决定的能力，其中包括独立思考、不随波逐流的能力，也包括应对风险与处理复杂事物的能力。这都是需要在生活实践中培养的，而且，我也一再强调，不是只有儿童、青少年才需要"教育"。

批评不易,建设更难。虽然我经常做批判性思考,但是我还是很佩服正在做事的这些人,她们在顶着压力推动性教育的进展。只是说,作为一个性研究的学者,在更大的世界格局与政治社会背景之下,做复杂化一点的批判性思考是我的职责。我认为这是积极的、建设性的,即便可能不受待见。此外,我的批判和顾虑也不是无缘无故的,我了解到我国台湾及其他一些地方的性教育与性别平等制度的确出现了一些问题。有些社会后果在别处出现过,在中国大陆也有苗头,并不是我在象牙塔里空想出来的,也绝不是在玩智力游戏。做研究的也好,做实践的也好,争论归争论,我们总是希望善意可以导向更好的社会效果,以及不同人的快乐生活。既然最后是谈"期待",就暂且乌托邦一下吧。

梁鸿：写作是一种『自我搏斗』

采写—刘亚光

梁鸿,学者,作家,中国人民大学文学院教授。著有非虚构文学著作《中国在梁庄》《出梁庄记》《梁庄十年》,学术著作《"灵光"的消逝:当代文学叙事美学的嬗变》《外省笔记:20世纪河南文学》《新启蒙话语建构:〈受活〉与1990年代以来的文学和社会》《黄花苔与皂角树:中原五作家论》《作为方法的"乡愁":〈受活〉与中国想象》等,学术随笔集《历史与我的瞬间》,短篇小说集《神圣家族》,长篇小说《梁光正的光》和《四象》。

和梁鸿见面是在北京的一处茶楼，她和儿子一块儿坐在对面。2021年9月，贾樟柯导演的纪录片电影《一直游到海水变蓝》上映之后，后者现在可能偶尔也能被人认出来。尽管这部以知名作家们的家乡为主题的电影收获了极为两极的评价，但梁鸿和儿子在电影中的互动，被不少人公认为是电影中最有趣，也最值得思考的片段。

电影中，梁鸿的言语间流露着十分复杂的情绪。一方面，提起父母和姐姐，她娓娓道来，情到深处会不禁落泪。同时，她似乎也有着许多隐而不发，用语言难以勾勒的言说对象。面对家乡，年轻一辈与怀揣复杂心绪的父母辈形成了鲜明的对照。在影片的结尾，梁鸿领着儿子用他很不标准的家乡方言，一字一句地念出一段独白："我的爱好是物理，我的梦想是长大后成为一名物理学家。"

在这个被社会学者马歇尔·伯曼称之为"一切坚固的东西都烟消云散了"的时代，年轻人或许越来越难以理解"故乡"一词的内涵。但在梁鸿这一代人中，它或许象征着某些相似且重要的东西——借用同样参演电影的贾平凹的一句台词，那是一个留存了"最快乐也最痛苦的时光"的地方。从家乡走出的人们，可能也注定需要花一生的时间去不断地重新认识它。

1997年，梁鸿来到郑州大学攻读文学硕士学位。2000年，她又去了北京，在北京师范大学师从著名文学研究者王富仁先生攻读博士学位。博士毕业后，她继续从事博士后研究，并先后在青年政治学院、中国人民大学任教。在物理距离上，这似乎是一条"离乡之路"，然而，故乡从未在梁鸿的视野里缺席，而是在情感与智识上始终在场，召唤着她踏上归途。

2007年，梁鸿突然觉得"一定要回家，要回家写点什么"。于是她返回家乡，重新认识身边的人和事，由此开启了如今成为其代表作的"梁庄三部曲"的写作。《中国在梁庄》里，她写梁庄内部的故事，写过去曾发生在这片土地上的政治风波，写如今基础教育的隐忧。到了《出梁庄记》，她的视野进一步扩展，跟随父亲一起遍访四散在各地的梁庄老乡，用文字跟随他们走上工厂的流水线，踏上嘎吱作响的三轮车。

很多人将"梁庄三部曲"视为当代中国非虚构写作的标杆式作品，认为它借助丰富的纪实细节，以梁庄为样本，折射了社会转型时期中国农村的许多结构性问题。不过在梁鸿眼里，梁庄固然有它"中国"的一面，但它更多时候是私人的。"我始终秉持的观点，都是故乡不能被本质化。每个人都有自己的书写方式。"梁庄写了十年，除了借助自己的眼睛观察中国社会，梁鸿也在不断通过写作反观自己。

刚刚过去的2021年，"梁庄三部曲"的最新一部《梁庄十年》出版，熟悉梁鸿的读者会在新作中发现一些明显的变化。《中国在梁庄》里，梁鸿本人的大段评述不时出现。《出梁庄记》中，她还会在写郑州工厂里工作的老乡的章节前引用一段马克思《1844年经济学哲学手稿》中的原文。而到了《梁庄十年》，梁鸿的视线则回归梁庄内部，更多地让故乡的人们发出自己的声音，很多篇章甚至采用了接近口述的写作方式。

其中，尤其值得一提的是《梁庄十年》中女性个体发出的声音——她们中的很多人，第一次在书里拥有了正式的名字。和中国的许多乡村一样，在梁庄，出嫁的女性，在某种程度上就成了"别家的人"，她们在本家的观念里被"驱逐"，甚至都不再被人们所谈起。这不仅是一种约定俗成的传统，也成为一股强大的文化惯性。用梁鸿在书中的原话说：

> 在之前的梁庄写作中，当谈到大堂哥、二堂哥时，我会详细写出他们的名字，但是在写到女性时，我从来没想到写出她们的名字，都是直接用"建昆婶""花婶""大嫂""二嫂""虎哥老婆"来代替……这么多年以来，我一直觉得自己算是一个比较有自觉意识的女性，早年读博士时，正是中国女性主义思潮兴盛时期，我也买了大量的相关书籍，一度想以女性主义为主题写博士论文……可是，在无意识深处，在最日常的表述中，我仍然以最传统的思维使用语言。没有人觉得有问题，我没有察觉，好像读到这两本书的人也没有察觉。语言潜流的内部包含着思维无意识和文化的真正状态。

梁庄女性们身处其中的这种集体无意识，隐喻着我们所熟知的某些女性的普遍处境。而这种处境可能不仅关乎女性，也关乎叙事。除了写作和研究乡村文学，梁鸿也写过很多女性主义文学批评。在与《梁庄十年》同年出版的文集《"灵光"的消逝》中，收录了一篇有关中国当代女性文学中"男性"角色书写的研究。她指出，女性文学中的"男性"形象其实是文化的镜像，对"男性"的书写方式及象征意义的转换，在某种意义上也显示出女性主体意识的建构、发展及其遭遇的困境。而从文本传播和流通的角度来看，女性书写的每一次变化,都在不断经历着以男性视角为中心的社会话语场的过滤。

尽管那篇文章写于2009年,但身处当下语境,这一观点似乎显得更加合乎时宜。当代公共空间中的女性表达,不仅面临着传统父权制文化的凝视乃至围猎,更遭遇着新的被消费主义吞噬、收编的风险。叙述与言说本身,成为一项布满陷阱的实践。

同样布满"陷阱"的,还有梁鸿擅长的非虚构写作。过去的几年里,非虚构写作成为公共讨论热度最高的一类文体,它常常成为人们看见世界复杂性的窗口,但也会因为一些写作方式引来争议。前不久,谷雨实验室发布的《一个农民工思考海德格尔是再正常不过的事》就是一个典型的例子。非虚构作品应该如何处理好讲述者和作者之间的关系?写作者应该持有怎样的立场?梁鸿认为,并非只有非虚构作者,所有类型的写作者都需要长期追索这些问题。

"写作就是一场自我的'搏斗'。"她说。

PART 1 学术之路：从女性文学到梁庄书写

"知识应当转化为自身情感结构的一部分"

新京报：作为二十世纪七十年代出生的人，你的青年成长时期正好是一个重要的文化时段，八十年代思想解冻，很多新鲜的思潮、流行文化都对一代人产生了深远的影响。现在回想起来，你觉得那个时期有哪些带给你很大影响的作品或是学者？

梁鸿：八十年代，我才十几岁，在乡村生活，因此，并没有完全跟上那时的思想解放，当然在乡村也能感受到一些，譬如香港电视剧引进了，我记得那时全村人跑到镇上，挤在那家有电视的人家门口看《射雕英雄传》，感受到某种形式的解放和自由，还有就是村里的年轻人开始出门打工，一种世界的流动性。如果说真正受影响的话，应该是九十年代末期我个人的阅读开始之后，像福柯的《性史》，那是对我的学术观念冲击极大的一本书，原来，"性"不只是性，它暗藏着规训、惩罚、权力等一系列话语，它是一种塑造，而非天然。它让我知道，许多我们以为"由来如此"的东西，不管是大的文明话语还是日常生活话语，背后都有结构性存在，你要发现、思辨这些结构性。

在这中间，我又不断阅读自二十世纪八十年代以来开始在中国社会流行的诸多思想性文本，美学、哲学、文学，等等。我想所谓思想解放其实是观察、理解世界的不同方式：原来，不只有一种生活，而是有无数生活，无数可能性。它带给中国一代人的不只是书本，而是对生活、生命、美和社会等不同形式的想象。

新京报：你的博士论文做的是河南的地方文学，从2008年开始写非虚构作品"梁庄三部曲"，还研究过女性主义文学，现在回想起来，你的学术之路是怎样开始的？最近几年你关注问题的重心是如何变化的？

梁鸿：因为喜欢文学开始重新读书，读中文系，但没想到随着读硕士和博士，走上了研究的道路。但是，也挺喜欢的，毕竟读的还是文学作品。1998年硕士二年级时我第一次发表论文，写的是张爱玲的家庭叙事。当时关心一个问题，完全是出于自己的兴趣和内心的冲动。我很感谢当时《郑州大学学报》的编辑老师，他评价我这篇第一次尝试发表的作品"有思辨性，同时也不失情感的温度"。这对我来说是很大的鼓励，后来也成为我心中好论文的一个标准。

当时我们没有什么核心期刊的概念，做学问是一件很开心的事情。我的硕士导师当时在学校里有一个大的书房，他把书房钥匙给了我们，我们随时都能进去拿书看。我印象很深刻的是在那里看了很多商务印书馆的书，美学、结构主义的知识，就像海水一样扑过来。后来一路读博士，再到留校，就成了顺理成章的事情。学术训练最重要的一点，就是让人明白你的思维不是天然的，你对事物、文学的观看，都是需要后天训练的，需要你内在的丰富知识与外在的世界碰撞之后才能形成。

从这个角度来看，2008年之后我的写作转移到梁庄是一个非常自然的过程。在多年的学术训练中，我也逐渐意识到，知识掌握了之后并不能僵死地存放在那里，而是要转化成你的思维结构，乃至于情感结构的一部分，这样它才能真正被内化为你观察世界的一种"视角"。当然，这是一个很宏观的原因。如果具体地来说，回到梁庄，重新书写我的故乡，其实就是一种自然的冲动。不论是学术论文，还是文学，好的作品一定是和你的情感有关联的。

我经常举的一个例子就是列维·斯特劳斯的《忧郁的热带》。作者开篇就说：我讨厌旅行。他倒不是字面的意思，而是他不喜欢当时人类学家做民族志的方式。一些人类学家跋山涉水去研究原始民族，用一套固定的模式去把当地"原生态"的风俗奇观化，这种姿态多少是有点高高在上的，斯特劳斯想质疑这些叙事。我之所以很喜欢这本书，同样也是因为这句话背后，有作者对待这门学科的情感与反思。

"即使学过女性主义理论，我也曾很少写梁庄女性的名字"

新京报：你的论文集《"灵光"的消逝》最近刚刚出了新版，这里面收录了几篇有关女性文学的研究。你是从读研开始，就一直关注女性文学的吗？这段研究经历是否也影响了你的性别意识？

梁鸿：我读研究生期间，国内女性主义研究正好是一个比较繁荣的时候。凯特·米利特的《性政治》，理安·艾斯勒的《圣杯与剑：我们的历史，我们的未来》等，苏珊·桑塔格的随笔散文，波伏娃的《第二性》，包括福柯的《性史》《规训与惩罚》，很多现在已经为我们所熟知的作品都引进了过来。其实不只是专门做女性主义研究，几乎人文社科所有领域的学生，都会接触这些有关后殖民主义理论的内容。尤其是，这些理论于我来说并不抽象，我在河南农村长大，其实在接触这些理论之前的很长一段时间，我都没有"认真思考过"女性身份，你会把一切遭遇都视为自然的。所以可想而知，遇到这些知识的我十分兴奋，当时几乎是如饥似渴地阅读。

因此，我的博士论文起初就想写女性文学，写丁玲，写她从一个提倡思想解放的新女性，如何转变为一个革命者。当时写了很详细的读书报告，不过我的导师王富仁先生觉得我们初次接触这些理论把握不了，容易走极端，陷入一种二元对立的思维，所以最后我还是听取了建议，改写有关河南文学史的选题。不过这些阅读和训练，其实都在为我之后长期关注女性主义理论、女性文学打下基础。

新京报：你曾经分析过中国现当代女性书写中男性角色象征的转换，同时指出，公共空间中的女性发声，往往都需要经过"以男性中心为视角"的社会话语场的过滤。你会如何看待当下公共空间里有关女性话题的讨论？比如，一些观点会有一种"经济还原论"的视角，认为很多性别的冲突其实并非性别问题，而只是经济问题。

梁鸿：经济是问题，但性别本身当然也重要，这肯定是相互影响的。在中国的家庭结构里面，即使你们一开始在出身、经济能力等各个方面是一致的，但家庭的分工最后可能会让女性慢慢成为受制的一方。传统的观念会认为女性就应该待在家里，这最后不仅会影响女性的经济能力，也会影响她们在文化领域、发声时的地位，也会让女性在道德上受到更严苛的对待。更重要的是，女性在这种分工之下的劳动，很繁重但往往不被承认。这些都是性别的维度。

新京报：当下公共空间里的女性话语，也常常面临着被猎奇式围观的风险。和非虚构写作一样，女性叙事同样也存在着很多对于写作者来说的"叙述陷阱"。

梁鸿：很难有一种完全独立的写作，它们都存在各种各样的陷阱。这些陷阱很多甚至是无意识的，即使我专门研究过女性主义文学，到了《梁庄十年》，我才意识到，我自己在写梁庄的故事时，很少正式写梁庄女性们的名字，在前两部里面，用丈夫所在村庄的位置称呼她们几乎是一种下意识的行为。要想避开这些陷阱，我想除了始终怀有自我质疑与反思精神，没有更好的途径。

新京报：就是即便你接受过一些女性主义理论的训练，你却依然觉得很容易忽视梁庄女性的名字。从理论到意识上的自觉，常常有一段距离。为什么即便女性经历了理论的启蒙，也很难摆脱这种集体的无意识？

梁鸿：一个群体内部的文化惯性是最不易觉察的，它存在于我们生活的各个层面，日常到我们根本习焉不察，女性意识正是这样。更何况，女性存在之附属地位是自文明以往就如此的，不管东方还是西方，所以，很难在日常生活中剥离出来。理论回归到生活层面、个人意识层面，还需要非常大的契机和持久的自省。

中国作家书写乡村，要"走出鲁迅的传统"

新京报：在《"灵光"的消逝》一书的后记里你简要地解释了书名的由来，并谈到自己心目中的理想文学作品。可否展开谈谈何为你这里所使用的"灵光"？你说灵光的消逝让许多曾经被遮蔽的矛盾凸显出来，但同时也让我们丧失了"从文学中寻找悠远情感的乐趣"，我们应该如何面对这种复杂性？

梁鸿："灵光"是本雅明的一个概念，也有人翻译成"灵韵"。他在《摄影小史》中写道："什么是'灵光'？时空的奇异纠缠，遥远之物的独一显现，虽远，犹如近在眼前。静歇在夏日正午，沿着地平线那方山的弧线，或顺着投影在观影者身上的一截树枝，直到'此时此刻'成为显像的一部分——这就是在呼吸那远山、那树枝的灵光。"我理想中的文学就是能够呼吸到"此时此刻"远山和树枝灵光的文学。既有此在，又有彼岸，既有具象的事物，又有抽象的象征。但当"灵光"消逝，事物粗砺的一面也被裸露出来，我们被迫面对真相。这是"灵光"的另一面含义。"灵光"不是优美，而是事物的溢出，真实事物以浑然一体的形象凝聚之后所产生的氛围。

新京报：你曾经多次提到两位作家：鲁迅和张承志。是否可以分别谈谈他们对你的影响？你还提到当代的中国作家书写乡村要"走出鲁迅的传统"，能具体说说吗？

梁鸿：两位都是精神极为强大且具有感染力的作家，他们有内在的观念，有对人的精神世界、社会生活极为敏锐的洞察，这在中国文化和文学里，是极为罕见的。我希望自己有能力拥有这样的独立性和深刻性，也希望自己拥有那样严肃且深沉的热爱。"走出鲁迅的传统"并非意指"鲁迅的传统"不好,而是说,当年鲁迅先生以非常现代的视野观察和理解中国乡村,给我们带来很深的启发,那么,一百年后,我们是否拥有新的眼光来看待变化如此巨大的乡村和中国生活?

新京报:现在你更多以一名非虚构作家为人们所熟知,但其实你也写过不少出色的虚构作品。我曾经看过一篇《神圣家族》的书评,其中称从非虚构走向虚构,"才是一种真正的'精神返乡'",是从梁庄写作的社会学观察视角进入了一种对人物内心、灵魂的观察。你怎么看待自己的非虚构和虚构两类书写?其中有哪些共同的命题是你一直关注的?

梁鸿:对我而言,虚构还是非虚构只是依题材而定,并无特别的设计。可能我还是更关注具体的个人吧。具体的个人大于抽象的群体,具体的个人的存在大于抽象的意义的概括,并且,一个鲜活的"个人的形象"会超越时代,甚至超越永恒存在。这对于文学而言,也是非常重要的。

PART 2

非虚构写作：布满叙述"陷阱"的历险

用十年真正走近梁庄的"内面"，发现生活绝非只有纯粹的悲情

新京报：阅读"梁庄三部曲"时能明显感觉到，最近的这本《梁庄十年》，和之前的两本在文本呈现上有很大的不同。《出梁庄记》《中国在梁庄》里有不少理论化的分析，区别于《梁庄十年》近乎白描，乃至口述式的叙述方法。你怎么理解这三部曲之间的关系？在非虚构写作中，怎么处理理论和经验的关系？

梁鸿：写第一本《中国在梁庄》的时候，我是第一次用一种研究的视角重新返回故乡。返乡的我其实携带着巨大的"震惊"，我感受得到亲切，但也有更多的间离感。我看到的不单单是我的故乡梁庄，也是"中国"的梁庄——那种观察的背后有一个大的问题意识的背景支撑。第二本《出梁庄记》，写的更多的是那些从梁庄出走的农民工（尽管这个词并不妥当），其实他们也镶嵌在一个大的社会问题里。当时各类新闻报道中，农民工也都是高频出现的群体。因为涉

及很多深入的社会问题，理论的视角是不可或缺的，但我也十分需要尽力贴近他们的个体经验去写，努力地打破大家对农民工群体的符号化认识。到了第三部，可能更进入日常化的梁庄。

贯穿这三本书非常重要的一个人，其实是"我"。我经常和读者说，书中的"我"也是一个值得探究的非虚构人物。这三本书反映的问题，可能很多别的写"王庄""李庄"的作品都能讨论，但"梁庄三部曲"的独特性就在于，它里面包含着"我"作为一个离乡又返乡的梁庄人，对自我、对家乡关系的一次重新认知和梳理。"我"在城市生活了很多年，学了很多理论知识，这些不可避免地让我拥有了一种居高临下的视角。我在写作里最重要的一个意识就是要承认，并书写出这种与故乡再度重逢时的冲击感，同时，也要写出我对这种感受的反思。比如我在寻访各个城市的梁庄人的时候，在他们简陋的住所，我的皮肤会过敏，我会有不想进去的感觉。这些感受我都会直面并记录下来。

和前两部作品相比，《梁庄十年》的确更加日常化。我觉得任何一种持续性的写作，都是随着作者的成长不断变化的。梁庄写了十年，他们的生活里不会都是那些悲情的故事。或者说，初次返乡时感到震惊的事，现在发现也不过是日常，现在再看梁庄的乡亲们，他们并不是悲情剧本中的人物，就是日常生活中的人。我写的这些人，比如五奶奶，她们依旧有着自己难以改变的许多无奈，很多也是结构性的无奈。但当你和她走得足够近，你看到的其实就是一个日常、可爱的小老太太。这种感受，很像我们生活中和父母之间的相处。如果让你写你和父母之间的故事，你当然会意识到，他们身上有着很多的不足，你也会批评他们，但哪怕是批评，依然有很深的爱在里面——因为你太亲他们了，你和他们走得足够近。

新京报:"梁庄三部曲"的这些转变,是你和那些"悲情"和"无奈"的一种和解吗?

梁鸿:并不是一种和解,我想更多的还是视角的转变。如果说前两部作品,我写了很多梁庄的"外面",其实这本书回应的是我对梁庄"内面"的一些好奇和关注。《中国在梁庄》和《出梁庄记》,会把梁庄和很多城市里的人,和社会问题勾连在一起,《梁庄十年》则回到了梁庄最内在的生活里。我希望能朴素地勾勒这些丰富的细节。我们理解一个村庄,其实也像看一个人,一个人总有私人的一面和社会性的一面。

新京报:你在2021年发表的一篇有关非虚构写作的论文中,把非虚构写作近些年在中国的崛起和上世纪初的白话文运动并列在一起讨论。从你的观察来看,非虚构写作成为这两年最受关注的一种写作形式,其中有哪些原因?你还在一次学术活动中提及,非虚构写作本身也是一种"文学",不只是纯粹的流水账式的记录,可否展开谈谈,非虚构写作的"文学形式"是什么?

梁鸿:原因可能非常多,文学自身的嬗变,大的社会现实的崩裂、全媒体时代的到来,等等,很难说哪一种更为重要。"非虚构写作"当然是文学,和任何其他文学形式一样,它有很多层次。譬如我就想写一首打油诗或普通诗歌自娱自乐,你不能说它不是诗,但如果说好的诗歌,可能就需要耐心推敲、琢磨及其他要求。你只是想写自己的故事给人看,不管语言、结构或其他内涵,那也是"非虚构写作",但如果想在文学上有所成就,就必须掌握足够的语言能力、结构能力,对事物、人和事件的理解能力,等等,这就是非虚构写作的文学形式。你不只是在讲故事,你也是在讲故事内部更深的东西，你不只是让人听故事，你还想让人在阅读中感受到一种形式的存在，或者，感受到文学作为一种美学的存在。

非虚构写作，常常落入自我设下的叙述陷阱

新京报：现在很多非虚构作品都会用"口述"的形式呈现文本，比如谷雨的《一个农民工思考海德格尔是再正常不过的事》。有人会觉得这种方式是真正"贴近"讲述者本人的真实经验的，也有人认为，这是一种更具迷惑性的写作策略，因为任何非虚构的呈现都不可能是完全的"零度写作"，总有写作者自身的意志在背后，口述仅仅是一种"宣称的客观"。结合写《梁庄十年》的体会，你会怎么看这个问题？

梁鸿：我认为口述也好，第三人称视角也好，非虚构写作没有一种方法是最准确和完美的，文字本身就具有修辞性。真正重要的是写作者自身的价值立场：你会怎么看你要写的这个群体。这也是非虚构写作最困难的地方，写作者需要有多样而丰富的知识背景做支撑，同时，价值立场既要鲜明，却又不能压抑、覆盖住你写作的对象，很多时候写作的过程就是一种"自我搏斗"。

不过，你提到的这篇文章从标题开始，作者就有些集中反驳那些对于农民工的刻板印象，这其实恰恰反映了作者本身可能带有的对农民工的刻板印象，最后形成的效果可能反而是对这种刻板印象的强化。当然，其实每个人都很难避免这样的先见，这篇文章已经做得很好了。我主要想说的是，从事非虚构写作，有时候确实很容易给自己设下这样事与愿违的叙述"圈套"。

我觉得，不论是作为作者还是读者，都应该有一个比较理性地看待非虚构写作的态度，一蹴而就形成一篇完美作品是不太可能的，这是一个持续改善的进程。如前所说，其实对于写作者笔下的人，我们需要尽可能真实地呈现他们的生活，但不可能不倾注自己的感情，比如谷雨这篇里的主人公，其实不是每一个人都能理解乃至尊重他的选择。但这篇非虚构最大的意义，并非要提倡某种价值，而是通过和他的接近与了解，更多地帮助我们理解人的想法的多样性。

新京报：这里其实暗含着一个非虚构写作的价值立场问题。非虚构写作要贴近人物去"记录"，但其中不可能不包含写作者的价值判断乃至评价。身为写作者，你怎么处理这种立场上的张力？

梁鸿：对于这些问题，我的心态也有过很大的变化。早些年的时候，我也喜欢用我的写作或交谈给别人建议，很着急地教别人"应该怎么做"。但是后来我可能更多地会先去倾听和观察，而不是随便建议。原因很简单，对于他人，我们很难做到设身处地，不论对翻译海德格尔的陈直，还是《人物》那篇《平原上的娜拉》中的刘小样。同样，非虚构写作也没法通过记录，来讲一个绝对的价值观：刘小样必须要出走，或是不出走。作为写作者我们需要有一种自觉，就是对于这类问题，写作不能轻易提供一个答案。

新京报：在写梁庄故事的时候，你是携带着一些来自城市经验的陌生感的，书里面你也写到了很多你感到的"不适"。可否分享一下写作"梁庄三部曲"的整个过程中，最困难的事情或者经历是什么？

梁鸿：最困难的还是自己视野的和思想的局限，这会导致我对人和事的认识比较浅薄，最终无法呈现更宽阔的内在状态。有时，我想，也许是我对这一生活贴得不够近，对于非虚构写作而言，这是非常必要的。你写历史类的非虚构，哪怕有一个你已经知道的资料你还没有占有，你可能就会心慌，你写现实类的非虚构，哪怕有一个你已然知道、但却没有去见的"梁庄人"，你就觉得你没有穷尽这里的生活，这是一个层面。另一个层面是，你知道，也许生活场景只有一个，但是，关于这一生活场景的理解却有无数多，不同角度的进入能写出内部不同的存在，能揭示出更多的东西，但是，你的学问不够，理解力不强，这也是个问题。

PART 3

故乡：难以摆脱的情感结构

不再有"故乡"的年轻人，看乡村文学有什么意义？

新京报：有关乡村，2021年你出演的纪录片电影《一直游到海水变蓝》上映，很多观众对你在电影里讲述的那段有关梁庄的记忆印象深刻。尤其是电影的最后，你带着儿子讲河南话那个片段特别有意思。其实对于城市里长大的年青一代来说，真正意义上的"故乡"是很隔膜的，尤其是对于在乡村的老家，很多年轻人并不眷恋。你会怎么理解故乡、乡土之于现在这一代年轻人的意义？

梁鸿：有时候我也在思考，写故乡对这一代年轻人有什么意义。在社会进步的过程中，确实需要舍弃很多东西，而旧有的"故乡"，可能就是这些被牺牲、被舍弃的东西，包括其中人们的生活方式、传统，在整个转型的过程里也会存在阵痛。不过，也会随之诞生很多新的东西。现在社会的流动性抛弃了一些固定的依靠，也会带来很多开放的观念。我觉得关键的问题在于，故乡不能被本质化，它本就是一个很私人的概念，我有故乡，我儿子这一代可能没有。或许年轻人很难从这些写乡村的作品里，读懂那种对故乡的依恋，但能看到形形色色的人，看到这个社会的多面，这就是故乡或者说乡村书写最大的价值。

新京报：在电影里，你的那段叙述会让我感到每个人心里都有需要自我和解的部分，对你来说，可能是原生家庭。你觉得这种与原生家庭自我和解的寻求，是牵引你写作的一条线索吗？

梁鸿：每个写作者的内在驱动力都不一样，对我来说，故乡始终都在纠缠着我。我觉得并不是说要去和解，而是不断地重新认识自己面对故乡、面对原生家庭的情感。对我来说这是一生的课题，写完梁庄之后，它依旧未完成。抛开我个人，我觉得家庭是很多作者的重要母题，因为只有最亲密的关系，才会激发你最真实的喜悦、幸福，也才能真正深刻地伤害到你。

对我来说，和父亲的关系是好处理的，他太具体了。但是就像我在电影里说的那样，母亲因为很早就不在了，对我来说她是一个巨大的"象征"，我至今仍然不知道该怎么在写作中面对她，只能留待时间流淌。

在中国传统乡土社会中，名字的背后是一种象征结构的认同

新京报：女性在村庄中的被"遗忘"，和"出嫁"的完成有联系。在中国传统社会的情感结构里，出嫁依旧是一件喜庆和感伤并存的事情。有一个很有意思的事情是，即使是很"现代"的家庭，在女儿出嫁的时候，父母也常常会落泪，但对儿子却不会。这在某

种程度上暗示着一种根深蒂固的情感结构。

梁鸿：我和我先生当年是自由恋爱，在恋爱的时候我并没有一种未来要嫁到"他们家"的很强烈的感受，直到婚礼仪式到来，有人把你"交到"对方手里面，就突然产生了一种即将"离家"的感情。我觉得这就像一种"断裂性"的情感结构，也是一种来自农耕社会的文化惯性，我们是很难摆脱的，我很自然地就哭了，尽管家人们依然会对我很好，但我就会觉得，似乎要被自己的家驱逐了，要去到另一个陌生的家庭了。这种惯性，其实也体现在名字，尤其是姓氏上。一个名字背后，其实就是对一种文化、一种象征结构的认同。

新京报：不论是非虚构中的《出梁庄记》，还是《梁光正的光》《神圣家族》，可以感觉到"家庭"其实是你写作中经常花很多笔墨书写的一个部分。在电影《一直游到海水变蓝》中，你也提到了自己的父亲、姐姐。你觉得家庭对你的写作有怎样的影响？

梁鸿：是永远神秘的力量，感性的、不由分说的情感。

新京报：2020年你出版了虚构作品《四象》，这是一个围绕死亡展开的故事。其实这个主题也在你笔下的非虚构、虚构作品中常常出现，比如你会用很多笔墨写乡亲们的一些家人去世的消息，写坟地。死亡意象和乡村书写之间，你会觉得有什么重要的联系吗？浏览你的作品下面的评论，读者提到最多的词就是"沉重"，你会觉得自己对"死亡""消逝"这些悲观、沉重的话题更敏感吗？

梁鸿：也许吧。从小经历过太多疾病、疼痛、死亡，它们已经变成一种血肉和记忆驻扎在内心，一提笔，墓地上的荒草、冬天的枯树、盘旋着的黑鸦总是第一时间赶过来出现在我脑海里，喋喋不休，我必须得把它们写出来。《四象》正是在这一情形下产生的。

PART 4

"打工文学"与"小镇做题家":警惕公共话语对群体的特殊化

新京报：你一直在用写作积极地介入公共生活，这些年公共话语中出现了很多和你关注的话题相关的流行词，比如"打工人""小镇做题家"，你怎么看这些词？很多人认为"打工人"这个词唤起了某种集体的反抗意识，因为不论是从事体力劳动，还是坐办公室，不同行业的工作都脱离不了相似的"异化"宿命。但也有人觉得，行业、阶层、地域之间的差异不会被话语抹除，这个词更多只是一种自我调侃，没有什么革命性。

梁鸿：我认为这个词更多还是一种自我戏谑，而在戏谑中，我们其实把更本质的问题消解掉了。我们为什么会认为自己是"打工人"，究其根本还是因为"无根"，没有"家"的感觉，在大城市里有一种巨大的流动感和漂泊感。而"小镇做题家"这个词背后反映的其实是应试教育体制对人的思维和创造力的压抑，而它其实也是成为"打工人"——一个工业链条上某一环前的步骤。同时这个词可能还指向一种经验，就是穿越地域和阶层之后感受到的文化冲击。我对这个词并不认同，因为它的确在塑造着对某个群体的偏见，其实这种困境并非某一个地域的年轻人所有,而是整个年青一代共同面对的困境。孩子们是没有办法彻底挑战社会既有的结构或者权威的,在他们获得这些能力之前,只能先遵循游戏规则。我们不应该用一个有些批评意味的词语,去给他们强加一个需要有意识地反抗的义务。我们当然应该努力地去改变这个结构,但在话语上,更应该看到这些年轻人身上的创造性。

类似有问题的话语还有很多,比如还有个词叫"逃离北上广",为什么要用"逃离"这个词?似乎显得不待在北上广就是一种失败,回到家乡或是一个二线城市就是当了逃兵,这些话语本身才是在封闭一个人的选择和可能性,也桎梏了我们的评价体系和一个人对生活的想象力。

新京报:你有两篇较早之前写的文学批评有关中国的六七十年代作家群。在分析七十年代作家的时候,你特别提到了"小镇叙事",并指出在某种程度上,中国的文学写作中常常聚焦于"乡村"与"城市"的两极,"小镇"常常被忽略了。这两年随着"小镇做题家"成为流行词,人家对"小镇"的讨论也多了起来。过了这么多年,就你的观察来看,你觉得现在中国作家的"小镇叙事"有哪些变化?

梁鸿:"小镇叙事"越来越多了。尤其是更年青一代。他们大多在小城镇生活、长大,而非在纯粹的村庄长大,所以,他们对"小城镇空间"的感知更为深刻,也更加具有叙事性。其实,我非常不喜欢"小镇做题家"这一说法,在中国,哪一个参加高考的孩子不是"做题家"?只不过,小镇孩子拥有的资源更少,即使读大学之后,早年资源的匮乏、视野的相对狭窄仍然会影响年轻人的发展,但这并不意味着"小镇做题家"就上升为一种气质。相反,我们应该清楚的是，恰恰是社会资源过分不平等，社会结构过于封闭，才导致这些依靠高考走出来的小城镇孩子很难发挥自己的更多才能。

而从文学意识和美学结构来讲，正因为这样一种分化，这样一种既开放又封闭，既活跃又滞重的状态，中国的小城镇样态又确实拥有独特的样貌，它才给文学带来很大的空间和可能性。

新京报：你曾经多次对大家常用的概念做反思，比如那篇质疑"底层文学"这种说法的论文。近年来其实有个类似的词叫"打工文学"，其指向的也是城市中的某一些"边缘群体"写作的文学。你又会怎么看这个词？这一群体的"文化主体性"问题，在你看来重要吗？

梁鸿：这是一个非常重要的问题，很矛盾，但又真实存在。"打工文化"这个词使一部分打工者有了某种空间和位置，但另外一方面，又没局限于此。但我本人对到底有没有"打工文化"这样一种文化，其实是持保留意见的。一方面，我们需要肯定，有这样的文化空间是一件好事情；另一方面，我们也需要思考，把"打工文化"特殊化，有没有可能反而把这些文化的价值降格了？归类本身是要特别谨慎的，它有可能是双刃剑。比如我最近很喜欢读陈年喜的作品，我觉得他就是一个独立的作家、诗人，他的作品不应该单独被归进某一个特殊的类别，比如"打工文学"。用这种特殊化的视角去看，就有可能把他作品的内涵窄化，这并不是一种关切，而是偏见。对我来说，一方面，文本的质量很重要，它到底属于哪种类别，应该用哪种视角去看，其实是比较次要的。另一方面，当一个群体通过"文学"这一方式表达自己，呈现自己的精神和存在，哪怕比较粗糙，也是非常珍贵的。在这一过程中，所谓"文化主体性"，我们换个词语，"个体主体性"才有可能慢慢形成。

毛尖：
我们都是这个时代的 App

采写―张婷

毛尖，作家，华东师范大学教授。研究领域包括中国现当代文学、中外影视、城市文化等。著有《非常罪，非常美：毛尖电影笔记》《当世界向右的时候》《有一只老虎在浴室》《例外：毛尖电影随笔》《一直不松手》《夜短梦长》《一寸灰》《凛冬将至：电视剧笔记》；译有《上海摩登：一种新都市文化在中国（1930—1945）》；编有《巨大灵魂的战栗》等。

2021年岁末年初，一部《爱情神话》引发了迷影圈不小的波澜。你方唱罢我登场，"争夺"着海派精神的话语权。纷扰中，不少读者呼唤，毛尖老师怎么不说两句。之后，毛尖果然发了影评。三言两语，就道尽了所谓中产电影的脉络与内核。她写《从此，没有铁证如山的爱情》："太阳升起，在一起或者不在一起，都从生活那里领到温柔的讽刺。革命的六十年代结束，高达的汹涌过去，中产登场，不要再用炽热的灯火，不要再玉石俱焚，不要眼花缭乱的贵胄，也不要哭哭啼啼的穷人。"

没错，还是"毛尖体"那熟悉的劲头。戏谑与庄重齐飞，写意共准确一色。写影评这件事，毛尖已经做了二十五年。大多数读者认识她，也是从影评开始的。《非常罪，非常美》《例外》《有一只老虎在浴室》《我们不懂电影》，这些作品已经成为讨论当代电影评论绕不开的文本。但毛尖又不仅仅是影评人，能在漫长的时间隧道里，保有文字的锋芒，同时开掘电影的历史感与当下感，这不是一件寻常的事。

上世纪九十年代，毛尖进入华东师范大学英语文学系，从莎士比亚到简·奥斯汀，新鲜的滋养扑面而来。但几乎与此同时，毛尖羡慕着隔壁中文系的兄弟姐妹们。问及原因，她插科打诨，"人家阴阳调和，不像英文系的男女比例跟肉丝和面似的"。于是乎，研究生阶段毛尖转入中文系，师从王晓明研读二十世纪中国文学，同门师兄师姐有金海、罗岗、倪伟和李念。那段求学时光，洋溢着热烈的学术热情与动人的同门情谊，他们热情的文学讨论被结集到《无声的黄昏：当代的文学与时代精神》一书中。他们谈及了"后朦胧诗"与八十年代以来的新诗发展，还讨论了彼时中国的散文写作与日趋技术化的文学批评。二十余年过去，如今这本小书仍然激发着我们当下的敏感、悟性和想象力。

1997年，毛尖进入香港科技大学，跟随主治古典文学的陈国球先生读博。毛尖苦读古典文论，"算是补古典方面的缺"。彼时，李欧梵也在香港科大任教，刚刚完成《上海摩登》的书稿。李欧梵的课程大量涉及上海文学和电影，这一时期对毛尖后来的研究方向影响很大，她的博士论文就做了上海三四十年代的电影研究。读博期间，毛尖还翻译了李欧梵的作品《上海摩登》，这本扎实通达的译作也成为上海都市文化研究的代表性文本。

博士毕业后，毛尖进入华东师范大学国际汉语文化学院任教。从西向东，再从东向西，毛尖的研究游走于东西之间，也贯通于古今之中。这样的碰撞令毛尖保持着一种深刻的传统性，同时又从这传统性中生发出了一种先锋性。

2006年开始，毛尖和她的师友一起在上海开设跨校的"文化研究联合课程"，为大学生讲授当代文化理论。这一课程在2010年停了一年半后继续，前后持续十年。课程会介绍前沿的文化研究理论，但主体还是经典理论。她一方面经历了对文化研究理论的"狐疑"，另一方面又在这种狐疑与警惕中继续前行。课程讲稿《巨大灵魂的战栗》出版时，毛尖在序言《最好的时光》中感叹，那些坐在一起讨论文学的时光，正是她"想象的头上的星空心中的道德"、她"理解的大学的意义青春形状"。她还在其中写道："希望这文学课堂成为生活的意志，成为修正生活的意志。"

对于女性学者的身份，毛尖调侃，"在我自己的研究生涯中，可能我比较麻木不仁，我没太觉得受到歧视"。她警惕太执着于单一话语视角，这肯定会造成理解的粗暴。但是她也观察到对于更多的年轻女性来说，要进入学术，受到的压抑性力量越来越大。

在采访中，毛尖提及，当我们批评这个世界的时候，也要守住自己的体温。在充满不确定性的当下，这同样可以为我们的思考与行动提供一些线索。

PART 1
学思历程、理论与方法

现在回头看研究方向的转变，多是时代发出的指令

新京报：在大学教育之前，你的阅读经验是怎样的？

毛尖：我们上世纪七十年代生人，少年阅读从一开始就是分裂的。社会主义文学是主流，手抄本、海外文学是暗流，叛逆年代，坐在教室里卖身不卖艺，心思全在金庸梁羽生身上，老师家长越苦口婆心"朱德的扁担"，我们就越不三不四。那时录像厅跟着一起进来，虽然被我们看成黄片的港台片，最多也就衣服滑落一下，但是，大银幕上，接吻还主要是企图，《少林寺》（1982）里，坏人王仁则一把扯破牧羊女的裤子，就能紊乱我们的小心脏，看到海外电影中的床上镜头，哪里受得了。

但与此同时，主流阅读也从来没有真正退场，或者说，集体主义这些概念，已经构成我们的潜意识，只不过时间走到八十年代，六十一个阶级兄弟是兄弟，"燕云十八飞骑，奔腾如虎烽烟举"也是兄弟，看到乔峰段誉虚竹，在天下英雄面前义结金兰，准备同生共

死,我们沸腾的热血,和看《保密局的枪声》(1979)一样一样的。影片结尾,潜伏在保密局里的我党同志刘啸尘被他的顶头上司张仲年发现了身份,坏人拿着枪在刘啸尘背后阴森森说,举起手来,然后枪响,开枪的是另一个战斗在敌人心脏里的无名英雄常亮,刘啸尘上前叫一声"同志",观众席上的我们心魂荡漾。这是我们又分裂又统一的少年时代,最美好的人是同志,也是兄弟,所以必须要读大学,进了大学,才会有满屋的师兄师妹。

新京报:你是从什么时候开始决定走学术之路的?为什么决定留在学校里做学术研究?在之前的采访里你调侃说做学术是因为留恋学校、寒暑假,又"反省"说自己是一个坐不住的人,很好奇这样的性格特点是如何影响你的学术研究与写作的?

毛尖:进了华东师范大学英文系之后。一进教室,男女比例跟肉丝和面似的,去文史楼上课,看人家中文系阴阳调和,就想着得换个专业。如此大学毕业就转到中文系跟王晓明老师读书,同门师兄师姐有金海、罗岗、倪伟和李念,他们每个人都是我老师,尤其罗岗,常把福柯、罗兰·巴特挂嘴边,搞得我们这种文艺青年马上自觉文盲,也跟着装神弄鬼苦学了一年新批评、结构主义,不过其时王老师已经转向人文精神大讨论,我们也自然席卷其中。

今天回想,这场讨论虽然在很多议题上没有真正说服我,比如在王朔问题上,我至今觉得当年把王朔看成虚无主义是很大的误会,但王老师、徐麟他们投入这场讨论时的不舍昼夜和严肃认真,却长久地影响了我们,让我觉得成为一个人文学者,也有十面埋伏短兵相接,有一个意识形态较量的疆场。所以,你要问我一个坐不住的人怎么能成为学者,这个问题,当年研究生面试,王老师也问过我,估计他也觉得我生性好动，宅不住学者生涯的寂寞，但是今天，反过来我倒也想说，一个特别坐得住的学者，在这个坏人坏事层出不穷的世界，是不是也算不上特别的优点？当然，这么说，带着点滑头离题的成分，不过我的意思很直接，很多太坐得住的人，也不一定适合成为一名人文学者吧。

新京报：你大学求学是在上世纪八十年代末九十年代初，那是一段寄寓了国人复杂情感的时期。一方面是席卷而来的文化热，另一方面又揭开了一个剧烈变动时代的序幕。你曾在主编丛书的序言中写道："上世纪八十年代我们求学那阵，为了一个讲座去坐三小时的公车。"那段时期对你的阅读和思考产生了怎样的影响？

毛尖：最近刚看了一个日本电影，《驾驶我的车》，算是2021年日本最佳吧，具体内容我不描述了，其中男主是戏剧导演和演员，他有个习惯，喜欢一边驾车一边练习台词，为了这习惯，他去别的城市，也故意选择住在离剧院很远的地方。回到你的问题，上世纪八十年代末九十年代初，那时为了听一个讲座或会议，经常会从华师大跋涉去别的学校或作协等机构，交通不便的年代，三个小时很正常，但从来不以为累，一方面当然是年轻，另外一方面，这路上的时光也很丰富，尤其听完讲座，趁热回锅，有一次，过于激动，集体忘了买车票，又不甘心被罚，和售票员吵架，然后被赶下车，索性一路沿苏州河走回学校。听的什么讲座，记不得了，但是傍晚苏州河的肮脏景象触动了我们，坐在公共汽车上，只看到苏州河波光粼粼。这种状况，蛮有时代隐喻。

文化热带来文化爆炸，刚好也是我们自己身心爆炸的时代，爆炸对爆炸，有时会有特别璀璨的结果，我们如狼似虎地阅读各种西方名著，把《外国现代派作品选》当教材看，把所有的课程都变成西方文学课，谈情说爱不引用普鲁斯特就显得不够全乎，校园里最轰动的讲座，也都是作家学者的先锋文艺主场，像今天海报上的大公司 CEO、CFO 根本不可能占据学校礼堂，诗人能带走校花，总裁还不能。但爆炸对爆炸，常常也会闪瞎彼此的眼睛，就像我们呼啦啦登上公交，呼啦啦又集体下车。

所以，回望那段日子，过去我们都喜欢讲那个年代抒情的一面，每个人都是猛虎蔷薇，如今时代翻页，倒是可以更诚实地来谈谈那时苏州河并不干净的景象。比如当年全国人民奉为偶像的人物，今天看看，有些也就是《万尼亚舅舅》中的谢列勃里雅科夫教授，自私自恋又自大，领着时代往个人主义道上发酵。

新京报：从上海到香港再回到上海，求学地点的变化也伴随着专业选择的变化。从英美文学到中国现当代文学、文化研究再到影视剧研究，你如何回顾这二十年的学术研究转变？是什么促使你探索、锁定最终的研究方向？除了专业上的转变，还有什么重要的节点标志了你在学术研究上的重大变化吗？

毛尖：就我自己而言，这些转变更像是时代发出的指令，或者说，我们就像时代的 App，时代的每一次版本升级，都会拖着我们做出改变。大一写作课，格非和宋琳给我们上的，先锋作家先锋诗人，搞得班上不少同学，白天课堂睡觉，晚上带瓶墨水去通宵教室写作，我也去了几次，小说没写出来，但结识了不少中文系朋友。他们对我们外文系言必称莎士比亚很看不上，觉得没个性，如此一边逼着我们去看冷门作家，一边对中文系生出一些莫须有崇拜，所以，我后来转到中文系读研究生，养生愿望虽然也真实，但更主要的是，那个年代的中文系有一种邪魅感，好像他们守着另一条道路，和传统不同，和课堂不同，他们和艺术系一样，生产着一些离经叛道的人物，光头或者长发，长衫或者乱穿，他们向站在世纪转角处的我们示范什么是混乱和思想，后来我们泥足深陷，才发现他们的邪魅也不过是套路。

如此，等到王老师持续推动人文精神大讨论，在文科大楼一场又一场激烈直接的讨论中，我第一次体认到现当代文学的学科精神。那时候，王老师给我们上课，经常用沉郁的语气，大量使用问句，"你想想，中国现在的危机是什么？你再想想，读书人该对国家负什么责任？"这个"你想想，你再想想"被文尖推广后，成了我们的口头禅，而研究生三年，在我整个的求学生涯中，是最重要的时段，尤其王老师用他刚刚完成的《无法直面的人生：鲁迅传》和我们讨论鲁迅，使得未来我们在思考问题的时候，总觉得背后有鲁迅的目光。

我自己后来写专栏，无论是思考还是语言上困顿的时候，都会去鲁迅那里找资源。再后来，我从香港读完博士回到华师大任教，一边上课，一边也和炼红一起旁听了薛毅的鲁迅课。对我们这一代影响最深的学者，也一大半是鲁迅研究专家，包括王富仁、钱理群、李欧梵和汪晖老师等人。因此，虽然我不敢说对我影响最大的人是鲁迅，但鲁迅从来都是活生生的存在。在所有的中国作家和思想家中，只有他能以表情包的方式活在全中国人心中，一个主要原因就是，他的思想和修辞从来没有过时。

文化研究的很多问题,都跟研究者体温的消失有关

新京报:是在师从王晓明时期,文化研究进入了你们这一学术共同体的视野的吗?你又是如何从文化研究转向影视剧研究的?

毛尖:很大程度上,正是鲁迅式的追问,使得王老师带着我们在上个世纪最后几年转向了文化研究,那时候我们相信,用我们的高温,向这个越来越低温的社会,吹点"热风"。我们一起做热风网站,起早贪黑地在网络上发声,也确实聚拢了不少人。一边,我们联合上海六所高校的老师,周末做文化研究联合课程,迫使一大批研究生博士生周末来上课,现在想想,当年真是愚公的力气,集体备课集体授课,到处借教室,还给看门的大爷买烟。当然,后来我们这群人也各自转向,但"热风时期"的热情已经舍利子一样存在于岁月中。

至于我的影视剧研究,和陆灏很有关系。1997年,陆灏办《万象》,我开始写电影,似乎还受读者欢迎,陆灏就一直催我写,他催一次我写一篇,直到《万象》易手。后来陆灏编《文汇报·笔会》,他叫我开了一个《看电视》栏目,我又开始转向写电视剧。所以,我做影视剧,本质上是业余的,但因为是业余的,也就没什么习气吧。

新京报:你们的"文化研究联合课程",为大学生讲授当代文化理论,课程讲稿《巨大灵魂的战栗》出版时,你所作的序言感动了许多读者,那段经历给我一种强烈的共同体情谊之感,教师之间、学生之间、教师与学生之间都构成了一种由学术热情联结的共同体。也有评论指出,其中的文本解读还是较多偏向传统的文学理论,当时授课的初衷是结合更多的前沿文化研究理论吗?后来,你曾经提

及自己对文化研究产生了很多的"狐疑",这种"狐疑"主要指向什么,可否展开讲讲?

毛尖:这门课程从2006年开始,2010年停了一年半后继续,前后大概十年,课程会介绍前沿的文化研究理论,但主体还是经典理论,比如第一节课就是文尖讲的《表征:文化表象与意指实践》,那时文尖腿上还打着钢钉,挂着拐杖讲了半个学期,薛毅又接着讲了半个学期的卢卡奇。《巨大灵魂的战栗》是其中一门课的结集,我在序言中写过,为什么要在文化研究联合课程里开一门看上去如此传统的经典作品选读,是因为,当我们批评这个世界的时候,我们要守住自己的体温。而经典文本,是建立体温的一个途径,一种传统。

今天回头看,当年开这门课的决定是多么正确,文化研究后来发生的一系列问题,包括你提到的我的"狐疑",都跟研究者体温的消失,或者说,历史感的消失有关联。粗糙地说,我的狐疑主要来自两方面。一方面,文化研究在国内短暂地成为"显学"后,政治正确的立场很容易被学生习得又随便操作,学生一面手机里反复播放着他喜爱的歌曲,一面在作业里对这首歌各种批判。好像只要政治正确,学术研究就一劳永逸。"永远站在弱势者一边"成为机械空洞的口号后,文化研究连"内卷"都卷不起来。另一方面,文化研究常常又显得没门槛似的,学上半学期就能对人民生活指手画脚,好像全中国就他们洞穿了节日是资本家的阴谋。

当然,这些狐疑主要来自我对自己卷入其间的上海文化研究的一些观察,我讨厌站位高调门花的研究,如果一个富士康工人歌唱他的工作,是不是就该死?如果广场舞大妈穿着LV舞蹈,大爷是不是就该送大妈去上文化研究课了?文化研究喜欢批评官僚主义,但有时他们自己的调门都非常官僚学术体,既得不到生活认证,也得不到身心检验。

李欧梵对我的影响，是全方位的

新京报：你曾提及著名学者李欧梵对你的学术之路产生很大影响，他对你的影响具体是在哪些方面？你在香港读书时翻译了李欧梵的著作《上海摩登》，为何当时会选择这本书翻译？其中的文化研究、都市研究对你的学术研究兴趣、研究方法产生过怎样的影响？

毛尖：1997年，我到香港科大跟陈国球老师读博。陈老师主治古典文学，我在陈老师的教导下，苦读了一年古典文论，算是补古典方面的缺，但终究不敢写古典文学方面的论文，陈老师博雅通融，让我自己选。当时欧梵老师在香港科大任教，刚刚完成《上海摩登》书稿，给我们上课也大量涉及上海文学和电影。老师的课对我影响很大，后来我博士论文就做了上海三四十年代电影，写得不好，你别追问我博士论文。老师用他的书稿上课，他叫我翻译，我就一边上课一边译。一个学期课程结束，书稿译完。中文稿《上海摩登》第一版因为用的是老师的英文未出版稿，内容比后来正式出版的英文稿还多了点。说实话，不是我翻得有多快，真心是老师的论述系统漂亮又明确。他创造了一个摩登话语体系，所有的概念都丝丝入扣历史和文学史，加上他有自己的修辞追求，对我而言，整个翻译过程不仅是学术训练，也是写作训练。之后，我花了比翻译长得多的时间找《上海摩登》中的引文和注释资料，老师很多资料扔在美国，我回上海找，有些上穷碧落下地库也找不到，也因此知道，这个摩登宇宙用了多少周边资料。

现在回头看，欧梵老师对我的影响，是全方位的。记得有一次，我们几个学生和欧梵老师一起去铜锣湾看侯孝贤的《海上花》（1998），因为确实很沉闷，加上用的还是沪语，就有人不耐烦，在座位上弄出声响，欧梵老师轻轻一句"镜头真美啊"就把我们镇压了。本质上，欧梵老师是艺术家、学者、作家三位一体。桑塔格对伟大的作家有个分类，要么是丈夫要么是情人，借用这个分法，欧梵老师跟加缪很像，他是一个有着情人外表的正派丈夫，或者说，他是一个有着狐狸品格的刺猬。有的人看到他出入摩登场合的风光，有的人看到他在图书馆皓首穷经的坚毅，有人觉得他高调恋爱太不像个大学者，有人觉得他一件西装从芝加哥穿到哈佛太不修边幅，但所有的矛盾在他身上汇聚，显得毫不违和，好像是，他重新定义了生命中的很多概念，用这个方法，他扩大了学术的边界，让原来彼此反对的范畴可以互相叠加，他的"上海摩登"就是这样撑开了上海研究和摩登论述，霓虹灯下和霓虹灯上，都可以在摩登界域里被理解。《上海摩登》也因此推动了全球的"上海热"。

书中关键词都是时间空间和人物的三一律交汇处：舞厅、咖啡馆、公园、跑马场、娱乐场、电影院、饭馆、百货公司以及大马路，欧梵老师用本雅明注视巴黎的激情注视上海，但他的批评框架并没追随本雅明对巴黎的构造，二十世纪的上海也完全不同于十九世纪的带拱门街的巴黎，老师从"上海如何被寓言化"这个问题出发，重新整理了一百年前的都会时空，然后把它们兑换成一个能指所指新宇宙，上海也在"摩登"这个总的意象里敞开，用这种方法，欧梵老师重新发明了现代文学，重新发明了上海。这种本雅明－李欧梵相结合的研究方法，一直让我很膜拜。当然，二十五年过去，我自己对"上海摩登"这个框架也有一些零星再思考。

PART 2 影视剧研究

希望能用人体不同部位的电影史来讲电影

新京报：你曾经从五官的呈现来讲授法国新浪潮电影的特点，剖析它在电影史上的位置和创新。这一角度很少有学者关注。你会经常（在课程与研究上）进行类似的新尝试吗？这样的尝试反馈如何？在电影研究或授课中是否还有其他类似的尝试？

毛尖：用人体不同部位的电影史表现来讲电影，确实是我的一个想法，但我至今也只零星地上过两次课，没有能力用一门课的架构来实践。也许以后会经常尝试。主要我一直觉得，电影研究应该有自己的脉络史，目前而言，无论是导演研究还是主题研究，大量沿用的是小说研究法，我之所以讲"嘴唇史""眼睛神话""屁股进化史"，就是想彻底从影像角度，让电影研究获得自己的属性。这些年看很多学生的电影论文，他们基本是对电影进行内容概括，然后一堆分析，完全不顾阮玲玉的眼神葛优的手势，这就离题了。

所以现在有很多小视频论文，虽然常常简易又粗暴，但在影像层面倒是更贴合，因为当张曼玉说我们分手时，她的身体语言可能是渴望更进一步的，这些，在大量书面论文中，单一地被台词篡夺了。影像时代，对直接影像的关注，其实是非常容易引导的，比如昨天我们上到白沉导演的《大桥下面》(1984)，先讨论了一番新时期的人道主义思潮，弄堂现实主义，然后我们聊到龚雪的脸，这样就从龚雪的脸说到上世纪三四十年代演员的脸，说到社会主义革命时期的脸，以及今天的脸，在脸的线索里，龚雪的脸构成美学转向的"实锤"，影像讨论很能接入学生的身体经验，他们未来的电影研究也不可能不管身体语言、风景语言。

新京报：在你主编的《巨大灵魂的战栗》一书中，你的好友华东师范大学教授罗岗老师提及，电影和女性特别是女性身体紧密联系在一起的历史："……影片呈现了中国妇女和电影之间暧昧的历史——电影科技既给她们带来身体解放和社会地位变动的承诺，又对她们的身体加以商业化、物化，从而导致了新的诱惑和危险。"你如何看待电影的历史与女性身体的关系？电影（摄影机）不可避免地征用和展示女性的身体，这一凝视关系也被很多学者讨论，你认为电影与女性身体的关系是否影响到了女性对自己身体的态度？

毛尖：罗岗的观察非常精准。虽然女性身体被物化的危险自古存在，经典文本里的美人很多都被送去"倾国"了，但是电影毫无疑问加剧了这种诱惑和危险，加上电影的发生和资本主义的发达时期共生共构，摄影机的凝视和女性身体关系，更加历历在目，这方面的讨论已数不胜数。不过，时间已经走到2022年，罗岗在联合课程中讲这番话也有十五六年，我们再打开这个议题，是不是得有双边视角，尤其当代男主越来越被当女主用的今天。前段时间《风起洛阳》播出，王一博的影像位置和摄影机注视方式，远超当年阮玲玉的份额。或者说，今天的女明星已经失去影像C位，那么，该如何看待当代女性的银幕失落和重返C位的努力呢？笼统地说，很容易得出美男登场是对女性物化的加剧此类结论，但这样的结论有什么意思呢？雌雄同体或中性美学怎么看呢？一定要从消费视角看的话，美男不也是一种分流？但电影生态主义者同意分流说吗？

你说到电影会不会影响到女性对自己身体的态度，我的关注重心其实已经倒转，可能首先，我们要问的是，今天的电影，还有多大的身体权威，摄影机的凝视更危险，还是我们一天到晚凝视着摄影机，让摄影机怕了？男色登场，在影像的意义上，可能更是电影危机的一个信号。今天，决定女性对自己身体态度的，与其说是电影，还不如说是淘宝是美图秀秀。胶片时代的电影权威一去不复返，在新人类的文化份额上，电影已经远不如抖音快手，逼着我们倒转思路了。再说，元宇宙电影已经在路上，身体问题，已经不光是凝视的问题。

强调"硬现实主义"，是希望影视作品能对现实发动强攻

新京报：你在此前的采访中提及，"国产剧中的女性主义往往表现为对失恋的应激反应"。可以看出主创对女性的生活想象很缺乏，人物也很单薄，除了围绕家庭与情爱的纠葛很难给予女性角色更多的成长契机。以你的观察来看，为何国产剧创作会在女性问题上如此狭隘？有没有哪些（国产/非国产）影视作品中的女性形象/创作值得借鉴？

毛尖：国产剧，绝大多数都是懒惰剧，也就是套路剧，等到套路扩张到女性主义场域，也会出现一大批神兜兜的面具女权，所以，国产剧不是在女性问题上如此狭隘，国产剧是整体性的狭隘。当然，体现在女性表现上，特别触目。拿2021年的电视剧来说，女性的主要工种，又回归女红。《风起霓裳》《骊歌行》《锦心似玉》，女主都是刺绣专业户，靠绣艺上能进入最高级宫廷政治，下能拯救失业女性于水火，当然，最重要的是，嫁得深情官人。满屏刺绣，刺绣跟古代女郎的高考似的。这也算了，毕竟是古代。然后，《你若安好便是晴天》，现代剧也苏绣，实在轰毁。这一整年的刺绣，没一个有东方不败的精气神。大敌当前，林青霞扮演的东方不败天女散花，一枚枚绣花针奔腾而去，远胜令狐冲们手中的剑，那样凌厉又浪漫的刺绣才有点现代精神啊。反正，当今的女性影像平台上，有男人爱，有两个以上男人爱，有多民族男人爱，是女性等级的表征，如此，一旦失恋，剩下自己面对自己，只好去搞事业，这种应激的独立是女性主义的话，那狗跳墙就是物种进化了。

所以，有时我还宁愿去看影像政治效果不正确的剧，比如《美国夫人》（2020），剧中，女主菲莉丝·施拉夫利领导了一场反对平权法案的运动，击败了当时风头强劲的女性主义者，且永久地改变了美国。理论上，施拉夫利的胜利应该让观众，尤其女性观众痛心，但是观众的态度是暧昧的，因为恰好是在保守者施拉夫利身上，呈现了女性主义需要面对的现实bug。剧中有一幕，支持平权法的队伍和反对的队伍在相反的道路上回头彼此打量，前者多是年轻女性，后者多为家庭妇女，队伍的割裂就是历史的天堑。这方面，我们的电视剧倒是油光水滑，因为我们连一支平权法的队伍都没有，年轻女性貌似要和男人携手天涯，但奋斗的终点都是遇到一个更有条件更有资产爱我的人。

新京报：在此前的采访中，你提及中国的影视剧很多是"伪现实主义"或者是"粉红现实主义"，而极度缺少"硬现实主义"作品。在近一两年的作品中，你这一观察是否有变化？有没有印象深刻的更接近"硬现实主义"标准的作品出现？

毛尖：我强调"硬现实主义"，就是希望我们的影视作品能对现实发动强攻。2006年开始，中国电影大规模市场化，大资本涌入，电影井喷，但硬现实主义越来越少，大量影视剧都在表现次要矛盾，或者，矛盾的次要方面而不是主要方面，锋利度下降，粉嘟嘟一点，自然安全又好看。就此而言，我会觉得2021年的《山海情》特别好，因为此剧直面了当时最重大的社会矛盾。《山海情》出来后，有不少知识分子认为此剧对少数民族表现不力，的确《山海情》没怎么表现回族，但撇开大家心知肚明的影视政策，剧中，中国首先要解决的是贫穷问题，这个绝对贫困是我们的首要问题，需要老少边穷总体性解决。在这个元级别叙事里，少数民族问题完全可以留待未来展开。

而从知识分子的这个批评可以回看我们电视剧的总体问题，就是真正的国家剧太少。现在我们很多剧，也在各种触碰社会问题，比如伦理剧中的老人问题、孩子教育问题，比如悬疑剧中的城乡问题、贫富不均问题，这些都是重大问题，编导也因此觉得自己硬杠了现实，走的是现实主义路线。但是，在大的伦理或悬疑框架下，这些问题都只能分集性呈现，一旦夫妻矛盾敌我矛盾解决，这些矛盾也跟着打包消失，像2020年热播的《三十而已》，女主为儿子上幼儿园费尽心思，童叟无欺是当代中国家庭正在经历的巨大烦恼，但这个问题是外挂在男女主情感问题上的一个议题，当他们情感转向的时候，这个议题也就不了了之。也是在这个逻辑里，我会觉得《觉醒年代》（2021）中，虽然北大或蔡元培绝对被过度美化，但没有影响建党主叙事，《觉醒年代》也依然是好剧。这是电视剧的大局观。

说实在的，大平台太应该出手打造国家剧了，借此，也能打造人民的大局观。上世纪九十年代后期的《读书》，曾经有这个大局观，现在这个时代任务已转手影视剧，但我们没接好。有时候，看着这么多情智双低的烂剧在网上消费群众，真心有一种恐怖感，这些影视剧在生产什么样的沙发人群啊。

未来电影，速度会是最大的美学和哲学

新京报：上海一直是中国电影当中重要的背景/故事发生地。从你的研究视角回顾，从上世纪三四十年代到近来的《三十而已》（2020）、《爱情神话》（2021）等影视作品，上海在影视剧中的呈现与互相影响，有怎样的变化？

毛尖：新中国成立前，上海是中国毫无争议的电影中心，当时的上海形象不仅可以从《马路天使》（1937）、《十字街头》（1937）这些影片看出来，还能从好莱坞欧洲电影中的上海表达看出来，比如《上海风光》（1941），靡靡之音串场左翼歌声，世界级的藏污纳垢交叠世界级的贫富分化，上海以"夜"的形象自我代言。共和国电影里的上海改变了面貌，虽然霓虹灯下还埋伏着各种危险，但《今天我休息》（1959）、《大李小李和老李》（1962）以白天的上海、健

康的上海，揭开了上海上世纪四五十年代的银幕好天气。然后上世纪八十年代末，夜上海路线回归，夜来香百乐门，唱啊跳啊到今天，越来越把上海符号化。在这个势态里看上海电视剧，就能看到电视剧和电影的不同追求。无论是《孽债》（1994）还是《儿女情长》（1996）、《夺子战争》（1997），都有非常结实的上海普通百姓生活。

坦白说，这些剧当年上映的时候，我还不是电视剧观众，对于当时深受现代主义美学影响的我们，光这种剧名本身，就会觉得电视剧属于父母行为。不过，偶尔在电视上看到，又常常挪不动步子。像《孽债》，开场五个西双版纳小孩跑到上海找父母，围绕五个孩子展开的不同的家庭关系，从里弄到外贸大厦，横切了一个时代截面，巧妙又贴切，而且不同年龄层不同阶层的上海话，各种腔调，如同不同区域的上海，支持不同人物的行动逻辑。在看得见东方明珠的高楼里办公的男人，和在电影院里当放映员的男人，虽然当年同是插友，但环境分疏了人群，两人气息就很不同，虽然阶层表现也略有刻板之嫌，但整体非常接地气。

不像现在，影视屏幕上各种上海符号，但上海显得越来越没性格，也越来越单面。上海成了背景板，街道里里弄弄，不再构成人物的成长因子。比如《流金岁月》（2020）里的朱锁锁，她身上完全没有上海弄堂的系谱。你说的《三十而已》也是，仨女主和上海的关系，就像P上去的，换个其他大城市，这个故事可以一模一样照搬，全部成立，上海就等同于这个剧组的服化道。不过最近出来的沪语电影《爱情神话》，又让上海活回自己了，镜头贴心又充满信仰地表现了上海生活的散文流，估计会引起一些文化批判。

新京报：大导演马丁·斯科塞斯对漫威电影的批评引发很多讨

论,他认为漫威电影不是"cinema",而更像是主题公园,认为漫威电影不是一个人试图向另一个人传递情感和心灵体验的电影。你如何看待这一观点及其引发的争议?

毛尖:我认同马丁·斯科塞斯的观察,但如果这是对漫威的全部评价,我并不完全同意。斯科塞斯以相对古典的电影观来要求漫威,多少有点用书信来要求电邮的意味。

我因为家里有个男孩,这些年跟着孩子看了很多漫画书和动漫电影,家里也有着各世代的漫威T恤和文创,在生活的意义上,漫威对人的影响确实有主题公园的一面,有段时间,我儿子的房间简直就是蜘蛛侠的巢穴。但是,动漫电影即便没有开出斯科塞斯要的传统启示录,但是漫威宇宙的存在,漫威英雄的存在,却比普通电影更深刻地改造了年轻人对世界的认知。而在电影内部讲,漫威电影的语速和语法,漫威人物造型和情感方程式,也浸染了普通剧情片,斯科塞斯的电影《爱尔兰人》(2019)虽然磅礴,但被年轻的观众吐槽看着看着很容易睡着,这个当然有双边都需要检讨的地方,但其中很重要的一点是,《爱尔兰人》的速度和动漫一代的速度不对接了。

而看过这么多动漫,我的一个感受是,未来电影,速度会是最大的美学和哲学。这个,可能是传统电影人再不愿意也得面对的,当然,我所说的速度,既包含一分钟可以有几个转折的速度,也包含主人公凝视一杯水时的速度韵律。

新京报:技术的变革引发了电影的巨大变化。流媒体、高帧率电影、VR,等等,近来"元宇宙"的概念也越来越吸睛,这一设定可能从根本上改变电影的叙事逻辑。你认为这些变化会如何影响电影的未来？你曾经说电影的未来是悲观的，我们应在什么意义上理解这样的悲观？

毛尖：VR会成为和电影院并存的一种介质，就像3D电影、120帧不会一统江湖。当然，这个话题很容易吵成一团，像严锋老师就认为未来影视剧会成为游戏的分支。未来影视剧，包括网剧的体系会经历一番重构，这是一定的，流媒体杀入后，影视剧的美学会经历革命性变革，也是一定的，Vlog美学会强有力地渗透进来，时间革命、空间革命会大过其他方面的所有革命，个体体感会改造群体体质，这些都是可见的未来。

但我相信，即便是传统意义上的电影，也还会经历一个长衰期，在这个总体悲观的长衰期里，电影也不是完全没机会。就中国而言，社会主义时期的电影美学没有被真正打开过，这个国家光辉跌宕的岁月也没有被好好表现过，银幕依然是貘，就看我们喂它梦还是虻。

而技术上看，就算在元宇宙界面里，元宇宙的电影想象也还是能够提供方法论，用来杀灭一批当代烂桥段，比如元宇宙的生死概念，可以改写当代电影中的大量烂情烂死烂失忆。当然最后，这个问题，也不能在电影内部来回答，就像改变出租行业的，不是汽车，是支付。

PART 3

专栏写作、性别身份与社会议题

我们没有完全被折现成流量,就是赢了

新京报:你的影评写作独树一帜,形成江湖人称"毛尖体"的高辨识度文风。你如何看待这种旗帜鲜明的写作风格?这一风格是如何形成的,是浑然天成还是逐渐打磨寻找的结果?同时,你的写作也跨越多个文体,从论文到杂文、影评,你如何平衡不同文体的写作?

毛尖:江湖所谓"毛尖体",不过就是以麻辣快的方式,以普通读者的视角写文章。于我很简单,这是长期专栏的一个结果,千字卡死,赋比兴一通的话,刚开头就得结束了。因此,毛尖体,往上说是接地气,往下说是不怕死。精力旺盛的时候,我同时在十家报纸上写专栏,一天能得罪好几拨朋友。不过,除了作家,我的另一个身份是大学老师,"毛尖体"也说明我不太会用学院派的方式来写影评。

至于说在不同文体间平衡,我也没那么牛逼。而二十多年专栏

写下来，关于文体，我自己的界定是，一千字属于一种文体，五千字以上，又是一种，所以，约稿，我都第一时间问字数，超过两万，我打退堂鼓，那得虚构。写小说要换体质，也不是没想过，好多师友鼓励过我，崔欣都催了我好多年，伟长把小说名字都给我取好了，《铁证如山》。还是我自己没准备好吧。

新京报：影评写作是一份很容易吃力不讨好的工作，它要求极高的准确性但却常常被误认为门槛很低（剧情简介＋观后感）。同时，围绕影评写作、影评人，还有诸多其他争议，比如拿红包给好评，拿红包删差评，"你行你上""不会实干就会扯淡"等言论。你如何看待围绕影评人写作的诸多争议？

毛尖：影评门槛确实不高，这个，反过来理解，也应该是好处，这样可以席卷更多群众加入。诺贝尔文学奖的影响力远大于其他奖，就因为文学奖谁都能嗑上几句。加上这些年的影视剧，一大半是烂剧，骂骂咧咧，谁还不会呢。所以，我从来都说，我们影评人，干的是清道夫的工作。在这个平台上，我对拿红包这件事，也并不严厉，虽然我也可以问心无愧一句，我自己从来没有为红包写作，但这也因为，我不是专业影评人，不靠影评谋生。再加上，我写影评，虽然起源是约稿，但也自带了一些自以为是的使命感。对我影响很大的学者，很多也跨入过这个行业，包括欧梵先生。因此，最初，我是非常自大地以为能改变点影像生态而成为一个影评人的，当然，马上被按倒在地了。有一次一个制片人打电话给我，让我给他做的电视剧写篇文章，我脱口而出，没法写啊这么烂，他一点不觉得被冒犯，兴奋地说，那你骂呀，往狠里骂。所以有时想想，在今天这个大环境里，影评人写作，有争议，不算坏事情，我们没有完全被折现成流量,就是赢了。

以前的歧视更容易识别,现在则更容易温水煮青蛙

新京报:对于青年女性学者,很多人曾提到感受到当下社会中结构性的性别制度与歧视问题。在你过往的研究生涯中,有遇到过类似的困惑与阻碍吗?对于有志于学术事业的青年女性学者,你有哪些建议?

毛尖:在我个人的研究生涯中,可能我比较麻木不仁,倒没太觉得受到歧视。当然,鸡零狗碎的女性降维事件总是有,但是我也不太想把这个说成是歧视。二十多年前,研究生报选题,我要说我写周作人,王老师马上就会CUT我,罗岗说他做周作人,王老师立马就同意,不过也没觉得是歧视,因为罗岗确实强,加上还有合适不合适的问题。不过,我的心态跟我从来没有离开过学校,一直生活在弱循环环境中有关系,当然,最重要的一点是,在我的成长年代,社会主义女性主义还为我们撑着天干地支。

而从上世纪八十年代走到今天,我有时候会觉得,我们在文化上是越来越封建了,由此年轻女性要进入学术,受到的压抑性力量也会越来越大。现在的文化事件,动不动就是劈腿被人肉,离婚揭老底,加上政治正确和没有偏见又是时代政治的一部分,赤橙黄绿青蓝紫任何一种肤色都不能得罪,上层和下层哪一层都不能骂,文化变成温吞水。在这个温吞水大锅饭里,女性会是首先被煮熟的青蛙。加上以前的歧视很容易被识别,现在喜旺们也学乖了,绝不会说出你就在家绣绣花做做饭这样的话,他们也让李双双去面试,但

会用其他题材劝退李双双。

而且,就像我前面说的,现在影视剧里的女性,大批次地在家里绣花,被劝导成为新世纪刘慧芳,或者画眉入时地在高楼大厦随时准备跟总裁发生碰撞,不像社会主义时期的影像,女性用结结实实的劳动站在天地间,女性能直接跟坏人坏事做斗争,现在好人坏人都长差不多了。所以真的是难。

新京报:有没有哪位女性学者/作家/写作者的作品对你产生过重大影响?

毛尖:2018年上海师大做了一次许鞍华电影周,我的三个女性榜样有过一次同台,她们是:戴锦华、王安忆和许鞍华。我主持了她们的对谈,是我特别认真准备但一句话没敢乱扯的一次。我自学电影,就是看戴锦华老师的书。这些年,我们做电影研究文化研究女性研究,也是大量地在戴老师的延长线上工作。戴老师做冷战谍战,我们跟着追到《天字第一号》(1946)。戴老师谈切·格瓦拉,我们把切格瓦拉挂在墙上。戴老师始终在前沿,始终比我们年轻,她身上混杂了强烈的十九世纪和二十世纪感。无数年轻女学者,都或多或少受到过戴老师的影响。安忆老师一直在上海写作,她在很年轻的时候就进入文学史了,但她至今都在匀速地持续地高质量写作,雷打不动天天在写,别说上海,整个中国如果没有王安忆的创作,都画不成一个版图。许鞍华老师是我最敬重的华语电影导演,她的电影定义了香港新浪潮香港电影史,她本人定义了爱和艺术的强度,定义了生命的宽度和深度。她们三个人身上,都有无比强烈的少女感,一种任何痛苦和时间都夺不走的斗志,每次和她们在一起,都有吸氧效果。

而在我的同代人中，也有三位女性深刻地影响了我，她们是：张炼红、贺桂梅和董丽敏。我们几乎一样大，有非常相似的岁月记忆。炼红为她的《历炼精魂：新中国戏曲改造考论》豪掷二十年，桂梅除了抽烟，丽敏除了打牌，几乎都从不浪费时间，她们永远在绵密地推进自己的思考，她们，包括前面讲到的王安忆戴锦华许鞍华老师，都在让我觉得，这个世界上最强悍的天赋，就是勤奋。我自己不是懒惰的人，很多朋友，也觉得我看书看剧很勤奋，但我仔细想想，我是凭淫欲学习，她们是纪律，我很容易陷入虚无，她们则不，她们都给自己的才华加上了纪律，如此才能用一生来过关斩将。能和她们一起成长，是这个世界上最好的事情。

当我们太执着于单一话语视角时，肯定会造成理解的粗暴

新京报：你曾经在散文中提到父母的相处，"当我翻翻现在的文艺作品，影视剧里尽是些深情款款的男人时，我觉得我父亲这样有严重缺陷的男人，比那些为女人抓耳挠腮呕心沥血的小男人强多了。而老妈，用女权主义的视角来看，简直是太需要被教育了，但是，在这个被无边的爱情和爱情修辞污染了的世界里，我觉得老妈的人生干净明亮得多"。这段话非常动人但透露出某种"政治不正确"的危险，如何理解这一段话？我在此前（你的友人）的文章里读到，说也是你照顾儿子、照料家庭更多？你会觉得这造成了困扰或负担吗？

毛尖：没错，这段话有严重的政治不正确倾向，但我说这个话有一个语境，它的话语对象是当代文艺中的蒲志高。从上个世纪九十年代开始，为了爱情耽误工作的男人，成了影视剧中的抒情对

象。比如《我的前半生》(2017)中,宝马男追离异女主,为了给她儿子过生日,放弃工作放弃大生意,如此,女主感动死,观众见证真爱。对比一下社会主义时期的文艺,真正是天差地别啊。《今天我休息》中,女主听说男主是为了帮助群众误了约会,马上不别扭了,一直到八十年代都这样,《烦恼的喜事》(1982)里,电机修理工田建,加班加点为人民服务结果耽误第一次见丈母娘,女朋友玉婷也没什么怨言。反正,在那个年代,劳模爱劳模,先进工作者喜欢先进工作者,都是天然。工作高于家庭,集体大于个人,婚姻向社会让渡出一点家庭时间,天经地义的事情。我妈之所以愿意伺候我爸一辈子,是因为我爸确实把他的精力都奉献给学校了。一个中学校长没有家庭的支持,很容易心力交瘁的,当然我也不能说我妈完全没怨言,但是,那个时代的情感法则鼓励为人民服务,大环境如此,我们家这样,邻居家也这样,没人因此闹离婚。

在这点上,我们这一代女性应该也还算同时继承了社会主义的为国奉献和为家庭奉献的精神的,而照顾家庭照顾孩子,其中乐趣也不容抹去。当年,《真是烦死人》(1980)中,家庭主妇觉得一个洗衣机就能解决家务烦恼,现在我们什么机器都有了,所以,困扰和负担,一定程度上也是时代情感的一个变量,也是在这个议题里,我们说,今天的爱情修辞绝对是个污染源。

新京报:谈到女权主义议题时,很容易引发诸多难以解释清楚的负面情绪与争议。你提及很害怕公开谈论女权问题,是否有此担忧?在你看来,一旦涉及女权主义话题,为何总是产生如此多的对立情绪?

毛尖:这其实不是女权主义领域的特殊问题,当我们太执着于单一话语视角时,肯定会造成理解的粗暴。而由于粗暴引起的争议,又是媒体乐见的,所以,稍微一触动,就花火四溅了。曾经有一次做活动,我对#MeToo运动说了句担忧的话,马上被下面一个站起来的女生教育一通。当然,也不是说我真的害怕,只是这种情况,会让人觉得,武侠挺好的,如果能动手,就不动口了。

新京报:以前读到一句话令我印象深刻,说"不要成为你所反对的东西的对应物"。在女权主义的问题上,一方面我们提醒自己需要时刻警觉,我们批判父权话语与压迫,但同时我们又要避免成为它的对应物,以至于思考与生活局限于性别视角。虽然出发点可能不同,但你肯定也有注意/思考到这种批判与现实之间的张力。或者说,理论与现实之间总存在龃龉,理论无法完全指导生活。但你似乎很好地处理了这种不对应关系,作为一名学者,你如何看待理论与现实之间存在的缝隙?

毛尖:谁拿着理论生活,谁肯定一败涂地啊。理论要是能指导生活,理论界的幸福指数不该全球最高了?看看我们小说和影视中的主人公,搞理论的,最后不都活成了时代的壁纸?《猎场》(2017)里,祖峰扮演的文艺理论家,是不是死得最早?作品中直接搬理论,编导不弄死你,观众也处死你。至于你说我处理得好,事实是,我从来没有把学者当成我的主要身份。我的生活中没有这些严肃的矛盾,我的痛苦和理论没关系。所有和我的身体经验八字不合的理论,我进不去也用不来。

期待重新激活今天，呼唤出一个新的觉醒年代

新京报：在学术研究之外，你日常都喜欢做哪些事情？最近正在关注什么话题/事件？你最近在读的书是什么？你下一步的研究与写作计划，可否给读者透露一二？

毛尖：追剧就是我的日常。过去的一年，除了日常看片刷剧，我主要在看新中国成立以来的电影和关乎社会主义影像的书籍。今天重新回头看那个时期的电影，实在有太多值得重新检视的经验。比如，社会主义时期的散文叙事非常发达，而今天，已经很难在银幕上看到我们自己的散文电影。像"十七年"电影中，"寻找"，构成一个主要银幕动机和语法表现，《五朵金花》（1959）、《魔术师的奇遇》（1962）、《小铃铛》（1963）等大量电影，都是用一个找人找物的方式勾连起社会主义的各种空间、各个民族和各类社会关系，借此，少数民族政策也好，各行各业的差距也好，都在一个相对容易沟通的场域内得到理解。影像表现和意识形态之间的互相哺育，当时的电影提供了很多方法和道路，诸如此类，都可以用我们的研究重新把它们召唤到当代。

这个，不是说我们要在影视剧中加强意识形态表现，反过来讲，不同的意识形态应该有自己的"形式的形式"和"形式的内容"。经常有人花式赞美英美影视剧不搞意识形态教育，其实是人家的意识形态教育掌握了润物无声的法则。我不知道现在算不算新冷战时代，但最后的战役肯定还是文化仗，八十年代以来，我们野性套法西方，现在可以搞一个"双减"。以往社会主义文艺中的爱情表现也好，风景表现也好，都有特别牛逼的话语体系，尤其是我们的群戏电影，那时的群戏语法真心高级啊，这些，都可以在今天重新激活，呼唤出一个新的觉醒年代。

张莉：
回到女性写作的发生现场

采写—青青子

张莉，北京师范大学文学院教授，博士生导师，北京师范大学第五届最受研究生欢迎十佳教师。著有《中国现代女性写作的发生（1898—1925）》《姐妹镜像：21世纪女性写作与女性文化》《持微火者：当代文学的二十五张面孔》《小说风景》等。2019年3月向一百二十七位当代中国作家发起"我们时代的性别观调查"，引起广泛社会影响。2019年至今，每年主编中国女性文学作品选、中国短篇小说二十家、中国散文二十家系列，另编有《我认出了风暴》《京味浮沉与北京文学的发展》《新女性写作专辑：美发生着变化》等。2021年起，开办"持微火者·女性文学好书榜"，获第八届鲁迅文学奖文学理论评论奖，女性文学研究优秀成果奖。中国作家协会散文委员会副主任，茅盾文学奖评委。

2019年3月,一份名为"我们时代的性别观"调查报告横空出世。这项调查自2018年8月启动,发起者张莉先后对六十七位新锐女作家及六十位新锐男作家进行了"我们时代的女性写作调查"及"我们时代文学的性别观调查"。

这项调查被认为是中国现当代文学史上的第一次。它让我们得以窥见不同年代的作家如何理解自身的性别身份,又如何看待性别与创作的关系。其中还有不少"冒犯性"的问题——如何看待《水浒传》里的"厌女症";是否会在创作中有意克服自己的"男性意识";怎么理解#MeToo运动等。在一串不断更新的名单中,既有响亮的文坛前辈,例如铁凝、韩少功、苏童、迟子建、虹影等,也有初出茅庐的青年作家,例如李静睿、淡豹、双雪涛等。

今天回过头来看,张莉一方面感佩于作家们的坦诚,同时她也强调,我们需要对性别观调查的分析保持审慎。这是因为,性别观并不是衡量作家和作品的唯一尺度,更重要的是文学创作的复杂性和人的复杂性。

张莉,北京师范大学文学院教授,学生昵称其为"莉老师"。在这项让她"出圈"的调查之前,她已出走"老本行"近十年。2004年,张莉进入北京师范大学攻读博士学位,师从王富仁。

或许是受到老师的影响,张莉的研究一直强调在场性。"在场",讲的既是要有情感与肉身的体验与思考,形成具有主体性的学术风格，而不是言必称某某；同时，这种在场性也要求研究者与现实发生互动，而不是关起门来，把自己埋进去。2007年，张莉发表博士论文《浮出历史地表之前：中国现代女性写作的发生（1898—1925）》。

这篇论文也成为张莉的治学起点。在研究与写作过程中，张莉反思了当时作为"显学"的西方女权主义理论，试图回到中国的语境里，去理解中国现代女性写作的发生问题。在序言中，导师王富仁这样写道："它较之那些用西方女权主义文学理论直接阐释和分析中国现代文学作品的女性文学研究，更多地离开了本质主义的考察，而进入到中国现代女性文学自身生成与发展的历史性描述之中来。"

博士毕业后，张莉转向当代文学经典研究和当代文学现场批评。这似乎是当时许多女性学者的共同选择。做学问到了一定阶段，她们纷纷选择"出走"，摘掉身上带有"女性"意味的部分，这既是时势使然，也说明了一个极为朴素的道理，没有哪个人愿意一直被禁锢在别人给的性别身份标签之中。哪怕到了今天，许多学者或作家仍然对"女性"这一身份前缀保持警惕。这几乎成为女性想要做成大事的自觉前提。在性别观调查的问卷回答中，我们也能看到明确的线索：

> 之前，一方面自然地接受女性身份，另一方面也认为无论社会还是自己，都可以也应该忽略自己的女性身份，自己不是由性别定义的。那时读社会学，曾有教授建议我做性别社会学研究，我的第一反应是，这个议题"太小了，太女了"，自己希望做关于经济观念、政治变革的"大问题"。我当时会觉得，如果做性别研究，岂不是占自己性别身份的便宜？岂不是被钉在

女性这个小阵营里出不来了？就非常希望能忽略性别，以为自己可以做无性的人、无性的研究。

——淡豹

访谈中，张莉谈及近年来铺天盖地的性别话题热。她提到，在文学领域，许多作家到了一定年龄，才开始不再拒绝女性身份。她们出走，是因为女性的身份带给了她们伤害与蔑视，她们回来，又往往是因为重新发现了女性或者说是性别的意涵。如果上世纪九十年代，女性写作的尴尬是因其夹缠于身体写作、私人化写作等暧昧话语中，近年来更为主动的性别意识发生，无疑让人们感受到某种确实的变化，重提女性写作的意义也正在于此。

在"女性学者访谈系列"里，张莉更像是一位记录者与行动者。她记录这个时代的文学轨迹，也试图从文学中捡拾与淘洗女性的生存样态。如果文学在过去曾是讨论性别问题的试验场，在今天，它是否还能保有如此功能？更为迫切的问题是，当描述时代的语言变得匮乏与同质，我们究竟需要什么样的文学？

PART 1

学术历程、现代女性文学与历史现场

历史中女性的生命经验，与我息息相关

新京报：我们可以从你的治学起点开始聊起。《浮出历史地表之前》是你的第一部学术作品，也是你的博士论文。你在书中梳理了现代女作家的创作发生史。今天回看这部作品，有哪些感受？

张莉：硕士研究生的时候，我读到孟悦、戴锦华老师的《浮出历史地表》，这本书是我的启蒙读物，我最初的研究其实就是在这本书的引领下完成的。阅读过程中会想，这些女作家怎么就突然"浮出历史地表"了，之前她们在哪里？是什么使她们突然出现了？这是我的好奇心，慢慢就变成了我的研究兴趣。当然后来我所关注的其实是中国现代女作家身份的生成史，以及现代女性文学风格的生成史。

博士论文最初的题目是《中国现代女性写作的发生（1898—1925）》，快要提交时，我和我的学姐梁鸿老师聊天，当时她已经毕业了，她说其实你写的是"浮出历史地表之前"啊，我说是的。所

以,"浮出历史地表之前"这个名字是她帮我改的。2020年,也是十年后再版,我把书名又改回来了,现在的书名叫《中国现代女性写作的发生(1898—1925)》。

写论文越到后面越意识到,这也是对"我"的追溯过程,我的意思是,虽然这本书的出发点是源于一种好奇,但当我进入这些具体历史语境,进入每一位女性写作者的生命经验中,当我把她们的生命经验也当作自己生命经验的一部分去理解时,我个人身为女性的困惑和思考也打开了。

所以,写博士论文之于我是自我教养。我慢慢去体悟何为女性写作,以及作为女性写作者的不易。不过,今天重读自己的博士论文,也有一些遗憾,比如当时很想用一章写女性写作者语言风格与晚清白话小说之间的关系,但没有找到合适的方式,最终放弃了。说不定过几年我会回头再完成。

新京报:这本书的写作,如何改变了你对女性身份以及现代女性文学的理解?它又如何与你后来的研究发生联系?

张莉:写这本书让我深深体会到,文学不仅仅只是文学,女性文学也不是孤立的,它与女性解放史、女性教育史、新媒体传播,甚至与整个社会之于女性的想象都密切相关。从另一个角度说,如果我们把现代文学理解为"用现代文学语言与文学形式,表达现代中国人的思想、感情、心理的文学",那么,这也就意味着女性写作史不再只是女性文学史,它还是现代女作者出现的历史,是具有"现代精神"的女性文本如何生成的历史。

今天我们把1917年开始的文学革命称为现代文学的起点,但其实它并不必然产生现代意义的女性写作。女性文学、女性写作,有自身的源头和轨迹。在论文里我也写过这样一段话，大意是说，现代女性写作者的诞生，要感谢两场战争，一场是晚清把妇女们从家内解放到家外的对抗"贤妻良母"之战，另一场是五四运动——它为妇女们的解放提出了"堂堂正正地做一个人"的目标。因为女性走出家庭进入公共领域只是为女性写作提供了客观条件，而五四新文化运动为现代女性写作提供了一批具有现代主体意识的女性写作者。这些作者是对社会主动发表看法、表达爱情意志、向传统发出挑战、与男性青年并列行走的女性青年。

在我读书的时候，女性主义理论是"显学"，就像我们所看到的，女性主义理论的确给女作家研究领域带来了新视角，直到今天，用女性主义理论解读女性文学作品几乎成了研究"范式"，而当时的我所要考虑的是，难道理解女性文学或者女性写作，必须用这样的方式吗？

我想找另一种方法，想做一些新尝试。就像王富仁老师在序言中所说的，摆脱旧的方法，回到中国现场，我想用自己的方式理解她们的生命经验。当我认识到这一点时，实际上我也找到了一条路：如何站在中国的语境里面去理解中国现代女性写作发生的问题。当时甚至想，即使做得不好，试试又何妨呢。

怎么回到历史现场去理解女性解放和女性写作，是很大的挑战。找资料还原历史过程是一方面，另一方面则需要想象力和理解力，要调动生命经验和情感经验。以前我只愿意看到那些有影响力的女作家和她们的生命经验，而在写作过程中我慢慢注意到，那些后来消失的女性写作者，其实她们也构成了现代女性文学史重要的一部分。现在看，这些思考其实也对我后来的工作非常重要，是一个基础。

站在历史的现场,理解现代女性写作的发生

新京报:你刚才提到西方女性主义理论在当时学术界的传播。对于上世纪七十年代出生的学者来说,九十年代的女性主义思潮启蒙是绕不开的话题。具体来说,那一时期还给你带来哪些影响?

张莉:2000年左右正好是我在读研的时候。一方面,上世纪八十年代中期,中国译介了一批西方女性主义理论著作,而经过几年的沉淀,国内学者对这些理论的接受开始成熟,出现了新一代学者。但同时,2000年左右也是中国女性写作的低潮期。当时人们提到女性写作,直接的联想就是"身体写作""个人化写作",女性文学研究一度兴盛,之后很快就归于平静了。

当时有两篇论文对我触动很大,一篇是刘禾老师的《重返〈生死场〉》,她从女性主义的角度重新评价萧红。我喜欢萧红,也喜欢这篇论文,深为认同刘老师的看法,但有时候也想,如果回到具体的历史语境,萧红恐怕还真是想写抗日作品,那么,是不是可以理解为,女性经验只是她书写抗日题材的途径,而不是目的呢?另外,还有一篇论文,是戴锦华老师的《两难之间或突围可能?》,是她给《妇女、民族与女性主义》那本论文集写的导言,戴老师的文章拓展了我对女性文学和女性主义的理解,今天想起来,依然深具启发性。

新京报:你一直强调在场性。那么,当你真正进入具体的女性写作历史语境中,比如五四时期,我们要如何理解这些现代女性作家的创作发生?

张莉:我先来举个例子。我们知道,冰心是最早一批女大学生,1919年,她十九岁,亲历了五四运动,她当时也很想为走上街头的

大学生做些什么。要怎么做？她就去问她的远房表哥刘放园，后者是《晨报》的编辑。表哥提议她在报上写一些报道，写一些问题小说。冰心回家就开始写，文章第一次发表的时候，用的名字是"女学生谢婉莹"。这个新的有着社会关怀的女学生作家一进入公共空间，便满足了大众的全新期待，你看，在当时，新媒体和新的知识阶层多么渴望新女性发声。即使我们看到了现代女性写作的艰难，但也要说，现代女作家的出现在当时是众望所归，新的市民日报、新的文学期刊给予了很大的支持，现代女性写作与新媒体的助推有重要的关系。

我的论文里有个重要的观点是，在最早的现代女性文学发生期，女性文学某种意义上是"女学生文学"，因为当时的作家都是女大学生，而且她们所写的大部分也是女学生生活，同时她们在课堂上也受到新文化运动知识分子的启蒙。

我想说的是，回到历史现场会发现，女性解放是全社会共同努力的结果，并不是靠女性自身完成的。回到历史现场看女性写作的发生，会了解具体的历史语境，会看到不同的人和不同的事如何在历史的关键时刻对女性解放起到微妙而意义重大的作用。

新京报：我们刚才提到这么多现代女性作家。在你的研究生涯与生命经验中，哪位女性学者/写作者/女性形象对你产生过重要的影响与启发，可以是学术意义上的，也可以是性别意识层面的？

张莉：中国女性学者方面，乔以钢教授、戴锦华教授都对我有重要影响，中国女性作家主要是张洁、铁凝，对我的成长有很大影响。当然我也很喜欢伍尔夫、波伏娃、桑塔格。

至于印象最深的女性形象，我现在想到的是一位无名女性。我小的时候，夏天会住在奶奶家，是在农村。在奶奶家睡觉，早晨一睁眼总能看到墙上的一幅画，是那个时代常见的一幅画，一位女性坐在拖拉机上，握着方向盘，梳着两个长辫子，既柔美又阳光，笑容灿烂。那是当时典型的劳动女性形象，我喜欢那张画，在我眼里，那个女拖拉机手整个人都很美。就是这样一幅画给了少年的我对未来的想象空间。它代表着我心目中美好的女性形象——她是健康的，是乐观的，是对未来抱有期许的，是有力量的，是能够主宰自己命运的。

PART 2

性别观调查与当代女性文学的创作分野

文学史上的第一次:"我们时代的性别观"调查

新京报:这项研究之后,你就投入当代文学研究领域,直到 2018 年,才重新掉转头做女性文学研究。是在什么样的契机之下,你决定重返这一领域?

张莉:博士毕业后,我进入当代文学研究领域,关注当代文学的发展,做了十年的现场文学批评。直到 2018 年 #MeToo 发生,我意识到女性文学的很多话题被激活了。其实,一直以来,我都希望自己的研究不要躲进阁楼,而应该与更广阔的社会和现实建立连接。所以 2018 年我想到的是,要回到女性文学研究领域,要让更多的人了解女性文学的过去、现在以及未来的诸多可能。

第一个工作就是进行"性别观调查"。大概在 2018 年 8 月到 11 月间,我对六十七位新锐女作家及六十位新锐男作家分别进行了"我们时代的女性写作调查"及"我们时代文学的性别观调查"。我请每一位受访作家从五个问题中选择一个进行回答,每个回答限定在 500—800 字以内。

女作家篇

1. 你认为女性写作的意义是什么？你是否愿意自己的写作被称为女性写作？

2. 你认为女性身份在写作中的优长是什么，缺陷或不足是什么？在写作中，遇到的最大困难是性别的吗？

3. 在你的作品中，最满意的女性形象是哪位？原因是什么呢？

4. 说一说你喜欢的作家或作品及其理由。你认为这位作家的性别想象可以借鉴吗？

5. 伍尔夫说，伟大的灵魂都是雌雄同体的，你怎样看这一观点？

男作家篇

1. 在书写女性形象时，你遇到的最大困难是性别吗？你在创作中会有意克服自己的"男性意识"吗？你如何理解文学创作中的两性关系？

2. 最早的性别观启蒙是在中学期间吗？你如何理解女性主义与女性写作？

3. 说一说你喜欢的作家或作品及理由。你认为这位作家的性别观可以借鉴吗？

4. 伍尔夫说，优秀写作者都是雌雄同体的，你怎样看这一观点？

5. 你怎样理解 #MeToo 运动？

之后我又邀请了包括铁凝、贾平凹、阎连科、迟子建、苏童、毕飞宇在内的十位作家进行同题回答。今天看来，这个调查其实是朴素的发问，我没有奢望大家都愿意回答，没想到几乎所有被问到的人都答了，我想，也是因为那一年，作家们都认识到性别观的重要性吧。

2019年3月，性别观调查报告在《中国现代文学研究丛刊》《当代作家评论》《南方文坛》先后推出，名字叫作"我们时代的性别观"，这是第一次用田野调查的方式展开的对于作家的性别观调查。当时一位韩国学者还特别对我说，这个调查非常难得。提问是容易的，拿到这么多的回答太难了。

新京报："我们时代文学的性别观"调查在当时也引发了破圈层的影响力。回头来看，你会如何评价它？

张莉：它产生的影响在我的意料之外。毕竟我不是社会学者，社会学者经常去进行田野调查，但对于我来讲，这种问卷调查是第一次，尤其还是性别观调查。我的前面没有任何可借鉴的参考，最初我心里很没底，这项调查能够展开，和他们的积极作答有重要关系。

进行调查，重要的是如何获取可靠可信的数据。今天想起来，恰恰是我过去十年一直在文学现场的工作经验，使得我有条件去获取有效的数据。换句话说，接受调查的这些作家愿意交付信任，愿意坦陈他们的想法。所以，不管未来的人们怎么评价作家们的回答，就我接收到的反馈来说，作家们也的确在努力表达对性别观和性别意识的尊重。

同时，我也对性别观调查的分析保持谨慎的态度。你看，有些作家在调查里说自己没有性别意识，但作品中的性别意识很明显，另一些作家回答的时候深具性别意识，但作品相反。这也提醒我们，对一位作家性别观的分析要分开看，不能只看他说的，也要看他怎样写。

还有一点，做性别观调查后，我强烈认识到，性别观不是衡量作家和作品的唯一尺度，要意识到文学创作的复杂性和人的复杂性。退一步来讲，作家当下的性别观也不代表他未来的性别观。

新京报：能分享一些你在这次调查中的重要发现吗？尤其是男性作家与女性作家的性别观有哪些不同？体现在他们的创作中，又有哪些表现？

张莉：有许多有意思的发现。比如谈到如何理解自己的性别意识时，女作家们往往会说，要克服自己的性别意识；而男作家则会反问，为什么要规避性别意识，本来就是男人，从男人的角度写女人有何不可？这回答让人意识到，男作家是自信的，会觉得自己的男性视角是自然的，而女性则处于不安全感之中，担心强化自己的性别意识会得不到好的评价，所以有意回避自己的性别意识。

大部分女作家不愿意承认自己是女性写作，她们一边喜欢简·奥斯汀、玛格丽特·阿特伍德、爱丽丝·门罗的作品，渴望成为这样的作家，一边也会说希望自己的写作里少一些女性的痕迹。但是，铁凝、迟子建、林白等上一代作家则说，她们受益于自己的性别视角。我想，这是两代女作家之间的差异，这让人想到，我们这个社会里，女作家承担着一种莫名其妙的压力，而只有到了一定程度、一定年纪，她们才承认女性视角对于自我创作的重要意义。

在这个调查里，也可以看到作家们对男性气质或者女性气质的坦率看法。比如，很多人都认同好作家是"雌雄同体"的说法，但也有作家会反对，会举海明威为例。苏童的回答令人印象深刻，他说一位优秀作家在写作时要有"易形"或"易性"的能力，说得非常好。我想，他的意思是，一位优秀作家要有他的社会性别意识，也要有能力跨越他的生理性别。因为我们也都知道，福楼拜在写《包法利夫人》的时候就曾坦陈，"我就是包法利夫人，包法利夫人就是我"。

调查里还问到如何看待《水浒传》中的"厌女"。女作家们几乎都表示自己很反感，但男作家会提到历史语境的局限，或者不能以今天的性别观去审视当年的作品，等等。不能从这些回答里判定谁对谁错，但我们可以看到大家的理解角度和立场的不同。

新京报：在这几年的实践中，是否有进一步的推进工作？

张莉：2020年我再次在《中国现代文学研究丛刊》和《江南》发布了"性别观与文学创作关系"的调查，这与"我们时代的性别观"系列调查一起，构成了今天中国作家的性别观调查样貌，调查的覆盖面广，也引起了很广泛的讨论。最近两年，我的很多同行告诉我，他们大学有一些本科生或者研究生在以这个调查为例做论文，我听到很开心。目前我还在写分析报告，预计2022年书稿会正式出版。我希望在书里开放这份调查报告的原始数据，未来不同行业的人都能集中读到作家们的回答，当然，我也愿意将自己的分析与大家分享。

在文学的汇流中,淘洗女性的生存样态

新京报:2021年你也出版了《2020年中国女性文学选》。自2019年起,你每年都会编选年度女性短篇小说。当时为何想做这样的尝试?

张莉:早在研究现代女性文学写作的发生时,我就特别想找到一百年前普通女作家们的作品,比如说1919年时女作者们写过的小说,当时还畅想,如果每一年都有女性作品的选编,那么作为一百年后的研究者该有多幸福,我们能清晰判断出女性文学成长的整体脉络,也会更直观看到她们如何一路走来。但可惜的是,一百年来还没有一本女性文学年选。很多普通女作者的作品就此消失在风中了。

对我来说,开展女性文学年选的意义在两个方面:一是我想为中国女性文学留下年度样本,从这些作品中可以看到女性文学的精神风貌、文学气质的变化,当下可能不明显,但放在一个很长的时间段里,就会表现得很清晰,也有利于后来的学者去研究。二是我想要通过这样的作品选编来记录中国女性的生存样态。这是站在人类学和社会学立场上的考量,我相信这里的生活记录,有新闻报道所涵盖不了的丰富性和多样性。

新京报:这样的编选也很少见。最开始的编选工作如何展开?遇到过哪些困难?

张莉:第一次是在2019年,到现在已经是第四年了。困难首先是没有可参照的经验,也几乎没有人可商量讨论,凡事都要自己思考、摸索、决定。最重要的是设定编选的基础框架。

我的想法就是要努力淘洗掉原来附着在女性文学身上的刻板化标签，比如爱情、友情、亲情，或者是家庭、社会等分类。所以当时选择了"爱""秘密"和"远方"这三大主题，考虑的主要是这三个主题既是人类所共享的，同时女性在处理这些主题时也别有经验或者别有视角。最终决定年选的基本框架是二十位女作家讲述的二十个故事，是从全国诸多文学期刊发表的优秀作品中挑选而来。

入选的标准呢，必须涵盖不同的年龄段以及不同类型的女性写作。每年都会选择五到六位新面孔，即使这些新面孔写得没有那么好，但如果她的作品中有强烈的问题意识，或者她的小说气质与众不同，我就会纳入进来。我希望通过进入年选这样的方式来鼓励青年女作家的写作。我也相信，在未来五年到十年的区间里，女性文学年选会推出属于它的女性作者群。事实上，我想要借此来厘清中国当代女性文学的发展脉络，并建立属于当代女性文学写作的传统。

可能因为我有之前十年当代文学批评的经验，回过头再来做女性文学年选，便有了参照系，我能够清晰地知道这个女作家的坐标，她的位置在哪里，我也会很快知道哪些作家是被忽视的，如果她在当代文学场域里还没有得到广泛关注，但她在女性书写传统里面又非常重要，那么这时候一定要把她选进来，要让更多的人看到她。

新京报：具体来讲，你如何理解"爱""秘密"和"远方"这三个主题？

张莉：刚才我们也提到，"爱""秘密"和"远方"可以涵盖人类的写作主题。但说回来，这三个主题其实也代表了我对女性文学书写的理解。《2019年中国女性文学选》序言题目是《是讲述，也是辨认》。写这篇序言的时候，我脑海中就是一棵大槐树底下女人们在聊天拉家常的画面。从表象上来说，树下所谈的只是锅碗瓢盆、家长里短，但其实却连接了天地和湖海。

六七岁的时候，有一段时间我住在农村。每天下午三四点钟，村里的女人们都会坐在大槐树底下一起聊天。现在想起来全部是属于那种农村家庭妇女的闲聊，有些人会织毛衣或者带孩子。偶尔，会看到有个女人的胳膊青了一块，或者是一个新媳妇忽然大哭不止，而我当时很小，不明白她为什么哭。这些碎片式的画面沉积在我的记忆里。

很多事情，要走过很多路，看过很多书，到了一定年纪，才会懂。现在我再回想起少年时代看到的，会恍然明白，其实胳膊大腿上的青紫就是家庭暴力，而那个新媳妇是被拐卖来的。生命经验的沉积需要时间，理解他人也需要时间还有经历。现在想来，当年那些人的诉说，其实是在寻找一个出口，一个倾诉的场域。"女性文学年选"是什么呢？对我来说，就是把散落在风中的女性声音汇集，我们一起诉说，也一起辨认那些属于女性的生命与生活经验。

少数民族的女性写作，诚实地抵达所写之物

新京报：你一直关注中国当代青年女作家的创作境况。她们的创作实践、创作理念和上一代相比有哪些不同？在女性作家群内部，是否也存在不同的分野？比如边远地区 vs 中心城市，劳动阶层 vs 中产阶层等？

张莉：特别高兴的是，女作家越来越多了。这些作家中，有的人性别意识强烈，也有的性别意识并不强烈，但我觉得都很有意思。

和前一代女作家相比，新一代女作家的教育背景更高，比如张怡微、文珍、淡豹、王侃瑜、修新羽、杜梨、蒋在，等等，这些作家通常都受过良好教育，或者有着出国留学的经验，和前一代作家非常不一样，我很期待她们，而且我也相信这样的教育背景和视野会让她们写出更不一样的作品。当然，这需要时间。

当然，有时候作家写得好，也与她们的学历没有必然联系。边远地区和中心城市的分野是我最近特别关注的，上世纪九十年代对女性写作的批评是只关注身体和个人，带有明显的中产阶级趣味，等等。其实在今天，这种所谓中产阶级写作依然存在，但重要的不是中产阶级写作，重要的是如何理解他人的问题。城市中产女性对于劳动女性、边远地区的女性或者更为弱势的女性生活，其实是有盲区的。

具体到文学场域，它同样也是一个权力的场域，比如北上广的作家获得的资源很多，边远地区的作家不容易被看到。前阵子正好参加了新疆女作家叶尔克西的长篇小说《歇马台》的研讨会，我喜欢这本小说，它带来了不同的阅读体验。但书评很少，关注的人也不是很多。小说写的是哈萨克族的日常生活，从好几代哈萨克族女性身上，我们会看到她笔下那些可爱的女性其实是和男人并肩成长的。这位作家是哈萨克族人，也是哈萨克语的翻译。当然，她现在用汉语写作，她的语言非常有节奏感，非常不一样。

其实中国少数民族女性的写作有非常重要和新鲜的视点，但很少有人去关注。这些作家的作品也都有强烈的社会情怀。另一本少数民族女作家的长篇小说我也很喜欢，冯良的《西南边》，她写的是新中国成立以来彝族人民生活的巨大变化，小说细腻曲折，动人心魄。

新京报：就你的观察而言，少数民族女性作家呈现了哪些创作特点？

张莉：少数民族女作家的写作普遍都很朴素。她们有丰富的生活经验，愿意去细致描摹生活的枝丫角落，不需要叙事的花哨，就能描写出事物本真的光泽。

年初我为青年女作家马金莲的小说集《白衣秀士》写了序言。马金莲是回族女性生活的记录者，她在西海固农村生活了二十多年，结婚生育，所以她和她笔下的那些女人，是妯娌、婆媳、姐妹关系。她曾和她们一起在田间劳作，在厨房忙碌。在好几个创作谈里，马金莲说起过她对小说灵感的捕捉。锅开了，要炒菜了，水开了，孩子们打闹了……这真算得上是在厨房边写作的作家了。这位作家自然地谈起家务琐事对写作的打扰，但她也努力和这些琐事抢夺书写的时间。她是在我们经验之外的青年女性写作者。

在描写社会问题时，少数民族女作家的视角也不太一样。马金莲的作品会描绘社会问题，但她的视角是低微的。比如小说《旁观者》，女主人公讲到病房所见，一个工地上的男人从脚手架上摔下来，瘫痪了，雇主只能赔几万块钱，男人和他的妻子很是愁苦。到了晚上，小说中的女主人公摸着丈夫的腰，突然哭了，因为她的丈夫也是城里的打工人。这个细节特别动人，我想，当马金莲这样处理细节的时候，她并不是旁观者，也不认为那些人是"他们"，那一刻，你会感到她对苦难或幸福的理解，与其他作家有多么不一样。

PART 3

新生代作家、新女性写作与非虚构传统

年青一代作家的创作观察:"我"的降维

新京报:对于青年一代的作家群体,有一种观点认为他们更注重私人性的"我",而失去了对更为宏大的精神力量与信念的追寻。还有一种观点认为,今天青年一代的文学书写太过强调现实的议题性,而丧失了所谓"文学性"。你对此有何看法?

张莉:我觉得关注"我"没有问题,关注"我"的存在与世界的关系是写作应有之义。我每天晚上会看一两个短篇小说,现在很多作品里的"我"实际上是被捆绑在鸡飞狗跳、鸡零狗碎中的"我"。不是说不能写"我",或者不能写个人化的生活,但很多作者只是关注一个物质的"我",那是没有精神能量和深度的"我"。所以,我常常觉得,今天的创作者是把"我"给降维了。

写"我"也可以写出尖锐、深刻、强大的主题,因为"我"是"我"和历史、"我"和时间、"我"和命运之间重要的连接。但很多作者对"我"的理解是肤浅的。我的意思是,创作者并不是更注重

私人性的"我",而是对"我"失去了精神力量与精神思考。如果能对"我"要成为何种意义上的"我"、何以成为"我"有思考,有反思,有质询,那么,"我"也会盛载更大的精神潜能。

陈春成是新近引人注目的青年作家,他的《竹峰寺:钥匙和碑的故事》我很喜欢,在《生活风格:2020年中国短篇小说20家》中我收录了这篇。因为在他的作品里面,我看到一个非常有意思的"我",它里边有历史的沉淀。小说家的语言里有一种隐秘的传统元素在流动。这让人期待,他也是在写我们时代的"我",但这个"我"并没有被降维,同时又如此让人难忘。

另外你提到文学书写的现实议题,这是很重要的问题。新文学传统里一直都有这样的脉络,就是问题小说。今天我们去看五四时期的问题小说,大概也就是鲁迅的作品留了下来,因为它是艺术性和社会问题的完美结合,而且它的社会问题不是一时的,是长久以来我们都要思考的问题。

我个人也欣赏有问题意识的写作,尤其在今天。前几天我和本科生们在课堂上讨论《组织部新来的青年人》,他们的讨论非常热烈,我想,这篇小说之所以今天还拥有这么多青年读者,恰恰在于小说的问题意识。

新京报:我记得在性别观调查发布会上,几位老师(贺桂梅、鲁敏、杨庆祥等)也提到过这几年文学领域似乎对性别议题的推动力量变小了,反而是社会科学等其他学科显现出更为强大的影响力。你怎么看待这一转变?

张莉:文学在整个社科领域的影响力的确变弱了。这一方面当然跟媒介/新媒体的变化有关,所谓从文字/纸质传媒到影像传媒的变化，不同媒介的力量此起彼伏，而电视剧或者电影所带来的社会影响力毋庸置疑。问题是，哪怕是影像时代，文学原本也是很多影视剧改编的原动力，但今天我们越来越难看到纯文学改编而成的影视剧作品。我认为这是作家介入社会问题的能力不足所致。

在上世纪八十年代，严肃文学改编的影视作品风起云涌。比如说我小时候看邹倚天扮演的红衣少女安然，那样的一个健康的女性形象与女性精神气质曾引领过一个时代，但后来我们很少看到这样性格鲜明、多元的女性形象了。现在，相比严肃文学，反倒是网络文学作品中的女性形象更能够戳中大众；很多网络作品改编的电视剧能够抓住大众，我想首先是因为网络作者渴望抓住我们这个时代的人们所共同关心的问题。

新京报：为什么会出现这样的状况？

张莉：可能写作者希望寻找安全感吧。就现实生活层面来说，寻找安全感我完全理解，但是作为艺术家来讲，寻找安全感其实是惰性。文学的创新就是要有冒险精神，如果作家一直依靠惯性和惰性写作，或者总盼望自己的作品能够旱涝保收，那创新和对于真问题的思考就无从谈起。当然，道理大家都懂，做起来不容易，包括我自己，把想法落实在写作中并没那么容易。

女性的非虚构写作，被忽略的重要文学传统

新京报：你在2021年还出版了一本《新女性写作专辑》。在这本书中，你也提出了"新女性写作"的概念。"女性文学"的提出主

要是在上世纪八十年代,自提出开始,关于"女性文学"的定义一直都存在话语与权力层面的张力。在诸多争议声中,你如何理解和定义"女性文学"?又如何定义"新女性写作"的"新"字?这样的定义是否也体现了中国女性文学从过去到当下的脉络?

张莉:女性文学和新女性写作的确不太一样。关于女性文学,我是按照自己的理解,结合我的文学研究和文学现场经验,以及整个社会语境,将它定义为"主要是女作家写的、带有女性气质、表现女性生活与生存状态的文学作品"。但同时我也很警惕这种定义。之前跟一些同行讨论过,概念或者定义应该是随着创作改变的,而不是先给它一个框,然后去套不同的作品。所以《2020年中国女性文学选》里的作品,既有带有强烈性别立场的作品,也有立场比较温和的作品。

但"新女性写作"又不一样了,它强调的就是作家本人的性别立场和性别精神。这一概念的提出本身面对的就是一种新的文学语境。一方面,中国社会的性别观念和性别意识在发生重大而悄然的变革;但另一方面,中国女性写作及当代文学作品中的性别意识却让人心生遗憾。所以,我思考的是,什么是真正意义上的女性写作,今天在中国的语境里如何进行女性写作。

"新女性写作"实际强调的是写作者的社会性别,同时着重在日常生活中发现隐秘的性别关系——两性之间的性别立场差异取决于民族、阶级、经济和文化差异;它也关注同一性别因阶级/阶层及种族身份不同而导致的立场/利益差异。之所以提出"新女性写作"这个概念,也是想强调它与"个人化写作""身体写作""中产阶级写作"等命名有着重要的区别。

新京报：这本书里也包含了一些非虚构作品，我当时看到还挺惊喜的。

张莉：做这本书的时候，我们的确想要囊括各个类别的新女性写作作品。过程中我发现，更容易推动起来的是非虚构女性写作，因为这是人人都可以拿起笔来写的文类。

事实上，非虚构女性写作是中国现代女性文学传统中非常重要的部分，比如说谢冰莹的《女兵日记》，当时传到法国，包括罗曼·罗兰在内的学者都很欣赏和推荐。这部作品让我们重新理解了上世纪三十年代的女性——当时的女性不只是受到压迫的形象，同时她也是一个有力量的、积极参与整个历史进程的"社会人"形象，当然，这个称呼和我们今天网络上调侃的"社会人"不同，它指的是具有社会情怀的人。

到了上世纪八十年代，我们看到戴厚英的《人啊，人！》，张辛欣、桑晔合著的《北京人：100个普通人的自述》……它们都是在文学史上产生巨大影响的作品，只是我们当时没有把它们纳入女性写作的视野而已。实际上，这构成了一个非常重要的女性写作传统，即女性写作者以非虚构的写作方式参与到书写整个社会历史的进程中。这个传统里，包括林白的《妇女闲聊录》，也包括梁鸿的"梁庄系列"，也包括范雨素的写作。我和《十月》共同推出的"新女性写作专辑·非虚构"聚集于"非虚构女性写作与我们时代的女性劳动者"主题，其实也是基于这样的思考。

新京报：除了非虚构写作或者说关注社会问题的写作传统，中国现当代文学历史中还有哪些被我们忽视的女性文学传统？

张莉：我想，是对低微女性人群的关注与眷顾。石评梅有篇小说叫《弃妇》，我印象很深。讲的是表哥对"我"诉说他想离婚，小说中，"我"可以理解表哥的痛苦，但却无法和他一起痛斥小脚女人，因为那是"我们女人"。在石评梅眼里，这些弃妇，这些不懂"爱情"的小脚女人，并不是男人爱情悲剧的制造者，而是受害者。这个视点弥足珍贵，事实上当时很多女作家都写过那些小脚女人的惨痛际遇，这与另一条新女性书写的传统非常不一样。我的意思是，在现代女性文学史上，你会看到作家有意识地书写不识字的女人、被时代抛弃的女人，她们不是她们，而是母亲和姐妹。我想说的是，现代女性文学的另一个重要传统，是一直站在弱者和低微者的角度去思考问题。

可是今天，那些更为低微的人群在我们的文学作品里几乎看不到了。很少有作家去写家庭主妇的价值，去写那些带孩子的奶奶和外婆的价值。在我的视野里，当代作品里很少触及这一群体。

新京报：你如何看待这几年韩国女性文学的兴起？对于中国女性文学来说，它是否具有一些参考或者借鉴意义？

张莉：韩国女性文学的兴起我想还是因为作家的问题意识。单从文学技术上来讲，那些文本说实话也没有那么好，但是作品的问题意识很强，所以在我看来那实质上属于问题写作的范畴。我们读《82年生的金智英》时，会生出一种强烈的被冒犯的感觉，也是因为作家的问题意识很切肤。

一般来说，这类题材能够传播到另外一个国家，一般都具有冒犯性。当然，这种传播本身也很复杂，涉及译者和出版的挑选，否则我们根本看不到这样的作品。同时，它也反映了中国读者的阅读趣味，如果我们在本土作品里找不到这样的问题意识，那就需要找一个代言和出口。

其实,韩国女性文学的问题意识不是说找到一个问题去书写,而是说对整个现实的一种真切关怀和认知,是把现实中发生的一些问题与自我的处境联系在一起去思考。

包慧怡：生活在中世纪的缮写室

采写—肖舒妍

包慧怡，青年作家，1985年生于上海，爱尔兰都柏林大学中世纪文学博士，曾任教于都柏林圣三一学院，现为复旦大学英语语言文学系副教授。已出版评论集《缮写室》《沙仑的玫瑰：英法德三语文学和绘画中的经典意象》(合著)、《青年翻译家的肖像》，随笔集《翡翠岛编年》，英文学术专著《塑造神圣："珍珠"诗人与英国中世纪感官文化》，中文专著《中古英语抒情诗的艺术》，另出版《爱丽尔》《好骨头》《唯有孤独恒常如新：伊丽莎白·毕肖普诗选》等译作十余部。

尽管她在狭窄的学术研究领域是个成功者，她一定明白她为自己选择了怎样一种奇怪的生活：禁闭在图书馆和地窖的小房间里，埋头于逝者的手稿，一种在无声的尘埃之领域里度过的职业生涯。

十几年前，包慧怡在翻译美国作家保罗·奥斯特的小说《隐者》时，读到了这样一段话。当时她不明白，为什么这个被所有人看作书呆子的女孩会如此打动她，后来才知道，这是一种同情，情同此心，或说是同病相怜。这段话可以原封不动地拿来形容包慧怡自己，当她埋首于珍贵的中世纪手抄本，在羊皮纸上一笔一画地临摹时，当她沉浸于诗人天马行空的瑰丽诗篇，在脑海中字斟句酌地转译时。

对于读者而言，包慧怡有着多重身份：她是一位诗人，著有诗集《我坐在火山的最边缘》；也是一位作家，文学评论集《缮写室》曾收获好评无数；更是一名译者，出版译著十余种，包括伊丽莎白·毕肖普的《唯有孤独恒常如新》、西尔维娅·普拉斯的《爱丽尔》和玛格丽特·阿特伍德的《好骨头》……相比之下，她作为复旦大学英语语言文学系副教授，以及中古英语、中世纪手抄本研究者的身份反而鲜为人知。但所有的身份，归根结底，都和语言有关，都和语言的美妙有关。

"诗人的工作是使语言成谜，译者的工作是解密，并在此依据上编写新的谜面。"(《青年翻译家的肖像》)若果真如是,那么她既是一名优秀的出谜人,又是一名敏锐的解谜者。

> 诗人是语言的提纯人……提纯语言就是提纯我们的生命经验,提纯所有未经同意注入我们骨髓的眩晕、欢欣、痛苦、羞耻、执念、神秘……要把所有被磨损和侵蚀的语言抛光,让公共化的语言再次个人化,让笼统的语言再次精确化。(《我坐在火山的最边缘》)

因此她无感于"公知"式的摇旗呐喊、输出观点,不喜欢"女性主义作家"等政治化的文学标签,只想用细腻幽微的文字,推动润物细无声的改变。

> 一方面,翻译中近乎体力劳作的部分,那份类似于打坐的心无旁骛,在学术科研和个人创作的疾风暴雨间稳稳托住了我,使我免于难以避免的挫败感所带来的频繁崩溃。另一方面,作为一名写作者,翻译优秀作品的过程对我自身语言感受性的侵略、扩充与更新,以及我的语感精灵们同这类侵略之间看不见的角力或和解,是我怀着兴奋,乐意看到发生在自己身上的。(《青年翻译家的肖像》)

翻译不曾是她的主业,尽管她笔耕不辍,在二十岁到三十岁之间便有十部译作出版,但也正因此,翻译得以成为她在繁重学术压力之外喘息片刻的闲暇劳作。而在典型的中世纪作者观中,翻译者是比原创者更接近"作家"的存在。

难怪包慧怡会感慨，天堂是中世纪缮写室的模样。

可二十一世纪的大学校园，毕竟不是中世纪欧洲教堂的缮写室。

走出自己的书房，包慧怡要站上英语语言文学系的讲台传道授业，作为一名"青椒"（青年教师），同样也要接受现代高校"非升即走"制度的残酷考验。尽管教室中象征权威和等级的讲台设置始终违背她心中理想的教学观念，尽管标准化、快节奏的学术生产并不符合人文学科，尤其是中古英语和中世纪手抄本研究的学术规律。在讨论现代高校困境的美剧《英文系主任》的豆瓣页面上，包慧怡留下了一句自嘲："课上只有三个人的中世纪文学老太是我的未来吗……"

但作为一个现代人，包慧怡只能在既定制度之下，做出她小小的改变。

她和德语语言文学系的青年教师姜林静、法语语言文学系的青年教师陈杰因诗、酒和"青椒"的共同困惑而结缘，成立了"沙仑的玫瑰"文学小组，又因着这困惑讨论起文学传统和文人浪漫，最后演变成一个有诗、有酒的非正式课堂。

她尽情享受学校教务处赋予她的权利，把高级英语的教材换成翁贝托·艾柯的 *The Book of Legendary Lands*，在英语文学导读课程塞进来自不同地区十六位作家不同题材的作品。

她不愿让自己的写作循规蹈矩、板正机械，哪怕是学术论文也希望在语言风格上能符合自己的审美标准，一如她给媒体大众撰写的文学评论一般"好看"。

教学上的改变，加上学院晋升制度所要求的论文数量，再加上她个人奔流不息的创作欲望，再再加上她为了释放论文写作压力而投身的翻译工作，代价便是她的睡眠时间。多数时候每天睡三到四个小时,遇上赶稿便压缩到两个小时。上晚课前实在没有精神,便买一杯鸡尾酒悄悄倒进咖啡杯,借着酒精的帮助醒脑提神。

"我已经成了眼皮一直在跳的人",勉强睁开双眼接受采访,包慧怡却把这种感觉形容为"我的眼睛里好像住着一个精灵在那儿捣蛋一样,你也驯服不了它。有时候我忍不住激动地想找一个人,让人家看看我的眼皮跳得有多明显"。

就在这种状态之下,她一聊就是三四个小时,直到夜幕降临,这间学校附近的咖啡馆变成酒吧,侍者端上应季的鸡尾酒以供品尝。她忍不住多尝了一小杯,再次打开话匣。

PART *1*

学术与制度

就像一个手里抛着球玩杂耍的人，
一篇论文在改，一篇论文在投，一篇论文在写

新京报：看你的状态，是不是早上过来挺辛苦的？

包慧怡：我现在比较恍惚，刚上完五个小时的课，处在一个妆也花了、人也昏着的状态。主要是睡太晚了，大概（凌晨）五点半睡、七点半起。如果坐十分钟我还缓不过来，可能就点一杯酒精饮料，振奋一下。

我真的睡太少，眼皮一直在跳。周末要报复性睡觉。我基本上每隔十天能有一天是睡上一天一夜，其他九天可能就睡三小时、四小时，昨天就两小时。睡四小时我觉得完全没有问题，但两小时还是不行。但这已经比我刚入职的前三年，也就是拿到终身教职之前，好很多了。那个时候经常在办公室的沙发上睡着。没有想睡，只是跟自己说，就眯一会儿，睡半小时，还定了闹钟，每隔一会儿就响一下。但是太累了，直接就睡过去了。经常凌晨一两点突然醒来，

但也不能在那里睡，因为第二天上课的东西都没带，也没办法洗漱。办公楼十一点半就关门了，我只能下楼敲门房的门，想起来就比较内疚。

相对来说，现在已经细水长流很多了，但好像还是不够。我一直希望再慢一点，希望找到自己的节奏。现在可能还有点惯性吧，虽然外界的压力可能没那时候那么大，但是真的已经形成了一种惯性。

其实挺吓人的。一方面觉得自己效率好高，每年可以写一两本书；但另一方面这的确是以长期的睡眠不足为代价的。这直接导致我的身体一直处在透支状态，明显可以感觉到记忆力的减退。

但是怎么办？昨晚熬到早上五点钟，是因为我终于还上了一部五十万字的书稿债，拖了两年的一本书。昨天晚上我就想过许多次放弃，我想明天还有五节课，还有采访，放过我自己吧，晚这一天世界也不会塌。但又有一个声音告诉我，明天你其实还会再放过自己的，不要再拖下去了，弄完就算了吧。

我现在处于一个回光返照的状态，你见证了两年半来的历史性时刻。但是现在还掉2018年签约的书，已经不能带给我任何狂喜。

新京报：一个结束又是一个新的开始，又要进入新的写作状态。

包慧怡：对，要还2019年的书了。今年是2021年[①]，天哪，才还到2018年的书。

之前一直被"非升即走"的制度抽成一个陀螺，就像一个手里抛着球玩杂耍的人，一篇论文在改，一篇论文在投，一篇论文在写。我现在对自己的最低要求可能还是每年三篇论文，但我觉得应该要

---

①因此篇采访时间为2021年。——编者注

慢下来一点。

不过在慢下来之前,要先把原先的账还掉,我只能克制自己不去签更多的新书合同。去年交了两本新书翻译,今年没有翻译新书。翻译的流程也很漫长,我2016年翻的一位爱尔兰作家的中篇小说集,到现在还没有出版,作者版权期已经过了,译者版权期也过了,出版社要重新签。所以你不能老想着它,交完以后就忘掉,过了五年看到还有一本没出的译著突然出了,就很高兴。

我非常喜欢科研、读书和写作,对我来说工作也是很开心的,这也是为什么我可以不断激励自己,现在虽然没有外界的硬性标准非要我一年出多少学术成果,但我有一个内在驱动力。

新京报:你会不会觉得,尽管你很热爱这份研究工作,但是这种长期焦虑和忙碌的状态,可能会让你忘了曾经对它的喜爱,让你需要重新思考为什么要做这件事?

包慧怡:对,我这两年也一直在想这件事情。但我真的想不出什么结果。之前不是有一个笑话吗?有人组织一场线上学术会议,邀请世界各地的学者参与,欧洲学者的回信大多是,"我现在要去一个洞里度假,无信号,不稳定,但我9月份回来会尽快回复的"。美国学者的回复都是,"很抱歉,我现在办公室事务较多,最晚两天之内我一定会回复的"。一个恶搞的版本是,有位美国教授设置了留言自动回复:"我现在正在做肾脏摘除手术,但是你可以在某某时间段给我的病房打电话,我可以随时从手术台上翻下来接……"好可怕。

尤其对于人文学科,这种节奏我认为是致命的。人文学科没有那么多全新的、开拓性的研究,许多重要的想法和灵感需要在后期慢慢酝酿。

所有的灵光、所有的洞见，都出现在精神放空的片段

新京报：之前人文学者可以花十年、二十年在大量积累之后做出一项研究，但现在如果六年内没有学术成果，就会失去教职。所以更多青年学者会选择短平快的研究项目，而更多具有重要价值的研究就没人做了。

包慧怡：尤其对于青年学者而言，这种思维模式是很致命的。我一开始以为"非升即走"只是一个传说，"我那么优秀怎么可能被赶走？"有两年时间，我就在慢慢写一本专著，也按我自己的方式给媒体写一些介于创意写作和学术写作之间、可读性比较强的关于中世纪的文章。但我根本没有想过，后者都不算学术成果，译著也不算，都是为爱发电。后来我被好心地点醒了，"你的专著最多折算成一篇论文，如果只有书而论文不够，是连名都不能报的，走定了"。（于是我）痛定思痛，把书丢下。

人文领域中，成果的诞生是很缓慢的，中世纪研究更是如此。要心变细、手变慢，整个过程不能急，因为写错一个字，你的羊皮纸就白费了，恰恰需要屏住呼吸，在高度的专注中与虚空博弈。而且许多时候需要精神放空，感受宇宙的节律，感受吹到身上的风。这样的时刻让我觉得，我又是一个"人"了，意识到这一点会让我有想哭的感觉。而所有的灵光一现、所有的洞见，都是在这种时刻出现的。可这些放空的时间曾经是多么理所当然。

现在想想博士期间是天堂，在爱尔兰没有那么多分心的事情。虽然读博士也很辛苦，但跟工作以后一个人被掰成三个人、五个人相比，博士期间就纯粹只有科研这一件事情。现在每天会收到少则五十封、多则三位数的邮件，还不包括广告，当下要回复的是八封、

九封、十封，光回邮件就要将近两个小时，有些要提供物料，有些要提供写作内容。

微信更是邪恶的东西，把邮件缓冲的时间都去掉了。我一直在斗争，真的没办法做到及时回复。我现在找到的办法就是下班回去的路上在车里集中回复，保证回到家前把微信上的事务处理完毕，到家就可以开始有所产出；凌晨再回邮件。一天这两拨其实是非常消耗的，等于每天有三四个小时是在做，不能说是琐事，但的确是打断思路的东西。

我感到矛盾的也正是这一点。教学本身是非常有趣、带来收获的事情，但是它涉及的那一堆表格和那一堆没有灵魂的工作也一定会随之而来。我又没办法切割，只上课而已，下课就消失，不可能的。

最近因为毕业论文，凌晨两点还有本科生给我打电话。学生很急，也知道我肯定还没睡，问我能不能现在打个电话，她的焦虑会立刻感染我。她说论文碰到了大问题，但是明天就要交了。碰到了大问题，一晚上能怎么解决呢？但还是要聊，一聊两个小时。学生也是一时情绪，她眼中很大的问题，在理清思路之后，其实就能解决。但在那个时候，如果我不接这个电话，她可能就卡在那里，做出诸如延毕之类的冲动决定。

为什么过去在爱尔兰的时候，我的灵光、我的洞见会每一天每一天密集地出现？我还是希望能有大段的放空。放空不等于躺平，它很重要，我们所有重要的智识活动都诞生于事与事之间的间隙。但现在的问题在于，这种间隙不被允许，每天只有这么多的时间。我不知道是不是只有我这样。

新京报：许多考古学家近三十年才出一本书。比如在新疆克孜尔石窟做壁画复原研究的考古学家赵莉。她花了几十年的时间,去德国、俄罗斯、日本寻找散失的壁画,拍摄、拼接、复原,最终才出了一本书。而北大外文学院则有一位教授从事克孜尔石窟壁画上的梵语体系研究。这项研究可能五年、十年都出不了成果,但是学院却能给她这样的自由度。

包慧怡:这是对的,这才是一个人文学科应该有的节奏。

独立学者,既不以学术研究为生,也不放弃学术研究,这本身就是一种尊严

新京报:人文学科不一定是有直接、明确的研究成果的,你花费的精力、所做的功课,可能会在另一个方面呈现出来。可是你必须有一个可以预见的研究成果,才能申报课题、申请经费。

包慧怡:这是一个悖论。尤其是田野研究,出国确实需要经费支持。我做抄本研究,羊皮抄本也分布在世界各地。再比如我们要查看手稿,有时如果没有经费支持和推荐信,对方图书馆是不予批准的,我认为这是一种"学术的势利",却也是一种全球性的现象。许多很好的独立学者会因此受到限制。

在我们的语境中,独立学者或者"民科"(民间科学家),带有一种贬义或嘲笑色彩。但我自己认为这个词是非常好的,你既不以学术研究为生,也不放弃学术研究,这本身就是一种尊严。独立学者,本应该是高尚者的通行证。但现在没有学术机构的依托或学术基金的支持,研究便很难开展。

我在爱尔兰的同事们也是一样的,天天都在问,"今天讨饭讨得

怎么样了？""今天填了13页表格了""今天在做演示用的PPT"……我不知道从什么时候开始，大家在研究开始之前的研究计划都已经详细到会有哪些成果产出、可以分为哪些章节了。只有奔着最后可见的、确凿的书目章节，才能申到基金。

我认为这是不对的。理想情况下，审批应该首先看你的学术水平是否过关，这通过你以往的学术成果很容易判断；接下来再看你对某一学科是否有足够的热情，你应该提交的是一份个性化的材料；最后是你的专业背书，这是由你历来的学术简历构成的。而不是像现在这样，大家口头上说得天花乱坠，其实都知道实际研究不一定会这样开展。

新京报：去年出版的《慢教授》中，两位加拿大的女性学者对当下学院体制展开控诉。她们在书里谈到教师面临的普遍焦虑，以及学校等级制度、课程设置、论文评级、查重标准等学院体制的不合理；也谈到现在在学院中许多老师都忙于自己的研究成果，而丧失了过去学者之间的互助传统。两位作者是好朋友，在互相扶持中写了这本书，所以她们也呼吁更多的合作互助，以及对年轻教师的更多宽容。

包慧怡：骂成了一本书是吗？也挺好的，最终化愤怒为产能。我觉得这个制度还是会有自我纠错功能的，我不相信这种不合理性会一直延续下去。但在那一天到来之前，互助是很重要的，我们"沙仑的玫瑰"团体就是起源于吐槽，主要功能也是吐槽，见面互相释放负能量，回去又可以继续干活。

新京报：刚开始起源于吐槽吗？我以为是起源于以诗会友。

包慧怡：起源于诗歌、吐槽和喝酒。吐着吐着发现纯吐槽没有意思，也要聊一聊历史上的人们是怎么吐槽的。大概在2016年不知怎么就决定建立一个不是很正规的组织。想名字就想了半天。

新京报："沙仑的玫瑰"这个名字是怎么来的？

包慧怡：玫瑰这个意象本来就很经典，而我们又觉得《圣经·雅歌》中"沙仑的玫瑰"是贫瘠的土地里开出的单瓣玫瑰，不是一般意义上繁复的、漂亮的情人节玫瑰，与我们"青椒"的处境比较相似——虽然土地贫瘠，但是尚有可为，虽然花可能长得不咋的，但仍代表了一种美好的向往。好像谈峥老师和他的好朋友们有一个文学团体叫"五角场玫瑰"，里头都是男教授。我们也是觉得"沙仑的玫瑰"可以和他们的"五角场玫瑰"相对。

新京报：以及多语种的平衡，除了英语，还有法语和德语。涉猎的语种非常多。

包慧怡：做中世纪文学研究，本来多语种的合作就是必需的，当然工作语言肯定还是现代英语。他俩（指"沙仑的玫瑰"成员姜林静、陈杰）在欧洲读书多多少少学过拉丁文，涉及词源、词根的东西，一讲大家就能心领神会，一个意象彼此一交流就都能串起来，在法语里是什么，在英语、德语里又是什么，有很多这样的共生现象，非常有趣。

后来学校附近的志达书店要求我们开一个系列讲座。我们觉得比较方便，经常在讲座前一起聚个餐，讲座完一起喝个茶，讲座大家各自准备。系列的名字很长，"沙仑的玫瑰：英法德三语文学和绘画中的经典意象"，列了十二个意象，像马拉松一样，前前后后持续讲了近两年，当中也碰到姜老师产假停了半年。讲座内容之后就直接成书了。

新京报：不少女性学者提到过，刚进学校这几年不敢生孩子，害怕因为产假错过"非升即走"（短聘转为长聘）的期限。好像很多时候，在学术系统里，女性学者尤其容易被忽视、被限制。

包慧怡：虽然我因为丁克没有这个困扰，但很能理解这一点。姜老师这学期不在，去休产假了，她生了二胎。其实国外都在提倡，如果女性要休产假，应该将期限延后一年。姜老师正好是生老大的时候享有了终身教职，否则压力真的会特别大。但她比较优秀，三四年就拿到了终身教职，这可能不是常态。大部分有生产计划的女性学者，都会有这方面的顾虑，就更不用谈生二胎了。

PART 2

语言与写作

教学本身可以是对写作的刺激

新京报：你开的第一门课是什么？

包慧怡：我最早同时开了两门课，一门是给留学生开设的英语写作，一门是英语文学导读。后者是一门比较泛的课，随便大家怎么上。记得和我在平行班上课的老师讲的主要是爱伦·坡的短篇小说《黑猫》之类的。我选择的文本是一半小说，一半诗歌，8+8，这样可以涵盖到十六位作家。因为是"英语文学"导读，我还特意选择了不同地区的英语文学，爱尔兰、加拿大、美国、英国，还有华裔和一些少数族裔。如果只是西方正典就没什么意思，而且各个地区都有自己的文学史。

但这样上课自己挺累的，因为每周都是全新的东西。刚回来的时候，基本整个星期都是备课、上课，基本没有自己写作、科研的时间。可能一年之后才逐渐匀出时间来。

新京报：这会打击到你自己的写作和翻译创作吗？

包慧怡：确实有打击。看你什么态度，教学本身也可以是刺激。因为我经常"夹带私货"，比如高级英语，可以用统一教材，但我给他们上的是翁贝托·艾柯的 The Book of Legendary Lands，讲述文学中虚构的地理。一方面我认为大三的学生读艾柯是没问题的，虽然是英译（由意大利语译为英语），另一方面这样能把一门所谓精读课同时变为艺术史、思想史、文学史的课，就比较有意思。复旦这点还是比较好，教师能够自由选择用什么教材。因为是我自己喜欢的作家、喜欢的文本，因此备课本身也是一个刺激，刺激我形成一个良性循环，进而去写些什么。

但这也是我逐渐琢磨出来的，"原来可以这样教"。实践了几年以后，学生反馈也挺好，所以永远不要低估学生的学习能力，要试了才知道。

新京报：在你的专业领域方面，从爱尔兰回国之前，你知道国内的研究状况大概是怎样的吗？

包慧怡：我的研究涉及古英语和中古英语诗歌、中世纪文学中的地理想象、中世纪与文艺复兴博物志和感官史、手抄本中的图文互动。出国之前，我觉得这方面的研究还是很欠缺的，因为信息比较闭塞，无论是读书资源、教学资源还是学术共同体，基本不太够。但回国以后我发现，这几年是有所改观的，原因之一是更多出国留学的博士回来了，他们有的去得比我还早，在那儿读的时间更久，七年、八年，再往后两三年才回来。

在今天，许多人认为在绘本或图像小说中，图像是为文本服务的，是 illustration，是示例，是说明。但在中世纪，虽然有些手抄本的图像是出于装饰目的,但更多手抄本的图像和文字是各自为政、各有各的生命的。尽管文本处在中心,图像是包围文本的,但图像经常会对文本的含义发出挑战,因此不能纯粹把图像当作装饰,而要结合文本统一考量。它还提供了一个开放性的解释空间,这种开放精神我自己也比较喜欢。

阿兰·德·里尔(Alain de Lille)有一句我特别喜欢的拉丁文名言,大意是:世界万物,如我们,像一本书像一幅画,在镜中。这个断句,可以理解为"像一本书、一幅画或一面镜",可以理解为"像是镜中的一本书或一幅画",因此书和画是互为镜像的,我个人更喜欢后者的阐释。书是文字,是我自己更习惯的表达方式,但画向你举起了一面镜子,让我看看我自己。

其实整个人类历史就是在书和画对质的过程中不断推进的。逛博物馆时最迷人的也是这一点,有时候一件器物上一本正经写的文字,与图像呈现出的是完全不一样的。在今天保存差异越难,我们就越要在自己的研究中做到这点。至少在这片自留地中,不要提"边缘叙事是为中心叙事服务的"之类的理论,允许多声部的存在,让一座花园里的植物同时开口,这不是一件很迷人的事情吗?

当这些词汇密集出现时,这种文体就像在你面前放烟火

新京报:除了古英语、中古英语、拉丁语、盖尔语,你对不同的语言还始终保有热情和好奇吗?

包慧怡:语言还是非常迷人的,因为语言不只是一套符号体系而已,语言背后永远是理解世界的方式。多解锁一种语言就多一双

看世界的眼睛。

比如古英语和古冰岛语中的"迂回表达法"(kenning)是非常美的,话不说直,完全以谜语去陈述:大海叫"鲸鱼之路",战士叫"战斗的苹果树",特别形象。而宝剑是"亮晶晶的葱",这会有点陌生化:为什么?他们对葱有迷恋吗?葱怎么杀人?但是我能感觉到一种奇异的美。

他们对雪花也有几十种不同的说法。为什么不用snowflake(英语中的"雪花")呢?其实snowflake本身也是一个复合词,但它比较直白,而冰岛语会用一些不相干的词汇组成复合词来指代雪花。当这些词汇密集出现时,这种文体就像在你面前放烟火一样。不光是修辞上的愉悦,你会想象这种语言背后是怎样一种心灵,怎样一种生活方式,使得他们围绕在篝火边时要用这样一种表达讲述他们的人和事。这么一想,这些人就都活了起来,你就立刻脱离了当下所身处的现实,进入语言中的"更为真实"的世界。

每种语言背后都是这样的奇妙世界。虽然波斯语我学得很浅,但也被迷倒了:他们的核心动词很少,就百来个,因此需要用许多动词组成一个动作,比如"站起来"这么简单的动作,在他们的表达中就成了"pull yourself from chair",把你从椅子上拉起来。其实波斯文难在它的字母书写体系,因为它使用的是阿拉伯字母,阿语我学过一个多学期,但我的图形记忆能力不是特别好,现在的确很多都忘了。

但不是说忘了就等于白学了,即便最后没有熟练掌握,它为我想象力打开的口子也是很珍贵的。我被语言中暗藏的思维方式迷住了。起先只是对异域文化猎奇,之后它所描绘的艺术传统还有建筑形态我都想去进行整体把握,由此进入了一个不断求知的过程。虽然我终其一生也没办法成为阿拉伯语言文学大师，但在这个过程中我被带着去了很多漂亮的地方，异域的历史、文化、心灵都吸引着我，而串起这一切的正是它们的语言。这趟旅程无论如何都是值得的。

世界上还有什么东西能让你那么耐心而扎实地进入，给你特别平静的感觉，让你与生活重新发生连接呢？虽然是通过比较抽象的方式，但你会觉得蒙在表面的雾气在一块一块被擦去，世界会一点一点亮起来。学语言的过程本身就是很开心的。

新京报：在使用不同的语言时，你会呈现出不同的性格吗？日本女记者伊藤诗织，在遭受性侵后写了一本书讲述自己多次起诉的经历。她曾为遭受性侵感到羞耻，没办法用日语启齿，但用英语她却可以更勇敢地表达自己的观点。

包慧怡：会的。其实我们是impersonating（扮演，模仿）了，你会想象，在使用这种语言的群体中自己是一个怎样的人。Ta是你外在表现的一种，Ta是你同时又不是你。这也是为什么我觉得双语写作非常重要。虽然小说和诗我都有用双语写作，但英语创作几乎完全没有发表过。它对我来说是一个分类，有一些表达用中文太难处理。当中国文化中的耻感和我的分寸感纠集在一起的时候，用英文写作就能获得极大的自由。

重要的不是作品本身，而是我在这个过程中得到了解放，把之前自己加给自己的、没必要的镣铐松掉了。成年之后为什么生命力会萎缩？因为你在自我规训的过程中不断给自己戴镣铐。小孩特别开心，看姜老师家里的小孩，天不怕地不怕，在那儿跳芭蕾舞，转二十圈，直到把自己转到地板上。而成年人可能转到第十五圈或者第五圈时脑子里的叫停机制就会出现。其实让自己跌倒,也不会跌死。这个姿势应该维持终生,我们才能够不虚此生。

最可怕的是,我们本来就在写作里求自由。本来想好了,作为一个社会人,我要活下去就有一些镣铐不可避免,但我要在镣铐上求自由——作为一个写作者,我们的幸运之处是还有另外一层现实的生活,这一切都可以化为隐喻的语言在作品中呈现。本来写作就是我们一退到底不能让渡的自由。如果人在长大的过程中,在写作上也进行自我设限,这是很可怕的:在你觉察之前,有些东西你已经写不出来了;你还没有意识到,你的一部分自由已经被夺走了。

有个声音在你写出来之前就在那儿,一旦那个声音开始出现,写作就被杀死了。往积极的方面想,这是把写作者一步步逼向本质,逼成一个成熟的写作者。如果你的故事对你足够重要,无论如何你都能找到一个办法把它讲出来,而且并不违背真相。要绕过的障碍越来越多,对写作技巧的要求就越来越高。

像托尔金一样,
在自己的世界里,用文字成为一个小小的神

新京报:外界的限制是否会影响你的写作和表达?

包慧怡:历来就是这样,没有办法。可能我们是受限较多的一代,但有时候也要警惕"受害者心理",老觉得自己是最不幸的一代。我觉得不是的,每一代人有每一代人的问题。抱怨不会带你到任何地方去,最终要用你的产出改变此刻和将来。

想想托尔金,虽然现在我们回过头来认为托尔金处于一个黄金

时代，他的博士论文《贝奥武甫：怪兽和批评家》只有六十页不到，没有一个注解，没有一篇参考书目，放在今天连一篇硕士论文的开题都通不过，他却可以凭此直接拿到教职。但是仔细想想，托尔金要克服多少不易呢？《精灵宝钻》里的那些故事，最早是他在"一战"期间的战地医院里写的——旁边躺着的都是你的战友，你自己的腿也烂了，还不知道能不能再见到刚刚结婚的妻子——他在这样的情况下都没有放弃写作。

托尔金的三儿子小托爷爷整理父亲遗稿的时候发现，他三十年前、五十年前的手稿都还在不停修改。也不知道托尔金是没纸还是抠门，一开始用铅笔写，之后又用钢笔直接在上面改。所以导致托尔金作为一个现代人，他的手稿却像中世纪手稿一样，充满被覆盖的幽灵。这个故事的原型到底是什么样的？是什么吸引着一个人从1918年一直写到去世前还在修改？他图的是什么？这个故事本身就是他生命力的一部分。《精灵宝钻》是在托尔金身后才由小托爷爷整理出版的。

托尔金最早出版《霍比特人》，很畅销，编辑很开心，说你要不要写更多霍比特人的续集？因为儿童文学很轻松，而托尔金老是不停安利自己的远古神话。他一开始抱着希望，说我有一整套神话体系（就是后来收入《精灵宝钻》的故事星丛）。由于他主要是一个"语文学家"，因此他用不同语言文体把同一个故事讲了二三十遍，有散文体、押头韵体，甚至还有精灵语。对他而言，是语言先行，为了能够可信地说出这门语言，才要制造这样一个文学体系，创造一个有血有肉的、可见的世界。这是一个创世的故事，在自己的世界里，用文字成为一个小小的神。

出版商一听，"你说得很好，未来某个时刻可以作为下一部作品出版，要不你先把《霍比特人》续集写完？"（后来就有了"魔戒三部曲"。）到最后托尔金越来越灰心，对于出版自己真正想创作的文学世界不再抱有希望。在他看来，英国人很惨，德国有《尼伯龙根指环》，冰岛有《埃达》和《萨迦》，英国就只有《贝奥武甫》，但《贝奥武甫》讲述的是北欧的故事，而《亚瑟王传奇》是凯尔特人的故事，又加入了太多基督教元素，失去了仙境奇谭原汁原味的神话氛围，没有能够体现英国地貌以及英国人民的历史与心灵的文学体系。托尔金想要创造的正是这样一套体系，但他的野心在当时没有人能够理解。

虽然我们今天看托尔金挺红的，电影票房大丰收，但他已经去世了那么多年，而且在我看来这完全是偶然，如果没有彼得·杰克逊将他的小说改编成电影，他红不到哪里去。与此同时，虽然《魔戒》的故事讲得很好，但却不是他创作的核心，《魔戒》只是其宏大文学世界里的一块拼图。

托尔金一直是逆潮流而行者，无论是他的写作生涯还是学术生涯，在每一个岔路口都与主流失之交臂。他把自己的学术生涯描述为"一场缓慢而悠长的失败"，他自认是一个失败者，一直到生命的最后都这么认为。

在托尔金生前，甚至直到现在，主流精英评论界对《魔戒》和他的那些故事都并不认可。有时候我也挺伤心的，教过我的一些精英派美国教授依然认为，《魔戒》太过流行、太受大众欢迎，品位一定有问题。其实我从这些言论就能判断，他们没有认真读过托尔金的原作，可能看了一下电影，或者只读了《魔戒》的部分章节，就武断做出了评价。总之，哈罗德·布鲁姆以及那些新批评派对他没有一句好话。唯一为他写过好话的也不是学界人士，是W.H.奥登，也许因为他上过托尔金的课,多少受到他的影响,更多是因为奥登是个真正的诗人,明白托尔金究竟在做什么。

新京报:托尔金最让你感佩的地方是什么?

包慧怡:托尔金在学术方面是最让我深感敬佩的。在文学创作之外,他真的试图以一己之力改革英语系的教育传统。一开始在利兹大学,之后又在牛津大学。他认为语言学系和文学系两派各自为政,一个太循规蹈矩,一个太天马行空。他设计了几套培养方案,让语言学习系的学生读更多文学作品,让文学系的学生读更多语言学理论,试图让两个专业对话。但可能最后学生也抱怨,教导主任也不喜欢,反正改革没有成功。

作为一个语言学家,托尔金也失败了。托尔金的研究方向是历史比较语言学,即追溯一个单词在不同文化中的词源,精灵语就是按照这个办法建造的,比如他要想办法让埃雅仁迪尔(Eärendil,《魔戒》中一位半精灵航海家的名字)这种名词既含有大海又含有星辰,只好在不同语言中寻找词源,最后他恰好在古英语诗歌《基督I》中邂逅了它。历史比较语言学当时已经开始衰落,被索绪尔的普通语言学——即之后的结构语言学——所替代。索绪尔认为,历史比较语言学是一门玄学,没有办法作为一个明确的研究对象,不可量化也不可证实,一定要把语言学中的时间性去掉,只讨论当下正在使用的语言。今天的语言学系使用的全是索绪尔的理论,在我看来挺乏味的,非常technical,机械化、应用化。但索绪尔这么做是符合时代潮流的,因为他清楚地框定了这个学科的研究范围,比如设置语言学的标的。等待之后维特根斯坦提出分析语言学,语言学便越来越往数学的、图表的、理科的、硬科学的方向走了。

以托尔金为代表的历史比较语言学一派在这场学术角力中失败了。他认为语言学应该是诗意的，他认为要了解通往中洲（托尔金笔下奇幻故事的发生地）的道路，不能光靠文学爱好者，也不能光靠语言学者，而要靠介于二者之间、兼顾软和硬的"语文学"（philology）。

从世俗意义上讲，托尔金是一个失败者，但我觉得，这就要看每个人怎么定义了，在我的框架里，托老最大程度上活出了人的潜能。

这学期大一英语精读课的教材中，Simon Leys 的散文"The Imitation of Our Lord Don Quixote"中讲了媒体大亨特德·特纳（Ted Turner）的故事。他说："我不喜欢基督教，基督教是 loser（失败者）的宗教，我也不喜欢堂吉诃德，堂吉诃德也是一个 loser。"但是文章的作者在最后提醒大家，历史是由 loser 改变的，因为成功者会 adapt himself to society（改变自己以适应社会），这样才能不断升级打怪成功，而 loser 则 adapt the world to myself（让世界顺应自己）——我的标准不能动，如果世界不够好的话，就让我推动它改变。这不是一种傲慢，而是一种坚守。我不能消磨掉我的想法和原则，去成为一个糟糕世界里的头号玩家。在这个意义上，人类的历史是由 loser 改变的，因为如果每个人都改变自己以适应社会现状的话，世界就会高度同质化，只剩所谓成功，最后成功者的思维模式也会越来越趋同。

新京报：评价的标准和成功的定义趋同了，多样性也就丧失了。

包慧怡：是。

没有一个学科可以独立于潮流之外

新京报：当下学科分类的趋势，就是不断细化，把原本的学科不断切分。你对此有什么看法？

包慧怡：这种细化与切分，不断具体化你的学科，确定你的研究对象，然后把它固定下来，成为可被量化考核的内容，学术生产说到底可能就是如此。

我不是要骂索绪尔，索绪尔作为现代语言学之父当然很伟大，只是很可惜，二十世纪的文化原本理应承接了中世纪传统的三艺四术，充满了可能性。文艺复兴时期还有"全才""通才"的说法，达·芬奇便是通才，但在中世纪，不需要强调"通才"，但凡你说自己是一个"学者"，又怎么好意思说你不懂音乐，怎么好意思说你不懂绘画，怎么好意思说你不懂星相？这都必须是终身自我教育的一部分。你不可能沾沾自喜地说，"我是做这个专业领域研究的，那个研究我不做"。但在今天，如果你不做这个划分，就显得你不专业。如果你在学术会议上说，"我是做俄罗斯文学研究的"，那你就位于鄙视链的底层，这么粗略的方向一听就过不了开题，当然要具体到研究陀思妥耶夫斯基某一年某本书的某一份手稿中的某个问题，这样一来，在座的大家一听，"我们是同类人"。

原本我以为中世纪研究被这种学术潮流侵蚀得比较少，可以守住我们自己的堡垒，但后来发现，没有人可以独存，没有一个学科可以独立于潮流之外。这是时代的烙印，它留下来的罪恶更多还是福佑更多，只能留给将来评判了。

新京报：你在2015年回国时，是希望在中古英语研究方面做出一些改变、一些推进,现在回过头看,你觉得当初的目标实现了吗?

包慧怡:肯定没有我希望的那么……我也不知道我在希望什么,我其实没对自己抱有不切实际的幻想,觉得自己能够凭一己之力做出多大的改变,我能做出的推进都在很小的地方,比如外文系图书馆这几年都在订购中世纪相关的书,虽然系图书馆订书很慢,要一年时间,但至少现在的学生可以找到我在博士期间用过的参考书。

此外还有活生生的人。每年至少都有三到五个学生开始喜欢中世纪,改变"黑暗中世纪"的偏见,拥抱和进入这个异域,为它做出更多努力,无论是通过语言学习还是旅游观光,他们有各种不同的介入方式,但至少我能看到他们眼里的光,看到他们打开了新的大门。这让我又看到了在爱尔兰的自己。

至于我个人,我也在不停写作,虽然远远没有我希望的写得那么多。但我觉得我已经有点太快了,接下来反而需要缓慢一点。因为写作、阅读以及传播知识不在于一朝一夕,需要保持一个持续的状态,一辈子做这件事情。在中文语境里,也并不只有我个人的力量,许多留学回国或在海外用中文写作的研究中世纪的学者——比如我在《翡翠岛编年》中提到的邱方哲——都在以自己的方式做出推动,哪怕是以科普的方式写一些中世纪相关的专栏,哪怕一般读者一开始是因为想听猎奇故事进入的(坦白来说这是最容易产生误解、最狭隘化的方式),都没关系,没有什么唯一正确的进入方法。只要进入之后,他们不满足于只听狗血的故事,就会自己主动去了解更多。这谈不上是什么"启智",我只不过想通过这个链条,把以前获得的灵感启发扩散出去。我不能说做到了多少,但至少我做了。

新京报:有时候一颗种子播下去了,虽然它特别小,但在未来的某个时刻它可能发芽演变出很大的影响。比如我们采访某位学者或者读某一本书时,也可能回想起求学期间听过的一场讲座或旁听的某一节课,然后获得新的滋养,这种感觉是很奇妙的。

包慧怡:对,意外发现收获的时刻才是真正值得的。我们现在太看重KPI了,做什么事情都希望立刻得到回报,这怎么可能呢?这是违背人类认知规律的。虽然我完全不懂脑神经原理,但我大概知道每个神经元储藏的信息不是立刻就能激活的。触发点未必操纵在你手里,可能某一天阳光很灿烂,某一天温度很适宜,它突然被激发了,这才是人之为人最开心、最值得雀跃的事情。

新京报:这很像《心灵奇旅》这部电影。在电影中,人类的灵魂需要在一个称为"生之来处"的地方找到自己的个性和兴趣,才能获得身体前往地球。有一个灵魂始终找不到自己的"天职",无数科学家、音乐家、文学家想要培养他,他就是提不起兴趣、过不了关,最后他被地铁歌手卖力的歌声、理发店赠送的棒棒糖和秋高气爽中飘落的一片银杏叶点亮而成为一个真正的灵魂。

包慧怡:这些都不是鸡汤,虽然听起来很像,但我的切身体验告诉我确实是这样的。人性的尊严不在于你计划什么就能立刻得到什么,这是人的自我机械化,只有机器才是绝对可预测的。就连扭蛋都不知道会扭出来什么,个人心灵的生成难道不如扭蛋复杂吗?为什么要把自己预设了?

PART 3

文学与公共

好的写作者都是雌雄同体的

新京报：你翻译了大量玛格丽特·阿特伍德、伊丽莎白·毕肖普、西尔维娅·普拉斯等女作家、女诗人的作品，你觉得女性的身份会让你对女性作者有天然的亲近或更深的理解吗？

包慧怡：因为我没有当过男性，我从小就是生活在这具皮囊里（所以我没有办法判断），我一直在想，大家口中所说的"女性"是什么？小时候我会有点焦虑，觉得自己女性气质缺失，性格比较野，跟着男生上树撒野、打群架，如果不是成绩好，老师应该会一直请家长，只不过我的成绩掩饰了这些事情，让我可以继续无法无天下去。

到底如何定义女性气质？长大之后我发现，和男性气质挂钩的都是褒义词，勇敢、决断，诸如此类，与女性气质挂钩的褒义词也不是完全没有，比如温柔。但在我看来，一个人，首先应该是一个"人"，Ta为什么不能既温柔又果决，既善解人意又杀伐决断？涉及写作，尤其如此。我翻译过的男性作家中，例如我喜欢的 F.S. 菲茨杰拉德，他们最吸引我的那部分都是有点雌雄同体的。假如我们把"对于外在世界的敏感性"称之为"女性视角"，所有作家都必然拥有女性视角，否则他们就没法完成自己的工作。但这又好像歧视男性了，为什么男性不能敏锐地观察外在世界？所以怎么走都是一条死胡同。不应该让某一个性别垄断某些优点或缺点。倒不如由作品或者我们自己说话。

新京报：倒不是说女性必然拥有相近的女性气质，更多时候是一种相近的生命体验把女性联结在一起，比如痛经，比如高潮，比如怀孕。另一方面，女性相对于男性在社会中所身处的"第二性"的位置，也让她们更能理解彼此，更能理解其他同处弱势的群体。

包慧怡：在同理心方面，从概率上来说，在我的经验里当然是女性更具同理心，我也不知道这是文化塑造的还是与生俱来的，但事实就是如此。这恰恰是女性闪闪发光、需要彼此守护的一部分，此外最好在男同胞身上多培育一点这种 sympathy（同情心）。我总喜欢说，sympathy 的词根 syn+passos 就是一起感受、受苦的意思，要对他人的苦难多一点想象力。直观的痛苦，例如痛经，男性确实没办法真的感受，当然现在也有模拟产痛的体验，据说大部分男性在疼痛达到十级中的四级时就不能忍受了。我家属也预定了这项体验，想知道会痛成什么样子，虽然我不生孩子，也想试试看，体验分娩的痛苦。

如果哪一天我改变了想法，我想怀孕生子这件事是能拓宽我的生命体验的——我不知道这样说会不会太轻浮——它能让我受苦。虽然生活已经挺苦的了,但它能让我感受千千万万女性所共享的另一种苦,尽管这种苦不是非尝不可,但受苦对成长是有价值的。这有些自私了,但说实话,我也不相信有任何生孩子的理由是不自私的。

新京报:在你较为熟知的作家中,安吉拉·卡特和玛格丽特·阿特伍德时常被贴上女性主义的标签,但你好像不是很认可这种做法,包括阿特伍德本人似乎也不愿承认自己是女性主义的作家。一方面我认为她们的作品是具有女性主体意识的,另一方面也觉得,贴上女性主义这个标签是不是把她们的作品窄化了?

包慧怡:其实我是在替她们辩护。我没有觉得不能给她们贴标签,但她们俩都激烈反对这一点,安吉拉·卡特在访谈里尤其强调这一点,而阿特伍德则是用一种调侃的语气回应。包括2020年获得诺贝尔文学奖的露易丝·格丽克,她们作为作家都不希望自己被标签化。因为一旦进入了"主义",就意味着你可以被当作刀枪,用在文学之外的地方,之后就没办法写作了。作家对此在意、爱惜羽毛,我是可以理解的,我认为有时候也是必要的。如果只在纯文学的领域探讨,其实别人贴什么标签,自己是不必在意的,反正我不在意,因为你无法带着文学史的后见之明看待自己。考虑到她们俩所处的特定的年代,(贴标签)可能意味着像普拉斯自杀后被造成了一尊神,多出许多粉饰,用在本人原先预料不到、违背本意的地方。作家在这方面可能有一些警惕,不喜欢被归类,但这并不意味着她们不是女性主义者。当然,这也取决于你怎么定义女性主义。

你不能把消除偏见的过程从他们手里剥夺

新京报：是否可以说，对她们而言，"女性主义"这个标签的内涵是政治的，而不是文学的？

包慧怡：我觉得阿特伍德还是挺介入政治的，除她以外，大部分作家，尤其是诗人、小说家，包括我自己在内，在政治方面都不太在行。当然我也意识到，无论我介入与否，我都已经生活在它的结果里了。但是作为写作者，我只能用自己在审美上能接受的方式去介入包括女性主义在内的政治议题当中。

我个人最反感的可能是以"公知"的方式，当然"公知"这个词本身是中立的，只是我不喜欢直接摇旗呐喊这种方式，我不喜欢这样使用语言。在能力上，我存在知识盲区，要补课的东西太多；在审美上，我对语言可能有点洁癖。如果别人没有我这个洁癖，能够以这种方式起到好的效果，那也挺好的，我有时候也会转发。

我觉得如果发表斩钉截铁的判断和观点，那么潜台词就是希望别人也像我这么想，借此吸引同类，或者把异类争取为同类。可这与我所相信的是相悖的。在我看来，每个人得要得出自己的结论，"意见领袖"这种词在我这儿就是一个悖论，意见为什么会需要领袖？有种说法是，对于一些自己没有能力形成判断的人，需要正确的观念引导。可我总认为，每个人都能形成自己的意见，尽管现实中我也看到了许多盲目、偏激的观点，仿佛是未经思考说出的。可即便如此，也不能剥夺他们试错的机会，他们也许会为自己的偏见付出代价，从中吸取教训，你不能把消除偏见的过程从他们手里剥夺，告诉他一定要像我这么想才是对的。人不应该通过这种方式完成自我实现，或者说代替他人完成自我实现。

归根结底，人到底能在多大程度上把握世界的真相？对我而言，这个真相是存在的，但它是在流动的，真相对每个人都会呈现不同的面貌。

我也会反思，如果想要改变世界，是不是这种直白的方式确实更加有力？但我又对隐形的力量充满信心，文学作品也许并不比摇旗呐喊弱，只是它作用在更幽微的方面，不那么容易用关注度来量化，需要给它更长的时间，更多的耐心。假设我写了一部作品，里面有独当一面的女性角色，或者描写了属于女性自足的世界，尽管我传递的信息不够明晰，但是我相信，读者理解了这部作品，也就理解了作者的立场。

新京报：在我看来，女性拿起笔写作本身就是力量，只是方式不同。胡安·巴斯克斯在接受《新京报》采访时曾说过：写小说和写评论属于完全不同的写作，写小说是因为对人生有困惑，写评论是因为对人生很确定。当然，他说的评论特指社会评论和政治评论。

包慧怡：反思他的这个观点之后，我觉得我永远不会写评论。我可能只有一瞬间的确定，这个世界对我来说太不可把握了，我对"存在的自信"本身都感到不确定，这方面伊丽莎白·毕肖普等诗人是我的同类。

不要说五年、十年，就连一年之内，我的一些想法也在不断自我修正。我的理想是当一辈子学生，我更享受在讲台下面不断被打开、不断被刺激、不断突破自我认知的过程。在讲台上面，我多多少少有些"表演"的成分，因为我如果磕磕巴巴、不停自我修正，学生的听课体验会非常糟糕，我不得不呈现得非常确信，但我内心始终在为自己打问号，你有那么确定吗？你真的相信刚刚说的话吗？

在这个意义上，我还是更适应学生这个角色，我不害怕边界被打破、重新去尝试，但我会对保持一个无懈可击的姿态感到恐惧。

每一代人的具体经验都是在变化的，能传递的只有会自我生长的东西，就像播撒种子，直接给人一盆花也是不对的。教育是很难的事情，真正理想的情况是像苏格拉底那样，拥有始终处在对话中的生命。但在今天，那样一种对话已经不可能了，你没有办法让五十个人同时参与到你的生命里。讲台的设置本身，就已经违背了教育的理念，因为它代表着一个自上而下的单维传播方向，而能够自上而下传递的，要么是事实性的东西，要么是太过武断的观点。事实性的东西，学生通过自学一样可以掌握，教师要做的，是激发，而激发只有在双方平等的情况下才可以发生。因此，我对教师这个身份一直有一些怀疑，在我的理想当中，教学不是知识点的传递，而是一个点亮和邀请的姿态。

参考文献[*]

著作类

Arlie Russell Hochschild, *The Managed Heart: Commercialization of Human Feeling*, University of California Press, 1983
（阿莉·拉塞尔·霍克希尔德：《心灵的整饰：人类情感的商业化》，成伯清译，上海三联书店，2020 年）

The Second Shift: Working Parents and the Revolution at Home, Viking Adult, 1989
（《职场妈妈不下班：第二轮班与未完成的家庭革命》，肖索未译，生活·读书·新知三联书店，2021 年）

The Time Bind: When Work Becomes Home and Home Becomes Work, Metropolitan Books, 1997

Strangers in Their Own Land: Anger and Mourning on the American Right, The New Press, 2016
（阿莉·拉塞尔·霍赫希尔德：《故土的陌生人：美国保守派的愤怒与哀

---

[*] 参考文献以首字母依次排列。同一作者的著作，则依出版先后顺序。本附录中的书目及文章版本，国内学者的著作以初版为准；国外学者的著作，有中文译本的，以最新版本为准，无中文译本的，仍列原文初版。影视类作品以上映时间先后排序。——编者注

痛》，夏凡译，社会科学文献出版社，2020年）

阿尔弗雷德·C.金西：《金西报告：人类男性性行为》，潘绥铭译，光明日报出版社，1989年

《女性性行为：金西报告续篇》，潘绥铭译，团结出版社，1990年

艾克曼：《歌德谈话录》，洪天雷译，译林出版社，2022年

柏拉图：《理想国》，郭斌和、张竹明译，商务印书馆，2018年

包慧怡、陈杰、姜林静：《沙仑的玫瑰：英法德三语文学和绘画中的经典意象》，上海译文出版社，2020年

包慧怡：《缮写室》，华东师范大学出版社，2018年

《青年翻译家的肖像》，复旦大学出版社，2020年

《翡翠岛编年》，上海三联书店，2015年

《塑造神圣："珍珠"诗人与英国中世纪感官文化》，上海社会科学院出版社，2018年

《中古英语抒情诗的艺术》，华东师范大学出版社，2021年

《我坐在火山的最边缘》，河南大学出版社，2016年

贝蒂·弗里丹：《女性的奥秘》，程锡麟、朱徽、王晓路译，广东经济出版社，2005年

勃兰兑斯：《十九世纪文学主流》，张道真译，人民文学出版社，2018年

Carolyn G. Heilburn, *Writing A Woman's Life*, Ballantine, 1988

C.赖特·米尔斯：《社会学的想象力》，陈强、张永强译，生活·读书·新知三联书店，2016年

戴厚英：《人啊，人！》，花城出版社，1980年

戴锦华：《隐形书写：90年代中国文化研究》，江苏人民出版社，1999年

《电影批评》，北京大学出版社，2003年

《雾中风景：中国电影文化1978—1998》，北京大学出版社，2006年

《性别中国》，麦田出版公司，2006年

《涉渡之舟：新时期中国女性写作与女性文化》，北京大学出版社，2007年

《昨日之岛：戴锦华电影文章自选集》，北京大学出版社，2015年

Dai Jinhua, *Cinema and Desire: Feminist Marixism and Cultural Politics in the Work of Dai Jinhua*, Verso, 1999

　　After The Post-Cold War: The Future of Chinese History, Duke University Press Books, 2018

丹纳:《艺术哲学》,傅雷译,中信出版社,2021年

邓小南:《宋代文官选任制度诸层面》,河北教育出版社,1993年

　　《课绩·资格·考察:唐宋文官考核制度侧谈》,大象出版社,1997年

　　《祖宗之法:北宋前期政治述略》,生活·读书·新知三联书店,2006年

　　《朗润学史丛稿》,中华书局,2010年

　　《宋代历史探求》,首都师范大学出版社,2015年

邓小南主编:《唐宋女性与社会》,上海辞书出版社,2003年

冯良:《西南边》,长江文艺出版社,2017年

哈贝马斯:《公共领域的结构转型》,曹卫东等译,学林出版社,1999年

汉娜·阿伦特:《人的境况》,王寅丽译,上海人民出版社,2021年

J.R.R.托尔金:《魔戒》,邓嘉宛、石中歌、杜蕴慈译,上海人民出版社,2013年

J.R.R.托尔金著,克里斯托弗·托尔金编:《精灵宝钻》,邓嘉宛译,译林出版社,2012年

Ken Plummer, *Telling Sexual Stories: Power, Change and Social Worlds*, Routledge, 1994

贺桂梅:《批评的增长与危机》,山西教育出版社,1999年

　　《转折的时代:40—50年代作家研究》,山东教育出版社,2003年

　　《人文学的想象力:当代中国思想文化与文学问题》,河南大学出版社,2006年

　　《"新启蒙"知识档案:80年代中国文化研究》,北京大学出版社,2010年

　　《女性文学与性别政治的变迁》,北京大学出版社,2014年

　　《书写"中国气派":当代文学与民族形式建构》,北京大学出版社,2020年

　　《打开中国视野:当代文学与思想论集》,北京大学出版社,2020年

　　《21世纪中国:思想与文化的镜像》,尚未出版

　　《20世纪女性文学经典解读》,尚未出版

《女性镜像与当代中国》,尚未出版

鹤见俊辅、上野千鹤子、小熊英二:《战争留下了什么:战后一代的鹤见俊辅访谈》,邱静译,北京大学出版社,2015 年

黄盈盈、潘绥铭:《性之变:21 世纪中国人的性生活》,中国人民大学出版社,2013 年

《我在现场:性社会学田野调查笔记》,1908 有限公司,2016 年

黄盈盈:《身体、性、性感:对中国城市年轻女性的日常生活》,社会科学文献出版社,2008 年

《性/别、身体与故事社会学》,社会科学文献出版社,2018 年

凯博文:《照护:哈佛医师和阿尔茨海默症妻子的十年》,姚灏译,中信出版社,2020 年

凯特·米利特:《性政治》,宋文伟译,江苏人民出版社,2000 年

李欧梵:《上海摩登:一种新都市文化在中国(1930—1945)》,毛尖译,北京大学出版社,2001 年

理安·艾斯勒:《圣杯与剑:我们的历史,我们的未来》,程志民译,社会科学文献出版社,2009 年

理查德·桑内特:《公共人的衰落》,李继宏译,上海译文出版社,2014 年

梁鸿:《"灵光"的消逝:当代文学叙事美学的嬗变》,文化艺术出版社,2006 年

《外省笔记:20 世纪河南文学》,社会科学文献出版社,2008 年

《中国在梁庄》,江苏人民出版社,2010 年

《新启蒙话语建构:〈受活〉与 1990 年代以来的文学和社会》,中国社会科学出版社,2012 年

《出梁庄记》,花城出版社,2013 年

《黄花苔与皂角树:中原五作家论》,北京大学出版社,2013 年

《历史与我的瞬间》,上海文艺出版社,2015 年

《神圣家族》,中信出版社,2015 年

《作为方法的"乡愁":〈受活〉与中国想象》,中信出版社,2016 年

《梁光正的光》,人民文学出版社,2017 年

《四象》,花城出版社,2020 年

《梁庄十年》，上海三联书店，2021年

列维·斯特劳斯：《忧郁的热带》，王志明译，中国人民大学出版社，2009年

林白：《妇女闲聊录》，新星出版社，2005年

陆晔：《影像都市：视觉、空间与日常生活》，复旦大学出版社，2018年

罗伯特·迈克尔等：《美国人的性生活：最新权威的性问题调查报告》，潘绥铭、李放译，陕西人民出版社，1996年

马金莲：《白衣秀士》，作家出版社，2021年

马克·波斯特：《互联网怎么了？》，易容译，河南大学出版社，2010年

玛格丽特·阿特伍德：《好骨头》，包慧怡译，河南大学出版社，2018年

玛吉·伯格、芭芭拉·西伯：《慢教授》，田雷译，广西师范大学出版社，2021年

曼纽尔·卡斯特：《网络社会：跨文化的视角》，周凯译，社会科学文献出版社，2009年

毛尖：《非常罪，非常美：毛尖电影笔记》，广西师范大学出版社，2003年

《当世界向右的时候》，广西师范大学出版社，2004年

《我们不懂电影》，牛津大学出版社，2013年

《有一只老虎在浴室》，牛津大学出版社，2012年

《例外：毛尖电影随笔》，广西师范大学出版社，2012年

《一直不松手》，牛津大学出版社，2012年

《夜短梦长》，牛津大学出版社，2018年

《一寸灰》，中信出版社，2018年

《凛冬将至：电视剧笔记》，生活·读书·新知三联书店，2020年

毛尖编：《巨大灵魂的战栗》，上海书店出版社，2013年

孟悦、戴锦华：《浮出历史地表：现代妇女文学研究》，河南人民出版社，1989年

米尔顿·梅洛夫，《关怀的力量》，陈正芬译，经济新潮社，2011年

米歇尔·福柯：《性经验史》，佘碧平译，上海人民出版社，2016年

《规训与惩罚：监狱的诞生》，刘北成、杨远婴译，生活·读书·新知三联书店，2019年

欧文·戈夫曼：《污名：受损身份管理札记》，宋立宏译，商务印书馆，2009 年
　　《精神病院：论精神病患与其他被收容者的社会处境》，群学翻译工作室译，万毓泽校订，群学出版有限公司，2012 年
　　《日常生活中的自我表现》，冯钢译，北京大学出版社，2016 年
潘绥铭、黄盈盈、王东：《论方法：社会学调查的本土实践与升华》，中国人民大学出版社，2011 年
桥本健二：《新型日本阶级社会》，张启新译，上海译文出版社，2021 年
上野千鹤子：《厌女：日本的女性嫌恶》，王兰译，上海三联书店，2015 年
　　《裙底下的剧场：人为什么要穿内裤？一部日本社会的性文明史》，郭凡嘉译，联合文学，2017 年
　　《父权制与资本主义》，邹韵、薛梅译，浙江大学出版社，2020 年
　　《一个人最后的旅程》，任佳韫、魏金美译，陆薇薇译校，浙江大学出版社，2021 年
　　《女性的思想》，陆薇薇译，浙江大学出版社，2022 年
上野千鹤子：『ナショナリズムとジェンダー』，青土社，1998 年
　　『セクシィ・ギャルの大研究—女の読み方・読まれ方・読ませ方』，岩波书店，2009 年
　　『不惑のフェミニズム』，岩波书店，2011 年
上野千鹤子、铃木凉美：《始于极限：女性主义往复书简》，曹逸冰译，新星出版社，2022 年
上野千鹤子、田房永子：《从零开始的女性主义》，吕灵芝译，北京联合出版公司，2021 年
斯图尔特·霍尔：《表征：文化表象与意指实践》，徐亮、陆兴华译，商务印书馆，2003 年
托马斯·皮凯蒂：《21 世纪资本论》，巴曙松译，中信出版社，2014 年
瓦尔特·本雅明：《摄影小史》，许绮玲、林志明译，广西师范大学出版社，2018 年
王晓明：《无法直面的人生：鲁迅传》，业强出版社，1992 年
王晓明等：《无声的黄昏：当前的文学与时代精神》，人民文学出版社，1996 年

Rizzoli Ex Libris, *The Book of Legendary Lands*, Rizzoli Ex Libris, 2013

西尔维娅·普拉斯：《爱丽尔》，包慧怡译，江苏凤凰文艺出版社，2019年

雅克·德里达：《马克思的幽灵：债务国家、哀悼活动和新国际》，何一译，中国人民大学出版社，2008年

叶尔克西：《歇马台》，新疆人民出版社，2020年

伊丽莎白·毕肖普：《唯有孤独恒常如新：伊丽莎白·毕肖普诗选》，包慧怡译，湖南文艺出版社，2015年

伊藤诗织：《黑箱：日本之耻》，匡匡译，中信出版社，2019年

斋藤幸平：『人新世の「資本論」』，集英社，2020年

张莉：《浮出历史地表之前：中国现代女性写作的发生（1898—1925）》，南开大学出版社，2010年

　　《姐妹镜像：21世纪女性写作与女性文化》，中国社会科学出版社，2014年

　　《远行人必有故事》，作家出版社，2015年

　　《持微火者：当代文学的二十五张面孔》，百花文艺出版社，2016年

　　《小说风景》，人民文学出版社，2021年

张莉编：《京味浮沉与北京文学的发展》，人民文学出版社，2020年

　　《2019年中国女性文学选》，清华大学出版社，2020年

　　《2020年中国女性文学选》，天津人民出版社，2021年

张莉主编：《我亦逢场作戏人：2019年中国短篇小说20家》，中国青年出版社，2020年

　　《与你遥遥相望：2019年中国散文20家》，中国青年出版社，2020年

　　《我认出了风暴》，译林出版社，2020年

　　《新女性写作专辑：美发生着变化》，北京十月文艺出版社，2021年

　　《即使雪落满舱：2020年中国散文20家》，四川人民出版社，2021年

　　《生活风格：2020年中国短篇小说20家》，四川人民出版社，2021年

张炼红：《历炼精魂：新中国戏曲改造考论》，上海人民出版社，2013年

张辛欣、桑晔：《北京人：100个普通人的自述》，上海文艺出版社，1986年

赵南珠：《82年生的金智英》，尹嘉玄译，贵州人民出版社，2019年

郑也夫：《代价论：一个社会学的新视角》，生活·读书·新知三联书店，1995年

论文及文章类

Arlie Russell Hochschild, "Inside the Clockwork of Male Careers"

陈春成:《竹峰寺:钥匙和碑的故事》,见《夜晚的潜水艇》,上海三联书店,2020 年

戴锦华:《两难之间或突围可能?:女性主义与民族主义》,见陈顺馨、戴锦华《妇女、民族与女性主义》,中央编译出版社,2004 年

贺桂梅:《性别的神话与陷落:关于九十年代女性文学和女性话语的表达》,《海南师范学报》,1995 年第 4 期

《个体的生存经验与写作:陈染创作特点评析》,《当代作家评论》,1996 年第 3 期

《有性别的文学:90 年代的女性话语的诗学实践》,《北京文学》,1996 年第 11 期

《80 年代和"五四传统"与"现代化范式"的耦合:知识社会学视角的考察》,《文艺争鸣》,2009 年第 6 期

黄盈盈、张育智:《女权主义的性论述》,《社会学评论》,2018 年第 6 期

J.R.R. 托尔金:《贝奥武甫:怪兽和批评家》,博士论文

陆晔、赖楚谣:《短视频平台上的职业可见性:以抖音为个案》,《国际新闻界》,2020 年第 6 期

陆晔、潘忠党:《成名的想象:社会转型过程中新闻从业者的专业主义话语建构》,《新闻学研究》,2002 年第 4 期

陆晔、周睿鸣:《"液态"的新闻业:新传播形态与新闻专业主义再思考——以澎湃新闻"东方之星"长江沉船事故报道为个案》,《新闻与传播研究》,2016 年第 7 期

毛尖:《从此,没有铁证如山的爱情》,《文汇报·笔会》,2022 年 1 月 9 日

《"你要自甘堕落":记小姐研究中的朋友们》,黄盈盈研究日志,1999 年

潘忠党、陆晔:《走向公共:新闻专业主义再出发》,《国际新闻界》,2017 年第 10 期

《平原上的娜拉》,《人物》,2021 年第 6 期

Simon Leys, "The Imitation of Our Lord Don Quixote"

《一个农民工思考海德格尔是再正常不过的事》,谷雨实验室,2021年11月18日

影视类

《十字街头》(1937)

《马路天使》(1937)

《上海风光》(1941)

《天字第一号》(1946)

《五朵金花》(1959)

《今天我休息》(1959)

《魔术师的奇遇》(1962)

《大李小李和老李》(1962)

《小铃铛》(1963)

《教父》(1972)

《保密局的枪声》(1979)

《真是烦死人》(1980)

《少林寺》(1982)

《烦恼的喜事》(1982)

《大桥下面》(1984)

《十诫》(1989)

《孽债》(1994)

《儿女情长》(1996)

《夺子战争》(1997)

《海上花》(1998)

《黑客帝国》(1999)

《一代宗师》(2013)

《我的前半生》(2017)

《猎场》(2017)

《爱尔兰人》(2019)

《一直游到海水变蓝》(2020)

《心灵奇旅》(2020)

《三十而已》(2020)

《流金岁月》(2020)

《鱿鱼游戏》(2021)

《英文系主任》(2021)

《山海情》(2021)

《你若安好便是晴天》(2021)

《骊歌行》(2021)

《觉醒年代》(2021)

《锦心似玉》(2021)

《驾驶我的车》(2021)

《风起霓裳》(2021)

《风起洛阳》(2021)

《爱情神话》(2021)

其他

2019年3月,《中国现代文学研究丛刊》《当代作家评论》《南方文坛》先后推出的"性别观调查报告"

2020年,《中国现代文学研究丛刊》和《江南》发布的"性别观与文学创作关系"调查

女性学/性别研究博士论文数据库,https://wan.or.jp/general/category/ 女性学ジェンダー研究博士論文データベース

索引

《1844年经济学哲学手稿》242
1960s 4, 9, 10-11, 12, 15, 35-36, 38-39, 76, 83-84, 86-87, 186, 192-193, 267
1980s 5, 19, 37, 49, 81, 90, 104, 111-112, 174, 184, 186, 188-195, 198, 234, 245-246, 268, 295, 305, 320, 321, 322
《1990年代的女性文学与女作家出版物》173-174
2019年东京大学新生开学典礼演讲（上野千鹤子）29, 64
《2019年中国女性文学选》314
《2020年中国女性文学选》313, 321
《2020年中国短篇小说20家》319
《20世纪女性文学经典解读》189
《21世纪中国：思想与文化的镜像》188
《21世纪资本论》（托马斯·皮凯蒂）42
《80年代和"五四传统"》，博士论文 189
《82年生的金智英》322

A

阿尔都塞 88, 174
阿兰·德·里尔（Alain de Lille）342
《埃达》347
艾玛·沃特森 48
艾曼努尔·卢贝兹基 103
《爱的迫降》72
《爱丽尔》326, 327
爱丽丝·门罗 311
《爱情神话》（2021）267, 284, 285
安吉拉·卡特 355

B

巴黎1968 86
巴瑞·索恩（Barrie Thorne）17
巴特勒 186
巴西无地农民运动 89
白威廉（Willian B. Parish）210
《白衣秀士》（马金莲）317
《包法利夫人》（福楼拜）312
包慧怡 iv, ix, 325-358
《保密局的枪声》271

《北京人：100个普通人的自述》（张辛欣、桑晔）322
《贝奥武甫：怪兽和批评家》，托尔金博士论文 346
《贝奥武甫》347
贝蒂·弗里丹 35
本雅明 250, 278
毕飞宇 310
《表征：文化表象与意指实践》276
冰心/谢婉莹 199, 305–306
波伏娃 vii, 16, 29, 172, 186, 248, 306
伯明翰学派 81
《不惑的女性主义》（不惑のフェミニズム）28

C

C. 莱特·米尔斯 5, 16, 159, 195
财务省福田次官事件 46
《残酷底层物语：一个视频软件的中国农村》154
曹县 153, 154
茶党 6, 25
陈东原 138
陈国球 268, 277
陈杰 329, 338
陈染 171, 172, 177, 180, 199
陈顺馨 173
陈寅恪 135, 145
《成名的想象》148, 149, 156
迟子建 299, 310, 311
《出梁庄记》240, 242, 252, 254, 260
《从此，没有铁证如山的爱情》（毛尖）267
《从零开始的女性主义》38, 48

崔欣 289

D

"打工文学" 262–264
《打开中国视野》174, 188
《大李小李和老李》284
《大桥下面》（白沉）280
《代价论》（张也夫）184
戴锦华 viii, 73–117, 171, 176, 200, 291, 292, 302, 305, 306
淡豹 299, 301, 316
德布雷 88
邓广铭 121, 122, 143–146
邓小南 viii, 119–146
"低欲望社会"（大前研一）62–63
"第二轮班" 2, 6, 7, 21
《第二性》16, 29, 248
第四次世界妇女大会，1995 年 49, 50, 112, 113, 176, 179
丁玲 183, 199–200, 248
丁乃非 234
董丽敏 292
"侗家七仙女"（贵州）155, 164
都美竹与吴亦凡事件 207
《读书》杂志 284
杜梨 316
短视频 150, 153–156, 158, 162–164, 168
"对幻想"论 68–69
《夺子战争》285

E

《儿女情长》285
"二战" 51, 110, 192

F

《烦恼的喜事》293
反越战运动 10
范雨素 322
《非常罪,非常美》266, 267
《翡翠岛编年》326, 351
《风起洛阳》280-281
《风起霓裳》282
《浮出历史地表》74, 105, 111, 114, 302
《浮出历史地表之前:中国现代女性写作的发生(1898—1925)》300, 302
福柯 174, 186, 194-195, 222, 229, 245, 248, 271
《父权制与资本主义》28, 29, 52
《妇女、民族与女性主义》,论文集 305
《妇女闲聊录》(林白)322
傅斯年 145
富冈多惠子 68

G

冈崎判决书事件 46
《歌德谈话录》(艾克曼)85
格非 273
葛尔·罗宾/盖尔·鲁宾(Gayle Rubin)213, 236
葛延风 210
《公共领域的结构转型》(哈贝马斯)156, 159
《公共人的衰落》159
《共同幻想论》(吉本隆明)69
古巴导弹危机 4, 11
《故土的陌生人》2, 7, 18, 24–26
《关怀的力量》(On Caring)54
《规训与惩罚》248
郭晓飞 213, 233
国际女性学会 35

H

哈贝马斯 156, 159
哈罗德·布鲁姆 347
海嘎小学 150, 164
《海上花》(1998)278
韩国女性文学、女性编剧 110, 323-324
韩少功 299
汉娜·阿伦特 159
《好骨头》(玛格丽特·阿特伍德)326, 327
何春蕤 223, 229, 231
贺桂梅 iii, vi, viii, 29, 169-203, 292, 319
鹤见俊辅 32
《黑客帝国》201
《黑猫》(爱伦·坡)340
黑人民权运动 4, 10, 11
黑人女权主义 17
《黑箱:日本之耻》46
黑箱事件 45
"红灯区" 207, 210, 225
虹影 299
洪子诚 173, 174, 189
后革命时代 76, 83, 85, 97, 108
后结构主义 174
后冷战 82, 84, 97, 108
"后朦胧诗" 268
后人类主义理论 197

胡安·巴斯克斯 357
胡适 145
《互联网怎么了？》(马克·波斯特) 160
黄宽重 138
黄盈盈 iii-iv, viii, 205-237
《霍比特人》346, 347
霍克希尔德 viii, 2-26

J

J.K. 罗琳 110
加缪 278
"加州伯克利女性核心小组"（Berkeley Women's Caucus）12
贾平凹 241, 310
《驾驶我的车》272
简·奥斯汀 267, 311
姜林静 329, 338
《讲述性故事》(Telling Sexual Stories: Power, Change and Social Worlds) 218
蒋在 316
《教父》201
今日头条 158
《今天我休息》284, 293
金海 268, 271
《金西报告》213
金庸 270
《锦心似玉》282
《精灵宝钻》346
《精神病院：论精神病患与其他被收容者的社会处境》17
井上辉子 30, 36-37
九十年代女性主义思潮 181-182, 243, 305

《巨大灵魂的战栗》266, 268, 275-276, 280
《觉醒年代》284
《绝望国度里的幸福青年》(古市宪寿) 63

K

凯博文 54
克罗齐 131
《酷儿理论：西方90年代性思潮》213
酷儿研究 213, 214
#KuToo 运动 47
"垮掉的一代" 10

L

冷战 82, 86-88, 94, 96-97, 108, 187, 192, 234, 291, 295
《骊歌行》282
李楯 210
李静睿 299
李念 268, 271
李欧梵 268, 274, 277-278, 289
李伟长 289
李小江 34-35
李银河 212
理塘丁真 155
《历炼精魂：新中国戏曲改造考论》292
《例外》266, 267
《梁光正的光》240, 260
梁鸿 viii, 239-264, 302, 322
梁羽生 270
《梁庄十年》240, 242, 243, 249, 252, 253, 254
《两难之间或突围可能？》(戴锦华) 305

《猎场》294
林白 171, 177, 180, 199, 311, 322
林奕含 207, 229
《"灵光"的消逝》240, 243, 247, 250
刘达临 212, 213
《流金岁月》285
卢卡奇 276
庐隐 199
鲁敏 319
鲁迅 250-251, 274, 275, 319
陆薇薇 27, 32, 67
陆晔 viii, 147-168
露易丝·格丽克 355
《论方法：社会学调查的本土实践与升华》206
罗岗 268, 271, 280, 290
罗兰·巴特 271
罗曼·罗兰 322

M

马丁·斯科塞斯 285-286
《马克思的幽灵：债务国家、哀悼活动和新国际》（德里达）98
马克思女权主义 17, 180
马克思主义女权主义 vs 激进女权主义（"阶级至上"的女权主义 vs "性别至上"的女权主义）17
《马路天使》284
马歇尔·伯曼 241
玛格丽特·阿特伍德 311, 327, 353, 355, 356
麦金农 230, 234
麦克卢汉 161
曼海姆 191

漫威 285-286
《慢教授》337
毛尖 viii, 265-295
#MeToo 运动 34, 45-47, 294, 299, 308, 309
媒介社会学 148, 150, 156, 158-159
《美国夫人》（2020）282
美国梦 102, 103
《美国人的性生活》213
孟繁华 173
孟悦 105, 32
《民族主义与社会性别》（ナショナリズムとジェンダー）28
《魔戒》346-347
《魔术师的奇遇》（1962）295

N

N 号房间 207, 229
《男性职业的运作机制》（Inside the Clockwork of Male Careers），霍克希尔德的演讲 23
南希·乔多罗（Nancy Chodorow）17
"内卷" 63, 193, 276
《尼伯龙根指环》347
倪伟 268, 271
《你若安好便是晴天》282
《"你要自甘堕落"：记小姐研究中的朋友们，研究日志 207
《孽债》（1994）285
诺丁斯 54
《女兵日记》（谢冰莹）322
女权运动 4, 8, 10-12, 22-23
《女权主义的性论述》（黄盈盈）234
《女性的奥秘》35

373

《女性的思想》 28, 30, 67
《女性的自传》(Writing A Woman's Life, by Carolyn G. Heilburn) 67
《女性镜像与当代中国》189
"女性文学" 324
《女性文学与性别政治的变迁》 170, 172, 173, 176, 189
女性学 28, 29, 32, 34-38, 42-43, 69, 113
女性学/性别研究博士论文数据库 43
女性学研究会 35

O

欧文·戈夫曼 5, 16, 17

P

潘绥铭 207, 209-210, 212-214, 225
《旁观者》(马金莲) 317
《批评的增长与危机》188
"批评家周末"(谢冕、洪子诚牵头) 173
《平原上的娜拉》114-116, 256
普拉莫（Ken Plummer） 218
普鲁斯特 273

Q

漆侠 128
《弃妇》(石评梅) 322
前三十年 183, 190, 191
钱理群 274
乔姆斯基 84
乔以钢 309
切·格瓦拉 88, 291
《青年翻译家的肖像》326, 328

《青鞜》杂志 69
情感劳动（emotional labor） 5, 7, 13, 21-22, 25
情感社会学 2, 3, 6, 16, 25
区块链 94
全球千名妇女争评诺贝尔和平奖 84
《裙子底下的剧场》32

R

热风网站 275
《人啊，人！》(戴厚英) 322
人道主义思潮 193, 197, 280
《人的境况》159
《人类世的"资本论"》(斋藤幸平) 41
人文精神大讨论 271, 274
日本女性学会 35
日本女性学研究会 35
《日常生活中的自我表现》17

S

《萨迦》347
萨米尔·阿明 84, 89
萨帕塔运动（Zapatistas Movement） 88-89
萨义德 186
《"三八节"有感》183
《三十而已》283, 284, 285
桑内特 159
森崎和江 68
森喜朗辞职事件 43
"沙仑的玫瑰：英法德三语文学和绘画中的经典意象"系列课程 338
"沙仑的玫瑰"文学小组 329, 337-338

莎士比亚 267, 273
山东快手村 155, 164
《山海情》283
《上海风光》284
《上海摩登》266, 268, 277–278
上海世博会 152
上野千鹤子 viii, ix, 27–72, 186
《少林寺》(1982) 270
社会性别（gender）38, 138, 178, 180, 185, 236, 312, 321
《社会学：批判的导论》（吉登斯）195
《社会学的想象力》（米尔斯）159, 195
《涉渡之舟》74, 107, 111
《摄影小史》（本雅明）250
《身体、性、性感：对中国城市年轻女性的日常生活研究》206
身体写作 180, 301, 305, 321
"深层故事"（deep story）7, 24
《神圣家族》240, 251, 260
生态女权主义 17
《圣杯与剑：我们的历史，我们的未来》（理安·艾斯勒）247–248
施隆道夫 96
《十诫》201
《十九世纪文学主流》（勃兰兑斯）85
《十月》"新女性写作专辑·非虚构" 322
《十字街头》284
石牟礼道子 68
《时间困境：家庭工作一锅粥》(*The Time Bind: When Work Becomes Home and Home Becomes Work*) 6, 20
《始于极限》31, 32

《是讲述，也是辨认》（张莉）314
《书写"中国气派"》170, 174, 188
双雪涛 299
《水浒传》里的厌女症 299, 312
斯科特·麦奎尔（Scott McQuire）153
斯皮瓦克 220, 221
《四象》240, 260, 261
《宋代文官选任制度诸层面》120, 122, 130, 134
宋琳 277
"宋史热" 121, 132–133
苏珊·桑塔格 248, 278, 306
苏童 299, 310, 312
孙民乐 173
索绪尔 348

T

《他们的世界：中国男同性恋群落透视》（李银河）213
谈峥 338
"躺平" 63, 95, 335
The Book of Legendary Lands（翁贝托·艾柯）329, 341
"The Imitation of Our Lord Don Quixote"（by Simon Leys）349
《天字第一号》(1946) 291
田余庆 126
田中美津 39–40, 68
铁凝 199, 299, 306, 311
"同理心之桥"（empathy bridge）7, 24–26
同性恋权利运动 10
痛仰乐队 149, 164
托尔金 345–349

V

VR 286, 287

W

《外国现代派作品选》273
《玩偶之家》115
《万尼亚舅舅》273
《万象》，陆灏主办 275
汪晖 274
王安忆 199, 291, 292
王富仁 241, 248, 274, 299, 300, 304
王侃瑜 316
王朔 271
王晓明 267, 271, 274, 275, 290
王永兴 125, 126, 129, 144
《网络社会》161
"忘却的政治"（冈也八代）53
韦恩斯坦事件 207, 229
《唯有孤独恒常如新》（伊丽莎白·毕肖普）326, 327
"伪现实主义" / "粉红现实主义" 283
魏伟
文化热 193, 272
《文汇报·笔会》275
文尖 274, 276
文珍 316
W.H. 奥登 347
《我的前半生》293
《我们不懂电影》267
"我们时代的性别观"调查，2019年 175, 298, 299, 308-312
《我在现场》206, 231
《我坐在火山的最边缘》327-328
沃勒斯坦 84, 87, 202

《污名：受损身份管理札记》17
《无法直面的人生：鲁迅传》274
"无家庭社会"（樋口惠子）55
"无名问题"（unamed problem）35
《无声的黄昏：当代的文学与时代精神》268
《五朵金花》295
五四新文化运动 106, 190, 194, 304-305, 319
伍迪·艾伦性侵 207, 229
伍尔夫 306, 309

X

西尔维娅·普拉斯 326, 353, 355
《西南边》（冯良）316
吸血鬼女巫团 110
嬉皮士 10, 11
"下属群体能发声吗" 220, 221
夏洛特·珀金斯·吉尔曼（Charlotte Perkins Gilman）17
夏晓虹 200
夏志清 199-200
"鲜花示威运动" 47
萧红 199, 305
"小姐研究" 212, 217, 222, 224
《小铃铛》295
小田急捅杀女性案 44
小熊英二 32, 38-40, 68
"小镇做题家" 262-264
《心灵的整饰》2, 5, 13, 21, 22
《心灵奇旅》352
新冠疫情 iv, 53, 58, 71, 75, 77, 94, 95, 163, 201
新浪潮电影 90, 96, 279, 291

"新女权"（新一代行动派）231
新女性写作 298, 318, 320-321,
《新女性写作专辑》298, 320
新批评派 347
《"新启蒙"知识档案》171, 174, 188-192
《新型日本阶级社会》42
新自由主义时代 186
"新左派"与"自由派"之争 172, 189
《性/别、身体与故事社会学》206, 216, 219, 221, 226, 231
《性别的神话与陷落》172
"性别观与文学创作关系"调查，2020年 313
《性别与凝视：戴锦华大师电影课》，视频 75
性的法社会学 213
《性感女孩大研究》32
"性权"与"女权"之争 231
《性史》（福柯）245, 248
《性政治》（凯特·米利特）247
《性之变：21世纪中国人的性生活》206
修新羽 316
徐坤 180
徐麟 271
徐小斌 180
许鞍华 291, 292
薛毅 274, 276

Y

《亚瑟王传奇》347
《延禧攻略》184
严锋 287

严月莲 210, 220
言论自由运动 4, 10, 11
阎连科 310
《厌女》28, 29, 44
厌女症 44-45, 65-66, 186, 299, 312
阳春（"性实践家"）223, 224
杨庆祥 319
液态新闻业 150, 156-161
《一代宗师》201
《一个农民工思考海德格尔是再正常不过的事》，谷雨实验室 244, 255-256
《一个人最后的旅程》28, 32, 59-61
《一直游到海水变蓝》241
伊藤诗织 45, 46, 207, 229, 344
《艺术哲学》（丹纳）85
《隐形书写》74, 111
《隐者》（保罗·奥斯特）327
《英文系主任》329
《影像都市》152-153
"硬现实主义" 283
《忧郁的热带》（列维·斯特劳斯）247
《鱿鱼游戏》71, 101
《有性别的文学》172
《有一只老虎在浴室》266, 268
元宇宙 94, 281, 286-287
乐黛云 75, 80, 82, 200

Z

《战争留下了什么》32
张爱玲 199, 246
张邦炜 132
张承志 250
张广达 125, 129, 144

377

张桂梅 184-185
张洁 ix, 199, 306
张莉 viii, 297-324
张炼红 274, 292
张怡微 319
赵冬梅 121, 128
赵莉 336
照护 51-61
《照护的社会学》32, 52
《真是烦死人》293
《甄嬛传》184
郑必俊 137
知识社会学 174, 189, 191-192
《职场妈妈不下班》2, 3, 6, 19-20
《中国文学 1949—1989》(洪子诚) 174, 175

《中国在梁庄》240, 242, 252, 254
《重返〈生死场〉》(刘禾) 305
"重返大地运动"(Back-to-the-land Movements) 10-11
朱静姝 233
《竹峰寺》(陈春成) 319
《转折的时代：40—50 年代作家研究》170, 188
"自由之夏"运动(Freedom Summer) 11
《组织部新来的青年人》319
《最好的时光》(毛尖) 268
左翼 40, 77, 81, 84, 87, 91, 94, 96, 98, 284

图书在版编目（CIP）数据

开场：女性学者访谈 / 新京报书评周刊著 . -- 北京：新星出版社，2022.11（2023.9重印）

ISBN 978-7-5133-5036-5

Ⅰ.①开… Ⅱ.①新… Ⅲ.①女性－名人－访问记－中国－现代 Ⅳ.①K828.5

中国版本图书馆 CIP 数据核字 (2022) 第 171394 号

若水文库

开场：女性学者访谈

新京报书评周刊　著

责任编辑：白华召
责任校对：刘　义
责任印制：李珊珊
装帧设计：冷暖儿

出版发行：新星出版社
出 版 人：马汝军
社　　址：北京市西城区车公庄大街丙3号楼　　100044
网　　址：www.newstarpress.com
电　　话：010-88310888
传　　真：010-65270449
法律顾问：北京市岳成律师事务所

读者服务：010-88310811　　service@newstarpress.com
邮购地址：北京市西城区车公庄大街丙3号楼　　100044

印　　刷：北京美图印务有限公司
开　　本：910mm×1230mm　　1/32
印　　张：12.5
字　　数：289 千字
版　　次：2022 年 11 月第一版　　2023 年 9 月第六次印刷
书　　号：ISBN 978-7-5133-5036-5
定　　价：68.00 元

版权专有，侵权必究；如有质量问题，请与印刷厂联系调换。